Freddy Derwahl
Eremiten

Freddy Derwahl

Eremiten

Die Abenteuer
der
Einsamkeit

Pattloch

Mit freundlicher Unterstützung der
König-Baudouin-Stiftung und
der belgischen Nationallotterie.

Die Deutsche Bibliothek – CIP-Einheitsaufnahme

Ein Titelsatz für diese Publikation ist bei
Der Deutschen Bibliothek erhältlich

Es ist nicht gestattet, Abbildungen dieses Buches zu scannen,
in PCs oder auf CDs zu speichern, in PCs/Computern zu verändern sowie
einzeln oder zusammen mit anderen Bildvorlagen zu manipulieren,
es sei denn mit schriftlicher Genehmigung des Verlages.

Fotos im Tafelteil auf S. 1, 2 u.l., 3 u.r., 5, 6, 14 u., 15 o.l./o.r., 16
© Zoltan Ravasz, München;
alle anderen Aufnahmen sind Eigentum des Autors.

Mit herzlichem Dank für die Korrekturen an Dr. Ulrike Kloos.

© 2000 Pattloch Verlag GmbH & Co. KG, München

Umschlaggestaltung: Georg Lehmacher, Friedberg (Bay.)
Satz: Cicero Lasersatz, Dinkelscherben,
Gesetzt aus der 12/18 P. Legacy Serif
Druck und Bindung: GGP Media, Pößneck
Printed in Germany

ISBN 3-629-00833-X

Inhalt

Vorwort 7

Der Sprung von der Brücke 13

Champagner mit Robert Lax 27

Thomas Merton in Love 45

Das Tao der Einsamen 59

Der Mönch an der Gefängnismauer 71

Die Wüstenväter 89

Nachtwache in Abu Makar 125

Ein Bohemien auf dem Athos 147

Die Säulensteher 159

Am Pfad der Wölfe 169

Die versteckte Frau 183

Gabriel 199

Der alte Mönch und das Meer 213

In den Wäldern der Ardennen 227

Ein eremitisches Journal von der Liebe 239

Einsiedeln 263

Sterne über Sélignac 273

Vorwort

Nichts gibt es, was es nicht gibt. Wir leben in einer Ära unerhörter Gleichzeitigkeiten. Anything goes. Und zwar synchron. Dies ist ein Buch über moderne Eremiten. Zur selben Zeit erscheint im Anzeigenteil der *Zeit* (Nr. 24/2000) ein Vermerk: „Sie sind Millionär?! Sie suchen ihre Traumfrau? SAT1 gibt Ihnen die Möglichkeit, in einer atemberaubenden Fernsehshow unter 50 der attraktivsten Frauen zu wählen!" Es wird wohl in jedem einzelnen Fall auf eine hinauslaufen, trotz des geballten Angebots an gut verpacktem Sex. Eremiten bleibt das Angebot von „Endemol Entertainment" (Stichwort Traumfrau, Postfach, 50980 Köln) verschlossen; erstens, weil sie weder eine Wochenzeitung abonniert haben noch ein Fernsehgerät besitzen, zweitens, weil die Zeiten, in denen sie es auf Geld und/oder Liebe abgesehen hatten, definitiv hinter ihnen liegen und drittens, weil sie generell aus dem Spiel sind.

Eremiten sind Mittelalter, dunkle Grufties in noch dunkleren Kapuzen, furchterregende Eisenhans-Gestalten und bärtige Waldschrate, eine ausgestorbene Spezies aus der Raritätenkammer der Religionsgeschichte. Graue Vorzeit. Vielleicht verwundert es, wenn in diesem Buch zu lesen steht, dass es diese Sorte Mensch tatsächlich im 21. Jahrhundert noch gibt, besser gesagt: wieder gibt. Einsiedler sind nicht gewerkschaftlich organisiert; sie haben keine PR-Maschine und sie treten auch nicht in

Fernsehshows auf. Tatsache ist aber, dass man seit etwa 20 Jahren von einer richtigen Renaissance des Einsiedlertums sprechen kann. In Österreich, Deutschland, der Schweiz, Belgien, den Niederlanden, Frankreich, in der Ägäis, sehr stark auch in Nordafrika haben sich Menschen für ein radikal einfaches Aussteigerleben entschieden. Sie haben sich tatsächlich auf Inseln, in Wälder und abgelegene Bergtäler zurückgezogen. Selbst von einer Amerikanerin, die sich sozusagen bei lebendigem Leib einmauern ließ, einer sogenannten Rekluse, wird hier erzählt. Wie soll jemand von diesen Menschen wissen, wenn ihr gemeinsames Merkmal der Rückzug aus der Welt und ihr Markenzeichen das Schweigen ist?

Der Mann, der hier die *Abenteuer der Einsamkeit* erzählt und einen Köcher voll unglaublicher Geschichten abschießt, hat nichts von dem, was hier berichtet wird, erfunden. Nicht den Fall des Pariser Studenten, der nach einem gemeinsam mit einem Freund inszenierten Selbstmordversuch, den er jedoch allein überlebt, zum Eremiten wird. Nicht den Fall des Mannes, der unter Skorpionen und Giftschlangen einsam in einem Wüstental haust. Nicht den Fall des Poeten der amerikanischen Beat-Generation, der sein extremes Leben in einer mystischen Existenz auf Patmos ausklingen lässt.

Dass es dieses Buch überhaupt gibt, ist ein kleines Wunder. Was die Einsiedler am meisten scheuen, ist Publicity. Genug investigative Journalisten, denen es um die rasche Story ging, haben sich an der Mauer des Schweigens schon die Zähne ausgebissen. Warum aber öffneten sich ausgerechnet dem ostbelgischen Journalisten und Romancier Freddy Derwahl Tür und

Tor? Wie kam er hinter die verschlossenen Mauern, in die Zellen und Wüstenklöster? Und warum durfte er – zum ersten Mal in der Geschichte des Mediums Film – sogar Kameraleute mitbringen? Was jeder Eingeweihte als Sensation begreifen muss, verdankt sich nicht der Hartnäckigkeit eines Rechercheversessenen, sondern einer langsam gewachsenen Geschichte der Freundschaft und des Vertrauens. Vor etwa 20 Jahren versuchte Freddy Derwahl selbst, in ein berühmtes Trappistenkloster in den Vereinigten Staaten einzutreten und einer dieser Mönche zu werden. Es war nicht sein Weg. Seither hat er geschrieben, einen Roman, für den sich Heinrich Böll stark machte, und ein viel beachtetes Werk über den jungen Georges Simenon. Und als der wilde, unkonventionelle Typ, der er ist, stürzte er sich in den Journalismus, wurde einer der Verwegenenen, die sich der belgischen Chronique scandaleuse annahmen, wobei er sich manche Blessuren holte. Aber niemals vergaß der Vater von fünf Kindern seine Freunde in der Einsamkeit.

Der Wichtigste in der Reihe dieser Freunde war und ist der Einsiedler Gabriel Bunge (siehe auch das ihm gewidmete Kapitel „Gabriel"). Seit 30 Jahren sucht ihn Derwahl auf, nicht aus Voyeurismus, sondern um sich des Rates und der Hilfe dieses Weisen zu versichern. 1998 reifte in Derwahl die Gewissheit, dass man die Geschichte dieser vor der Welt verborgenen Männer und Frauen erzählen muss, weil sie in dieser Zeit etwas zu sagen haben, das sonst niemand sagt. In langer Überzeugungsarbeit konnte er Gabriel Bunge nicht nur für ein Buch-, sondern sogar für ein Filmprojekt „Eremiten" gewinnen. Da Bunge über ein Netzwerk der Kontakte zu Eremiten in aller Welt verfügt, war er es, der Freddy Derwahl letztendlich den Zugang in die Welt des Schweigens auftat, mit Briefen, Empfehlungen, Hinweisen. Der koptische Papst Shenouda, selbst ein „Teilzeit-Einsiedler", empfing ihn und schloss ihm die Wüstenklöster auf. Und alles nahm seinen Gang...

Wer das Buch liest, erfährt schon auf den ersten Seiten, dass es nicht um schmallippige Asketen und weltfremde Spinner geht. Kaum ein Eremit, der hier vorgestellt wird, der nicht auf eine pralle Lebensgeschichte, auf Erfahrungen, Erfolg, Sex, Karriere, ausprobiertes, ausgekostetes Leben zurückblicken könnte. Aus enttäuschter Liebe oder Flucht vor gesellschaftlicher Bewährung wurde keiner Einsiedler. Es sind starke Gestalten, brillante Köpfe, rastlose Gottsucher, die hier vor unser Auge treten.

Aber was haben uns diese Einsamen zu sagen? Nur dies als Hinweis vorab: Bischof Hemmerle sprach schon vor Jahren einmal von unserer Gesellschaft als einer Welt „synchronisierter Einsamkeiten", ein wie ich finde sehr treffendes Wort. Hinter der Fassade unserer rundum animierten Welt lauert viel Tristesse, viel uneingestandene Einsamkeit. Alle sind wir an mindestens 40 Sender angeschlossen und doch nicht in Kommunikation. Alle sind vernetzt und doch ist keiner da, der uns in den geheimen Tragödien unserer Angst auffängt. Die Single-Gesellschaft findet nicht nur in der Smiling area der Clubs und Discos statt, sondern auch vor leeren Wänden, die man anstarrt und vor Apparaten, mit denen man nicht sprechen kann.

Eremiten sind Leute, die ihre Einsamkeit nicht mit Drogen betäuben, ihre Fragen nicht im Alkohol ertränken und ihre absolute Sehnsucht, ihren irren Hunger nach Leben, nicht mit einem

„Lüstchen für den Tag, einem Lüstchen für die Nacht" (Nietzsche) bedienen. Sie haben die Einsamkeit, die Leere, für sich entdeckt – jedoch nicht als Feind, den man bekämpfen oder dem man mindestens aus dem Weg gehen müsste. Sie machen genau das Gegenteil. Sie gehen straightforward darauf zu, springen mitten hinein. Und entdecken und bezeugen, dass eine Handbreit hinter der tödlichen Einsamkeit das Paradies zu Hause ist. Derwahl möchte die Eremiten – „Endemol Entertainment" zum Trotz – wieder ins Spiel bringen.

Verleger müssen von Berufs wegen von ihren Autoren begeistert sein. Trotzdem: Meine Freude an diesem Text ist nicht alltäglich. Ich bin glücklich, dass Freddy Derwahl dieses ungewöhnliche Buch erkämpft, erlitten und „with a little help of the friends", der irdischen und himmlischen, vollendet hat. Es gehört zu den Büchern, die man auf die Insel mitnimmt.

Bernhard Meuser

Der Sprung von der Brücke

Dieser kleine, schlanke Mann mit den dichten Afrolocken: Er wirkte nicht wie jemand, der für die Einsamkeit eines Klosters bestimmt schien, eher wie ein den Theaterproben entlaufener Komödiant. Er wäre auch als Straßenmaler oder Jazzpianist auf Montmartre durchgegangen. Dass also Frère Mathieu nicht bleiben würde, schien abgemachte Sache zu sein. Kam die Sprache auf das vermeintliche oder bevorstehende Ende seiner Probezeit, bezeichnete er solche Mutmaßungen allerdings als „Kalendergeschichten" und Ausgeburten einer „Stoppuhren-Mentalität". Er tat dies mit so furiosem Unterton, dass man über seine unter dem friedlichen Bendediktinerhabit schlummernde Gereiztheit schmunzeln musste. Er strahlte eine Art maghrebinischer Verschlagenheit aus, die zu einem abendländischen, der Keuschheit, Armut und dem Gehorsam verpflichteten Orden nicht passen wollte. Wo immer der flippige Zottelkopf auftauchte, löste er Staunen aus. Seine Repliken auf die Anspielungen, sein Mönchsein betreffend, erwiesen sich als kleine Meisterwerke an Scharfzüngigkeit. Da schoss ein tückisches Gemisch aus pechschwarzem Sarkasmus und pikanten Bibelzitaten über die Klosterflure, so dass die Urheber des Spotts rasch in Deckung gingen. Schließlich schritt er mit kaum gezügeltem Triumph durch die sich lichtenden Reihen der Beobachter, als wolle er fragen: „Ist da noch jemand? Will noch einer sein Maul aufreißen?"

Mathieu war 28 und verkrachter Philosophiestudent mit kurzem Übersetzervolontariat in einem Verlagshaus des linken Seineufers. Als er in der Abtei des Heiligen Erlösers um Aufnahme bat, geschah dieser Wechsel in die Ardennen überraschend und geräuschlos. Es gab da im Vorfeld offenbar eine Affäre, aber außer Geraune erfuhr man nicht viel. Übrigens war sein wirklicher Name nicht „Mathieu" – und auch das Kloster, in dem ich ihm in den späten 80er Jahren begegnete, hieß anders. Bestimmte Beteiligte an der Geschichte wollen nicht genannt werden. Aber die Geschichte selbst ist keine Fiktion. Sie hat sich en detail so zugetragen, wie ich sie erlebt habe. Und sie muss erzählt werden.

Ich hielt diesen „Mathieu" zunächst für einen jener eingebildeten Pariser Linksintellektuellen, die, sponsored by Daddy, die Weltrevolution verkünden und sich nach der ersten enttäuschten Liebe zu klösterlichen Schnuppertagen berufen fühlen. Doch dann kippte er mir im Refektorium als Tischdiener eine brühend heiße Tomatensuppe über die Jeans. Ich schrie auf und er sagte leise „Scheiße".

Als er sich nach dem Essen mit hochroten Wangen entschuldigte, antwortete ich zugeknöpft, dies als einen „Anschlag revolutionärer Zellen" zu betrachten und das „Blutvergießen" beim nächsten Essen heimzuzahlen. Er hat nur schüchtern gelächelt, aber hinter den runden randlosen Gläsern seiner Ghandi-Brille erkannte ich plötzlich eine Spielart von Melancholie, von der man nicht weiß, wo Trauer und Müdigkeit, vielleicht sogar Lebensmüdigkeit, ineinander fließen. Viel später gestand er, meine Empfindungen wie mit einem Echolot bis in die letzten

Fasern registriert zu haben. Er nannte dieses heimliche Abtasten „alarmbereite Vorfeldsicherung". Mathieu dachte mit seinem klugen Afrokopf, den er bald dem Klosterfriseur zur öffentlichen Beschneidung vorlegen wollte, tiefenpsychologisch um die Ecke. Er musste wohl seine Gründe haben.

Eine verschüttete Suppe! Nie in meinem Leben hat etwas ähnlich Banales soviel an erregendem, abenteuerlichem Erwachen ausgelöst. In Wahrheit brachte dieser erste Blickkontakt, ohne dass wir es ahnen konnten oder eine Absicht gehegt hätten, seine und meine Trauer für Sekundenbruchteile auf eine gemeinsame Wellenlänge, in wortlose Verständigung. Das, was wir nicht nur vor aller Welt, sondern auch vor uns selbst mit Todschweigetricks oder defensiver Frivolität zu verbergen verstanden, löste sich in dieser tragikomischen Begegnung über dem bespritzten Tischtuch. Es war weder blindes Vertrauen noch ein Erkennen auf den ersten Blick, sondern das überrumpelnde gemeinsame Erstaunen über die plötzliche Nacktheit unserer verletzten Herzen.

Mathieu trat als angehender Mönch in mein Leben, als ich gerade als Anwärter auf dieses Leben gescheitert war. Das, worauf er sich mit einem unverkennbaren Hauch an Kühnheit für immer festzulegen schien, war mir wenige Monate zuvor verweigert worden. Spät, offenbar zu spät, hatte ich den Versuch unternommen, in das Trappistenkloster Abbey of the Genesee im amerikanischen Bundesstaat New York einzutreten. Aber der Abt, Dom John Eudes, kannte kein Erbarmen. Zwar hatte ich auf seine gezielte Frage, ob ich die Keuschheit leben könne, die devote Antwort gegeben: „With the help of the Virgin", doch meinte er mitleidvoll lächelnd, das reiche nicht. Er wolle seine betont eremitisch lebende Gemeinschaft auf derlei Risiken nicht einlassen. So kehrte ich schließlich ernüchtert und niedergeschlagen nach Europa zurück. Mathieu war der erste Mensch, mit dem ich nach diesen Ereignissen zu sprechen wagte.

Er war ja nicht nur dabei, meine eigenen, jäh zusammengebrochenen Mönchsträume zu verwirklichen, sondern gab mir sofort zu verstehen, mich deshalb nicht schämen zu müssen. Er habe eine nicht minder dramatische Vorgeschichte. Und es sei daraus nur zu lernen, dass es zwischen Gott und dem Menschen Ereignisse gebe, die unsere schönen Inszenierungen vom Leben einfach über den Haufen werfen. Sein Eintritt in die Abtei, so ließ er mich bald wissen, beruhe keineswegs auf einer erbaulichen Geschichte, sondern auf tragischen „Zufällen", deren Schrecken nach wie vor präsent sei. Und da ein anderer offenkundig die Fäden gezogen habe, sollte er vielleicht von „brutaler Gnade" sprechen. Ich horchte auf, doch verschlug mir der Verlauf seiner „Berufung" bald die Sprache. Seine Geschichte spielt im Pariser Studenten- und Intellektuellenmilieu und mutet wie das Treatment zu einem Stück an, das in den fünfziger Jahren in Pariser Existenzialistenkellern hätte verfasst worden sein können.

Mathieu, der an der Sorbonne studiert, lebt zusammen mit David in einer mehrere Räume umfassenden Wohnung in der Rue St. André-des-Arts; es ist mehr als eine Wohngemeinschaft, jedoch keine sexuelle Beziehung. Beide sind heterosexuell und leben das. Was sie in der Folge immer enger verbindet ist eine Marotte, ein literarischer Topos, eine Idée fixe, in die sich beide sukzessive hineinsteigern. Hintergrund ist das geistige Vakuum, die selbstverständliche Geltung einer nihilistischen Sicht auf die Dinge. Anything goes. Nichts ist etwas wert. Das Leben ist völlig ohne Sinn. Machen wir etwas daraus.

Was nun die Marotte betrifft, so nennt Mathieu sie „mein obsessives Abschiedstrauma", eine Besessenheit der Loslösung von allem, was Freude macht und Wert hat. Sind die psychischen Ursachen dieser Einstellung bei Mathieu noch nachvollziehbar – er spricht von der grauenhaften Trennung der Eltern, vom Verrat des Vaters an der aus Algerien stammenden Mutter, die er öffentlich betrog – so bleibt das, was David zum Mitspielen bewog im Dunkeln. Vielleicht habe ich Mathieu auch nicht danach gefragt.

Anfangs lesen sie nur und tauschen sich über bestimmte Autoren aus, so die französischen Existenzialisten und Nihilisten der Nachkriegsära, Camus vor allem, aber auch Sartre. Alles wird der Kritik unterzogen und geistig unterminiert, aber es bleibt nicht bei der negativen Ästhetik, beim verächtlichen Blick und bei geistigen Formen des Abschieds. Das Spiel mündet in eine Praxis der radikalen Reduktion, in einen von beiden in gegenseitiger Herausforderung betriebenen fatalen Wettstreit, der sich gegen die normalen Bedürfnisse und Freuden richtet, sie nach und nach eliminiert und in diesem Prozess der Auslöschung gegen Null tendiert. Ab einem bestimmten Punkt: keine alkoholischen Vertröstungen mehr, keine illuminierenden Versuche mehr mit Psychopillen, mit irgendwelchem Stoff. Keine dauerhaften Beziehungen zu Frauen, bestenfalls da und dort ein One-night-stand. Beziehungen erscheinen „heftig und belastend, nur Umklammerungen...". Mathieu erinnert sich daran, eines Tages den dreibändigen „Dictionnaire Quillet", ein Weihnachtsgeschenk seines Vaters, aus dem Haus gebracht und bei einem Bouquinisten seine Sartre-Taschenbuchausgabe verhökert zu haben. Nur von Rimbaud wollte er sich noch nicht trennen.

Die beiden leben ein Leben sorgfältig arrangierter Abschiede. Es gibt für sie nichts als das Abhorchen einer immensen, nur mühsam unterdrückten Trauer. Neues tritt nicht an ihren Horizont. Zen erregt wegen seiner puristischen Kargheit kurz ihre Aufmerksamkeit, auch der Buddhismus als Ganzes ist ihnen, seiner skeptischen Weltsicht halber, einen Blick wert, doch empfinden sie schließlich, wie Mathieu es formulierte, „das Getingel all der Himalaya-Mönche durch die politischen Akademien" als desillusionierend.

Goethes Werther hat mich immer bedrückt, heikle Pubertätsliteratur, auch wenn mir sehr wohl bekannt war, dass der Roman im 19. Jahrhundert unter jungen Leuten eine ganze Welle von Selbstmorden ausgelöst hat. Selbstmord siedelte ich ausschließlich auf dem Terrain der Psychopathologie an. Plötzlich saß mir mit Mathieu ein Mensch gegenüber, der mir plausibel machte, dass man sich tatsächlich in Freiheit für den Tod entscheiden kann, ohne im Geringsten depressiv oder unheilbar krank zu sein. In langen nächtlichen Sitzungen machen er und David sich mit dem Thema vertraut, tasten sich persönlich immer näher heran. Natürlich auch anhand des Werther, doch stößt sie die romantische Attitüde ab. Auch die einschlägigen Villon-Gedichte legen sie wieder beiseite. Mehr finden sie bei den Theoretikern des Hand-an-sich-legens, Pavese und Améry.

Irgendwann überschreiten sie den Rubikon, treten aus dem Stadium der Theorie heraus und erfinden schließlich eine ihnen angemessen erscheinende Inszenierung: der gemeinsame Sprung vom Pont-du-Gard, dem römischen Aquädukt in der Provence. „Ein enormer Luftzug im Morgengrauen eines Frühlingstages", so lautet ihr tödlicher Plan, „ein befreiender Absturz zwischen romanischen Bögen". Mathieu schildert mir den Sarkasmus, mit dem sie sich die Tat bis ins Detail ausmalten: Die Entdeckung der Leichen durch die erste Busladung japanischer Fototouristen. „Den Göttern der Frühe und der Kirschblüten ein reines Opfer."

Dann nimmt das angekündigte Drama seinen Lauf. Am Samstag nach Ostern im Jahr 1983 fahren sie nach Uzès, flanieren am Abend durch die Altstadt. Im Schatten mächtiger Kastanien an der Tour Fenestrelle trinken sie einen Pastis und bemerken nicht ohne Stolz, in einem uralten Land der Ketzerei zu sein, wo Arianer, Albigenser und Calvinisten einst heldenhaften Widerstand geleistet hatten. Zwischen den Wehrtürmen lassen sie sich bei „Fontaines" ein opulentes Menü auftischen und trinken dazu eine Flasche Rosé aus dem Weingut von Terrebrune. Nach Mitternacht fahren sie zur fatalen Brücke und warten auf das Morgenrot.

Alles läuft sehr schnell und wortlos, ohne jede theatralische Geste ab. Jeder weiß, „worauf es ankommt". Oberhalb des sechsten großen Bogens befindet sich die abgesprochene Stelle, den sie „Punkt Omega" nennen. David klettert vor und springt sofort, ohne sich noch einmal umzublicken. Mathieu hört keinen Schrei, „nur eine Art erstauntes Piepsen, das sogleich in einem dumpfen Aufprall verstummt". Tief unten auf den Felsen, neben dem grün schimmernden Wasser des Gard, liegt der Freund. Tot. „Seitdem", sagt Mathieu, „stürze ich noch immer, ich stürze und stürze durch mein armes Leben …"

Das, was in den nachfolgenden Jahren auf ihn einstürzt, empfindet er nie als Rache oder Strafe. Nur die eine, die naheliegende Lösung, seinen toten Freund noch einmal einzuholen, ist für immer ausgeschlossen. Die Versuchung dazu tritt niemals an Mathieu heran. Er ist bereit, alles in Kauf zu nehmen an Schande und Pein. Nur das *eine* nicht. So sehr er sich auch unter seinem Dach verkriecht und wie ein Hund leidet, nur noch allein sein will, ohne es tatsächlich zu können, muss er begreifen lernen, dass er bis zu seinem letzten Atemzug ein zum Leben Verurteilter ist. Er durchkostet es: allein sein, nicht leben und nicht sterben können. Immer dieselbe Rechnung aufmachen. Aber vor wem? Ist ja keiner da. „Halt, mein Vater war stets da, ich hatte keine Geldprobleme, was jedoch die Sache nicht leichter machte, denn mir blieb ja alle Zeit, mich auf das Unerträgliche zu konzentrieren."

Die Frauengeschichten, die dann folgten, waren verzweifelte Versuche seine leidenschaftlichen Begegnungen in eine Art Bußsakrament zu verwandeln. Er will sich durch Liebe reinigen, immer und immer wieder, als könne er sich darin seiner geistigen Anspannung entladen, seines inneren Druckes, seiner Lebenslast entledigen. Sex als regenerative Pause des Daseins. Die Partnerinnen merken, dass Mathieu von ihnen Anhörungen, Lossprechungen und Vorsätze für ein besseres Leben erwartet, zu denen sie weder Neigung noch Kompetenz verspüren.

Drängen sie ihn, sich doch endlich einfach hinzulegen, gibt er zur Antwort: „Dann müssen wir auch wieder aufstehen." Es gibt ein schönes 18-jähriges Mädchen, Christine, das er rühmt, als einzige „zum absichtslosen Kuss" fähig zu sein. Doch kann er sie nicht halten.

Mathieu wird „ein routinierter Trinker", lässt sich treiben, schreibt auf Caféhaus-Terrassen lange, elegische Briefe, die von der jungen Unschuldigen nie beantwortet werden. Wenn der Verkehr über die Seinebrücken brandet, hat er grandiose Bilder; mysteriös funkelt das Leben. Er glaubt an ein literarisches Talent, versteigt sich in die Poesie der anbrechenden Dunkelheit mit all ihren Lichtern und Leuchtschriften. Doch wenn der Körper endlich gegen ein weiteres Glas Beaujolais rebelliert, kommt mit der Übelkeit die Einsamkeit wieder. Dann steht er an den Theken der Nachtcafés, im sicheren Schutz des Lärms, aber unfähig sich auszukotzen, und wäre es bei einem Clochard. Er geht so weit, Prostituierte zu bezahlen, nur damit sie bei ihm bleiben und solidarisch schweigen.

Schlimm ist das Erwachen nach solchen Nächten. Während er über dem Waschbecken Gift und Galle erbricht, beginnt er zu begreifen, dass ihm für diese Art des Abstiegs die Konstitution fehlt. Mathieu fühlt sich hundeelend, sterbenskrank, allein und ohne Gegenmittel. Er versuchte es zunächst mit stundenlangen Spaziergängen durch die entlegensten Arrondissements, wobei er dann und wann Galerien und Kirchen betritt. Es geschieht ohne „metaphysische Ambitionen", wie er beteuert, „eher um etwas auszuruhen". Während er in den Ausstellungen nur die Extreme „Wiederholung oder Verweigerung" zu erkennen glaubt, erstaunt er bisweilen über den ihn im leeren Halbdunkel älterer Kirchen plötzlich anspringenden Schock. Ihn befällt ein Aufhorchen und Zusammenzucken, eine Art Gänsehaut. Ist die Leere nicht leer? Er nimmt an sich einen sonderbaren Sog wahr, zugleich eine fast kindliche Furcht, „wie vor einem Höhleneingang".

Mathieu beginnt wieder zu lesen, zunächst bedächtig, bald jedoch rauschhaft. Mit furioser Akribie sammelt und verschlingt er, was in irgendeiner Weise an diese eigenartige „Gänsehaut" anknüpft. Im Sog der Einsamkeit sucht er nach „Durchbrüchen". So häuft sich auf dem Boden seines Dachzimmers bald ein Gebirge verborgener Weisheiten, ein seltsamer Mix aus Laotse-Sprüchen mit Marguerite Duras, Koranversen mit Passagen aus *Klingsohrs letzter Sommer*, dem biblischen Jakobskampf am Jabbok mit den Reisenotizen von Camus oder den Tagebüchern von Léon Bloy. Was er wie manisch sucht, sind „Befreiungsgeschichten", „Codeworte". Der radikale Dreh seines Lebens, den Augustinus von Hippo in den *Confessiones* beschreibt oder die jähe Trauer von Ernst Jünger nach der Nachricht vom Tod seines Sohnes liefern ihm dazu das Material. Mathieu, der seit dieser Zeit in seinen Taschen stets einen in hartes, graues Leinen gebundenen Notizblock bei sich trägt, ist besessen von der Möglichkeit, sich mit solch spärlichen Botschaften auf bedrucktem Papier an „die Bruchstellen der Tristesse" heran lesen zu können.

Seine besondere Liebe gilt bald den „poètes maudits", den armen Dichtern, verdammten Poeten. Denen, die in der verweigerten Liebe, im Suff oder in der Droge, und sei es die Droge der Verzweiflung, Hand an sich legten. Er meint damit nicht nur den vollzogenen letzten Ausweg, den er ja allzugut kennt, sondern auch das Sich-treiben-lassen an die Ränder dieser fatalen Zone. Dabei bewahrt er sich – unvergessene erste Liebe! – eine besondere Verehrung für die Verse Arthur Rimbauds.

An einem Weihnachtsabend entdeckt er in einem Café neben der Kirche St Julien-le-pauvre eine sonderbare Frau. Sie ist ärmlich, doch sauber gekleidet, keine Figur aus dem Milieu der Clochards, und schleppt Plastiktüten mit sich. Offenbar friert sie, denn sie drückt sich gegen die Heizungsrohre und schlürft einen heißen Kakao. Auffallend ist, dass ihre feinen Gesichtszüge und ihre gepflegten Hände nicht zu ihrem Äußeren passen. Ihr Alter zu schätzen, scheint unmöglich, Mathieu tippt auf Ende 50. Offenbar war sie einmal eine Schönheit, doch scheint sie viel durchgemacht zu haben. Ihr Haar ist angegraut, ihre Brüste sind fast flach. Als sie dem Kellner die Geldstücke aufs Tellerchen legt, blickte sie Mathieu direkt in die Augen. Er wendet sich irritiert ab, doch sie lächelt ihm beim Hinausgehen zu, dies sei eine gute Lektüre „an solchen Abenden". Die Rimbaud-Gedichte in der Hand, sieht er, wie sie mit den Plastiktüten und hochgeschlagenem Kragen auf den Parkwegen verschwindet.

Erst nach Wochen begegnen sie sich wieder. Es ist dasselbe Ritual an den Heizungsrohren, als tanke sie nur kurz etwas Wärme auf, um dann wieder mit ihrer Ladung zu verschwinden. Als sie erneut so freundlich lächelt, fragt er sie nach Rimbaud. Ja, natürlich schätze sie ihn, doch sei ihr heute nur noch eine einzige Passage seines Werkes wichtig. Er schiebt ihr einen Stuhl zu und sie beginnt zu erläutern, was ihr dieser Satz bedeutet: „Der geistliche Kampf ist grausamer als die Schlacht der Menschen."

Anne ist 61 und eine „kleine Schwester" aus der Gemeinschaft von Charles de Foucauld, die sich unter den Ärmsten im Quartier eine solidarische Bleibe eingerichtet haben. In den Tüten schleppt sie das Gesammelte und Erbettelte vom Tag: Reis, Poreebündel, Binden, Milchpulver, etwas Babynahrung. Unter dem Schal trägt sie am Hals ein kleines Holzkreuz mit einem eingeschnitzten Herzen.

Dann erzählen sie sich ihre Geschichten. Die Schwester unpathetisch, kurz gefasst, gerade soviel über ihren heiklen Weg preisgebend, um ihrem unruhigen Gegenüber etwas Zutrauen zu gewähren. Niemals zuvor, sagte mir Mathieu, habe er eine solche Gesprächspartnerin gehabt. Als alles gesagt ist, gibt Anne zu verstehen, sie wisse, was das „Nicht-mehr-anders-Können" ist, aber sie wisse auch, „dass alle Dramen, selbst wenn man sie, wie dein armer Freund, zum schrecklichen Ende treibt, augenblicklich in die barmherzigen Arme des Vaters sinken". Nach einem kurzen Zögern fügt sie hinzu: „Und auch der Mutter."

Anne ist da in den nachfolgenden Wochen. Still, unaufdringlich, nüchtern. Mathieu sucht sie wie ein Ertrinkender das Land. Gerne will er sie länger bei sich halten, sie ausfragen, ihre Erfahrungen hören oder auch nur drüben in der Gasse beim Griechen zu einem kleinen Essen einladen. Doch wehrt sie stets ab. Statt dessen versorgt sie ihn mit kleinen Botschaften, etwa der Art: „Wir sind tief verbunden in der Einsamkeit", oder: „Ich wache über deinen Kummer". Manchmal nennt sie ihn „mein Sohn" oder „mein guter Junge". Wenn sie geht, lächelt sie.

Am Aschermittwoch lädt sie ihn zur Vesper ein. Ein verdreckter Hinterhof, ein Mietblock in den Gassen von Montparnasse.

Laute nordafrikanische Kinder, Neonlicht auf den Fluren, Hundekot, die Leier orientalischer Transistormusik, vier Stockwerke hoch. „Petite Soeur Anne" steht unter der Klingel, die Tür ist nicht verschlossen. Zwei winzige Zimmer, das eine als Lager für ihr Sammelgut, ein Gaskocher, ein Waschbecken; im anderen, hinter einem halb geöffneten Vorhang, eine schmale Schlafstelle zu ebener Erde, ein Tischchen mit Büchern. Der kleine Flur ist die Kapelle: vor dem Kreuz brennen zwei Kerzen, neben der Marienikone steht eine Konservendose mit getrockneten Blumen. „Lass dich durch mich nicht aufhalten", sagt Anne, „du gehst, wann immer du magst". Sie betet die Psalmen, dann schweigen sie zusammen.

In der Fastenzeit überschlagen sich die Dinge. Anne teilt ihm einen Satz des noch zögernden Charles de Foucauld mit: „Wenn Gott tatsächlich existiert, will ich ihn ganz kennen lernen." Dieser Satz wühlt Mathieu zutiefst auf. Er verschlingt die Evangelien und unterstreicht darin die Antwort Jesu an Phillipus: „Wer mich sieht, sieht den Vater" mit dicken roten Strichen. Anne besorgt ihm eine Ausgabe der *Regula Benedicti*. Er bringt sie bereits am nächsten Morgen mit den Worten zurück, die Dinge hätten sich geklärt.

Acht Tage später sitzt er im Zug in die Ardennen. Der Abt und anschließend der Novizenmeister machen mit ihm die „Waldrunde", jeweils anderthalb Stunden Fußmarsch im weiten Bogen um das Kloster des „Heiligen Erlösers". Danach lassen sie ihn vier Tage in seiner Zelle allein, „zum Ausruhen". Am Ende seines Aufenthalts klopft der Abt zweimal leise an seine Türe und sagt ihm, sein Eintritt sei für den 14. September, dem Fest der Kreuzerhöhung, festgelegt worden. Mathieu weint wie ein Schlosshund.

All die Jahre habe ich ihn, nach unserem Malheur mit der Suppe, immer wieder besucht. Natürlich verzichtete er auf seine Locken und legte nach der „kleinen Profess" auch die ewigen Gelübde ab. Er wurde stiller, aber auch drahtiger. „Lieber Freund, die Einsamkeit mit Gott ist eine leidenschaftliche Erfahrung", schrieb er mir zum Geburtstag und fügte als Fußnote die lapidare Mitteilung hinzu, er werde im Advent in den Alpen ein „Praktikum als Einsiedler" beginnen.

Vier Tage später, es war der 20. November 1993, erhielt ich ein neues Schreiben der Abtei, Frère Mathieu sei auf einer Botenfahrt ins Dorf tödlich verunglückt. Während der Totenmesse sagte Vater Abt, der Abenteurer Gottes sei zu Gott heimgestürzt. Am offenen Grab sangen die Mönche das Magnificat. Es war ein dunkler Wintertag und am Abend flackerte vor dem kleinen weißen Kreuz ein Licht.

Champagner mit Robert Lax

Nicolaos weiß, wo Robert steckt. Die Gasse hoch, weder links noch rechts, immer weiter bis zu den roten Blumen, dann links und gleich wieder rechts, ganz oben das letzte Haus. Seine Hand weist den verschlungenen Weg. Er kenne Robert so lange schon und stößt mit allen Fingern viermal ins Leere: ein halbes Leben. Robert sei alt und krank, er könne nicht mehr nach unten in den Hafen von Scala. Aber oben auf den glatten heißen Steinen, da reiche es noch für einige Schritte in der Sonne. Die weiße Wand entlang bis zum Oleanderbusch und zurück zum Häuschen neben dem Windschutz, wo die Katzen hocken. Ja, die Katzen! Wo die Katzen sind, da sei Robert. Gehen sie nur, kyrios, gehen sie. Nicolaos ist stolz auf seinen alten amerikanischen Freund. „Die Fischer und Bauern auf Patmos", so leuchten seine Augen, „vermissen ihn sehr".

Blaues Segeltuch, ein Sonnendach, das muss seine Zone sein. Die Gasse seiner letzten Schritte. Blendendes Weiß, enge Mauern zum Tasten. Geranien, ein üppiger Oleanderstrauch. Wenn der Wind es will, erscheint zwischen den rosarot flimmernden Blüten die Klosterfestung.

Drei Katzen auf dem kleinen Balkon über dem Meer. Eine jede hat ihr eigenes Nest, wie Wachhäuschen der Leibgarde. Plastikschüsseln mit Futter und Wasser, ein Spiellappen, der Trog mit Streu. Die Alte dreht einen müden Kontrollgang um den Fremden, räkelt sich schließlich in der Schattenecke. Die Jüngste leckt ihre Pfoten. Grauweiße, hellbraune Katzen, ein sorgenvolles Blinzeln in den Augen.

Ich klopfe an die blaue Türe, ringsum Morgenstille. Noch einmal wage ich es, rufe dezent „Mr. Lax, Mr. Lax". Dann wieder lange nichts und eine ferne fragende Antwort, sehr zerbrechlich. Im Türspalt nähert sich lautlos ein großes, ängstlich suchendes Auge, graue Haarbüschel, drei Fingerspitzen greifen in einen langen, spitzen Bart. Er werde kommen, ich möge durchgehen, den Korridor entlang, einfach eintreten, mich setzen, warten. Seine leise Stimme. An der Wand ein großes Plakat, zwei Wölkchen über einer kleinen Arena, dazu in Lampionschrift: CIRCUS ROBERTO. Auf Patmos, der Insel der Geheimen Offenbarung, eine ganz andere Ikone.

Das hintere Zimmer liegt im Halbdunkel, spärliche Lichtfäden in den Fensterschlitzen. Ringsum das geordnete Chaos einer vor der Welt verborgenen Intellektuellen-Schreibstube. Bücherberge, Zettelkästen. Tiefere und höhere Schichten, Aufgeschlagenes, Weggelegtes, überall Lesezeichen, dann wieder lose Blätter, Zeichnungen, Briefstapel, Kritzelnotizen. An den Wänden Malereien von Kindern, daneben Minimal-Art-Grafik, starke Verwandtschaften. Der Schreibtisch: ein langes Brett, ganz zugedeckt mit Materialien, auch Steine, getrocknete Blumen, von der Ägäis herangespülte Schalen.

Ich entziffere Mircea Eliade und *33 Poems*. Darüber eine dichte Galerie von Fotos und Ansichtskarten, keine Rhodos-Sonnenuntergänge, aber die heilige Therese vom Kinde Jesu als resolutes junges Mädchen mit schwarzen Locken neben dem fletschenden

Grinsen von Louis Armstrong, der Einsiedler Charles de Foucauld im algerischen Hoggar und der grinsende Charlie Chaplin mit ausgebeultem Frack. Ein frühes Chagall-Original mit Widmung und die Marx Brothers. Auf einer Karte steht: „Es gibt so viele Arten der Erlösung wie es Menschen zu erlösen gibt." In der Tiefe des Raumes das aufgeschlagene, von Stühlen und Tischchen umstellte Bett. Tassen, Hefte, Bücher, Bleistifte. Das logistische Nachtlager eines unermüdlichen Poeten. Da und dort medizinische Unvermeidlichkeiten. Über den Kissen ein kleines, fast quadratisches Kreuz. Intensives Schwarz auf der weißen Kopfwand.

Als er ins Zimmer tritt, sehe ich, wie groß er eigentlich ist. Thomas Mertons Porträt aus den dreißiger Jahren gilt noch immer: „Bob Lax war größer und ernster als alle anderen, hatte ein längliches Gesicht wie ein Pferd unter einer riesigen schwarzen Mähne und schien einem unergründlichen Schmerz nachzuhängen." Jetzt kommt Robert Lax tastenden Schrittes. Die *New York Times Book Review* zählt ihn zu den größten Dichtern Amerikas im 20. Jahrhundert, obwohl er seit den sechziger Jahren nicht mehr in den Vereinigten Staaten lebt. Doch er ist keinesfalls vergessen, publiziert immer noch. Bedeutende Ausstellungen, zuletzt in München, Zürich und Tokyo, sind ihm gewidmet. Ein weltumspannender Kreis von Kennern seiner aufs Äußerste verdichteten experimentalen Lyrik wartet auf jedes Wort aus seiner Feder.

Da steht er vor mir, uralt, doch von ungebrochener geistiger Ausstrahlung. Er trägt nichts als einen grauen, abgenutzten Pullover, der ihm bis zum Nabel reicht. Aber seine Nacktheit ist von erschütternder Grandezza: heitere Ehrlichkeit im unaufhaltsamen Untergang. In der einen Hand einen großen Stock greift er zu einer noch ungeöffneten Plastikflasche und füllt meinen Krug bis zum Rand mit Wasser. Alles strahlenden Blickes. Dann sagt der Mann mit todernster Stimme und weit ausholender, einladender Geste ein Wort, das mich für mein Leben trifft: „Champagner...!"

Die Pointe kommt wie eine Rakete aus seinem Mund, schon schüttelt er sich vor Lachen über meine Verblüffung, der Bart zittert vor Freude, dann dreht er mir den blanken Hintern zu und schlurft, kichernd wie ein Pausenclown, mit seinen Storchenbeinen ins Bett. In der Spätvorstellung des CIRCUS ROBERTO ist noch jede Menge los.

Mein Gastgeber, der mühsam in seine Decken kletternde Dichter und Einsiedler Robert Lax, lebt seit fast 40 Jahren auf ägäischen Inseln. Der Sohn jüdischer Einwanderer aus Österreich wurde 1915 in der Kleinstadt Oleron im amerikanischen Bundesstaat New York geboren. An der Columbia-Universität stand er im Bannkreis des genialen Literaturdozenten Mark van Doren. Lax und seine Freunde gelten als die eigentlichen Wegbereiter der Beatgeneration. Thomas Merton gehörte dazu, der spätere Trappist, Dichter und Eremit; Edward Rice, Gründer und Herausgeber der christlich-liberalen Zeitschrift *Jubilee*; der Minimalkünstler Ad Reinhardt und auch Allen Ginsberg, mit dem Lax in der Redaktion der Studentenzeitschrift *Columbia-Jester* ätzenden Spott auf das trübe Middlewest-Establishment ausschüttete.

Frühe Ironie, die Raum schaffte für tiefere Sehnsüchte. Die Erwartung der jungen Leute richtete sich auf Erkenntnis, Durchblick; und das war nicht zu generieren durch rückwärts gewandte Verachtung des bürgerlichen Milieus. Eher durch Versuche mit ganz neuen Sachen, Experimente mit der eigenen Person, notfalls an den poetischen Rändern des Suffs oder in Liebesaffären. Lässig, aber niemals leichtfertig. „Learning from the old boys." James Joyce etwa, dessen *Finnegans Wake* sie sich laut vorlasen, um „die Verdichtung von Laut und Sinn" fassbar zu machen.

Besonders nahe war ihm Merton, der erzählt: „Wohin wir auch traten, vor unseren Füßen gähnte der Abgrund ... und machte uns schwindlig und ließ uns vor Eisenbahnzügen und Höhen aller Art zurückschrecken." Er wiederum bewunderte bei Lax die „großen und hochgescheiten Einfälle", seine Verehrung für den Hindu-Mönch Bramachari, der ganz auf Gott ausgerichtet war, und beide mit der Empfehlung überraschte, die *Bekenntnisse* des heiligen Augustinus und die *Nachfolge Christi* zu lesen. Merton erkannte in Lax „eine Art Verbindung von Hamlet und Elias. Ein Prophet ‚in potentia', aber ohne Zorn. Ein König, aber auch ein Jude. Ein Geist mit wundervollen Eingebungen... Das Geheimnis seiner Beharrlichkeit und Festigkeit lag in einer Art natürlicher, instinktiver Geistigkeit... Sein Geist besaß von Natur aus, von der Wiege an, eine Verwandtschaft mit Hiob und dem heiligen Johannes vom Kreuz. Und heute weiß ich, dass der Hang zur Kontemplation ihm in einem ihm selbst unbegreiflichen Maße eingeboren war."

Eines Tages schockte Lax seinen Freund mitten auf der Sixth Avenue mit der Bemerkung, das einzig erstrebenswerte Ziel sei

„heilig zu werden", und um dahin zu gelangen, brauche man „es nur dringend genug zu wünschen". Im Juni 1939 verbringen die beiden und Ed Rice verrückte Ferienwochen im Landhaus von Lax' Schwester Gladys in Olean. Ein unbeschwerter letzter Sommer vor Ausbruch des Zweiten Weltkrieges: Jazz, Mädchen, viel Alkohol, aber auch die Lektüre der *Summa* des heiligen Thomas von Aquin. „Ich glaube, wir alle hatten mehr oder weniger das Gefühl, dass wir hier oben hätten als Einsiedler leben können", berichtet Merton in seiner Autobiografie *Der Berg der sieben Stufen*, „die Schwierigkeit war nur, dass keiner von uns so recht wusste, wie man das macht".

Merton hatte sich am 16. November 1938 taufen lassen, Lax folgte ihm im Jahr 1943. Er hatte inzwischen seinen Job als Literaturdozent aufgegeben und eine journalistische Karriere begonnen, die ihn von der Redaktion des *The New Yorker*, zum Filmkritiker des *Time Magazine* und zum Reiseredakteur von *Jubilee* avancieren ließ. Auch arbeitete er beim Rundfunk und schrieb Drehbücher für Hollywood. In Paris, wo er mit Jean Genet und André Malraux zusammentraf, entschloss er sich, die Wurfblatt-Zeitschrift *Pax* zu publizieren. Gedacht für Kurzzitate von Matisse, Léger, Breton und Michaux, ging das schließlich in New York gestartete Experiment mit Beiträgen von Thomas Merton, Ernesto Cardenal, Ad Reinhardt und des Beat-Romanciers Jack Kerouac nach sechs Jahren baden. Aus einer Werbeagentur flog der stille Nachdenker raus. Mit einem kleinen Zirkus tingelte er durch Kanada, wo auch die Bücher *The Circus of the Sun*, das 1981 neu aufgelegte *Circus* sowie das Tagebuch *Mogador's Book* spielen. Allesamt sind die Texte von einer irren

Lebensfreude befeuert; sie ähneln darin den Arbeiten von T. S. Eliot. Die lockere Kreativität des Zirkusalltags findet sich kurzerhand mit dem Buch Genesis und der Weltschöpfung verbunden. Hier, wie in seinen Gedichten, bestechen kosmologische Bezüge und eine nahezu hypnotische Sprache, liturgische Formeln, simple, eindringliche Wiederholungen, die er meisterhaft (und mit dramatischen Pausen) vorzutragen verstand. In seinem *journal* C notiert Robert Lax: „wie adam die pflanzen & tiere benennen. betrachten & benennen. betrachten & benennen: nicht sehr viel anderes tun".

1959 reist er durch Spanien und Italien und kommt ein Jahr später erstmals nach Griechenland, wo er sich 1963 zunächst auf der Insel Kalymnos, später definitiv auf Patmos niederlässt. Sein einziger Lebensinhalt: als armer Einsiedler dem Volk und den Katzen gehören und schreiben, nichts als schreiben, Tag und Nacht. Im *journal* C notiert er: „die seele hat / ihre eigene poesie / lebt wo sie lebt / wenn in der hölle / singt sie aus der hölle / wenn im fegefeuer / singt sie aus dem fegefeuer / wenn im himmel / singt sie mit allen / chören / des himmels – "

Der alte Dichter bittet mich, ihn *abends* zu besuchen. In der Dämmerung gehe es ihm besser. Bei einem Sturz ist sein oberes Gebiss zerbrochen, er kann nur noch Suppe zu sich nehmen; Magen, Darm und Blase rebellieren, hinzu kommt das schwach gewordene Herz. Lächelnd klopft er zweimal mit seiner großen Hand darauf. Kreuz und quer stehen die verbliebenen Zähne zwischen den gütigen Lippen. Aufrecht sitzt er im Bett, die blaue Decke bis zum Hals gezogen. Auf den Kopf hat er sich ein weißes Taschentuch gelegt und darüber eine schwarze Strickmütze gezogen. Was ihn von Spitzwegs *Armen Poeten* unterscheidet, ist seine Unabhängigkeit von jeder Idylle. Da ist eher eine Spur der Pariser Kissengruft von Heinrich Heine oder des den umbrischen Sternen zugewandten heiligen Franziskus, der sich nackt auf der Erde zum Sterben bettete. Auch die selige Gleichmut Samuel Becketts entdecke ich darin: „En face le pire, jusqu'à ce qu'il fasse rire" („Vor uns das Schlimmste, bis es uns zum Lachen bringt").

Wir verabreden uns für morgen abend. Die Bitte um seinen Segen begleitet er mit einem breiten Schmunzeln, entspricht sie doch allzusehr der im Circus Roberto praktizierten Freiheit. Seine Hände auf meiner Stirn. „In the name of the Father", so höre ich ihn flüstern, langsam und ernsthaft. Ich küsse zweimal seine rechte Hand und nenne auch ihn „father". Er antwortet: „My dear friend, der Heilige Geist brachte dich hierher." Das ist der Himmel.

Patmos bei Anbruch der Nacht. Die Bucht, der Hafen, der Berg. Über dem Balkon meiner Wirtin Irina leuchtet der Vollmond. Tiefes, nie gesehenes Orange, Meeresglätte. Die Ausfahrt zwischen den Felsen wie eine Startbahn zur Ewigkeit. In der Ferne die dunkle Silhouette von Leiros. Milder Wind geht durch die Tamarisken. Klar und leicht, so liebt Robert Lax seine nächtliche Insel. Er fühlte sich bedrückt von der hektischen Last nächtlicher Begegnungen und Gedanken in New York. Erstmals spürte er in der östlichen Ägäis diese Befreiung. Ereignisse, so notiert er in seinem Tagebuch, haben in einer Großstadt eine andere Wirkung als in einem Dorf oder auf einer Insel. Er sieht da ein ganzes Netz von Träumen und flüsternden Stimmen. Der

Himmel wird davon zugedeckt. Patmos kennt jedoch nur den Hauch des Meeres und der Sterne. Was die Leute in den Metropolen aufwühlt, kann die Tintenfischer und Ölbauern nicht betören. Dieser Art Stille gilt seine ganze Aufmerksamkeit. „Ich höre auf die Wünsche meines Herzens. Ich erlaube ihm seine eigene Sprache." Das ist sein Leben auf Patmos: zurückfallen in das Nichtberechnen, in die Reinheit des Passiven.

Seine Insel in der Vollmondnacht. Späte Vigil im Nachtcafé „Agion". Handharfe bedeutet der Begriff, auch: mythologisches Gold. Früher stand hier die Lagerhalle des Hafens. Der Raum ist hoch, holzgetäfelt, rotgelbe Lampenschirme werfen warmes, spärliches Licht, das tief in die Gläser taucht. Spiegel, getrocknete Blumen, eine Holzgalerie, wie zur Besichtigung. Songs und Balladen der sechziger, siebziger: *Lady Jane* und *Lady d'Arbenville, No women no cry*. Cat Stevens' Flüsterstimme: „You look so cold tonight ... your heart seems so silent." Plötzlich singen die jungen Männer am schwarzen Ecktisch mit, versunkene Brettspieler schlagen mit flacher Hand den Takt. Nacht der Zeiten: der antike Chor und die Buschtrommel. Georgios, der Kellner mit dem Haarzopf, bestellt an der Thekenkasse Café und Ouzo, sein kleiner Finger signalisiert ob mit oder ohne Eiswürfel. Elegisch steigen Qualmwolken selbst gedrehter Zigaretten, ein Hauch Anis, die Nähe ernsthafter Frauen.

Ich erzähle ihnen von Bob Lax. Über Schmerzen wollte er nicht reden. Lieber über die Katzen oder unseren gemeinsamen Freund Adrian Küchenberg, der gerade in Berlin erstmals auf der Bühne steht. Der junge Lax hat solche Nächte an den melancholischen Rändern des Rausches gekannt. Merton berichtet, wie er im Landhaus von Gladys einem Wäschesack eindringlich mit Hindu- und Summa-Zitaten zuredete.

Was er jetzt wohl träumt? Gönnt sich der CIRCUS eine mitternächtliche Atempause? In seinen Tagebüchern, die oft Nachtbücher sind, stehen Antworten, meist Gegenfragen: „Why should I buy a bed when all that I want is sleep?" (Weshalb sollte ich mir ein Bett kaufen, wenn alles was ich ersehne, Schlaf ist?) oder „Is there no way of giving to our waking lives the relative fluidity of dreams?" (Gibt es denn keinen Weg, unserem wachen Leben das relative Fließen der Träume zu geben?). Er selbst hat das Nachtoffizium immer in den Federn verbracht. Weil es der Natur entspricht und, so grinst er, weil die Heiligen offenbar Gott auch in ihrem Bett loben. „Den Seinen gibt es der Herr im Schlaf." Das genießt er, vermeintlich große Fragen mit einem treffenden Bibelhinweis zu entzaubern. Ein kleiner Salto verticale quer durch die Manege seines Kirchenväterhimmels. Zwischen Stroh und den unvermeidlichen Häufchen landet er immer auf beiden Füßen.

Doch weiß Robert Lax: „wo immer du in griechenland lebst, was immer du treibst, wo immer du schläfst – du tust es auf einer hell erleuchteten bühne. jeder tag ist gerichtstag". 1984 schreibt er in dem Schlüsseltext *21 pages*: „geschaffen, gemacht, erfunden, zu diesem einzigen, einzigartigen zweck: zu wachen, zu warten".

Späte Nacht, im „Agion" gehen bald die Lichter aus. Ein weißes Kreuzfahrtschiff, die „Olympic Countness" hat sich lautlos neben die Holzpötte in den Hafen geschoben. Surrealistische Landung: das riesige Schiff ist höher als alle Häuser, verdeckt den flüchtenden Mond. Matte Klänge aus den Boxen des Nachtcafés. Größere, alles aufsaugende Stille. Heimweg durch die Gassen, ein letzter Blick von Irinas Balkon. In Robert Lax' *psalm* steht: „an einem der nächsten tage werde ich singend aufwachen".

Auch auf Patmos sind die Sonntage strahlendere Tage. Von alten Kiefern dicht umfangen das weiße Kloster über der Apokalypse-Grotte. Nichts ist mehr zu beweisen, aber das dunkle Verlies birgt die Spannung eines Tatortes. „Ich, euer Bruder Johannes, der wie ihr bedrängt ist ... mit euch in Jesus standhaft ausharrt, ich war auf der Insel Patmos um des Wortes Gottes willen und des Zeugnisses für Jesus." Als er die Stimme hört, sieht er einen, „der wie ein Mensch aussah". Er möchte wie tot zu Boden fallen, aber er spürt eine Hand auf seiner rechten Schulter und die Stimme sagt: „Fürchte dich nicht! Ich bin der Erste und der Letzte und der Lebendige. Ich war tot, doch nun lebe ich in alle Ewigkeit, und ich habe die Schlüssel zum Tod und zur Unterwelt. Schreib auf, was du gesehen hast..."

Niedriger Fels im Halbdunkel der Grotte. Fotografierverbot, als sei die Spurensicherung noch nicht abgeschlossen. Die griechische Fremdenführerin verweist mit zarter Hand auf das dreifaltige Gotteszeichen im Gewölbe, auf Kopfkissen und Schreibpult im harten Stein. Küsse und Berührungen, noch immer erschütternde Geschichten vom Brunnen des Abgrunds, dem apokalyptischen Weib, vom Antichrist mit der Zahl 666, vom Gericht über die Hure Babylon, der Hochzeit des Lammes, von Gog und Magog, dem Teufel im Feuersee und dem himmlischen Jerusalem „wie eine Braut, die sich für ihren Mann geschmückt hat". Vom Thron her ruft eine laute Stimme: „Er wird alle Tränen von ihren Augen abwischen: Der Tod wird nicht mehr sein, keine Trauer, keine Klage, keine Mühsal. Denn was früher war, ist vergangen." Bob Lax in seinem Häuschen, anderthalb Kilometer Luftlinie entfernt, nennt den heiligen Johannes einen „Dichter" und die Grotte „a wonderful place".

Wundervoll im Festtagslicht ist auf der Höhe auch das Kloster des Jüngers „den Jesu liebte". Unter Domitian soll er von Ephesos nach Patmos verbannt worden sein. Der Fischer und Bruder Jakobus des Älteren zählte zum engsten Kreis des Meisters. Bei der Auferweckung der Tochter des Jairus, bei der Verklärung, im Garten Gethsemani und neben der Mutter unter dem Kreuz war er sehr betroffener Augenzeuge. Seine von Giotto und Lippi gemalten Augen des Visionärs in Santa Maria Novella in Florenz erinnern mich an Lax. Auch das unermüdliche Schreiben im Greisenalter oder die hageren Nackten im Fresko des *Jüngsten Gerichts* im Portal von Chóra. Ich weiß, die Vergleiche sind lächerlich, aber so nahe ist er mir hier.

Auf der irren Suche nach dem „göttlichen Ich" sagt Robert Lax: „Wir können Gott nur in unseren Grenzen kennen. Nie können wir ihn kennen, wie er sich kennt. Der wahre Kenner, den niemand von uns kennen kann, ist Gott."

Ich habe mir einen Motorroller gemietet. 2000 Drachmen kostet die Freiheit. Automatische Schaltung und Ablage für das Badetuch. Nach anfänglichem Zögern beginne ich bereits jenseits der Gärten von Scala zu jubilieren. Wie ein Engel trägt der Motorroller mich hoch über der Küste nach Grikou. Leere Landstraße, lauer Fahrtwind, heftiger Duft von wildem Salbei, Ziegen klettern im Ölbaumschatten, tiefblauer Himmel, leuchtende

Buchten. Lax schreibt, im Universum gebe es auf dauerhafte Weise Kreativität, Gnade, Glück. Sie zu finden, sei Aufgabe der Künstler. Er benutzt den Begriff der orthodoxen Theologie, die mehr Spiritualität als Wissenschaft ist: „Göttliche Energien". Dionysios Aeropagita, Henri Bergson und Paul Evdokimov haben großartige Dinge darüber geschrieben. „Alles, einfach alles Kreative", sagt Lax, „kann als Gebet gelten". Ich freue mich, weil der Kreis sich schließt – mein alter Freund, der Trappist und Merton-Vertraute Dom Charles Dumont schrieb mir erst vor wenigen Tagen in fast unleserlicher Heftigkeit: „Gedichte stehen im Vorfeld des Betens."

Am Abend geht es Robert Lax tatsächlich besser. In seiner Nähe: Saria, schön, fast noch ein Kind, sein Schutzengel im Tür- und Küchendienst. Als sie das Fenster öffnet, flüstert sie rücksichtsvoll. Der „old man" liege im Bett und möchte mir von seiner Kindheit, von seinen Eltern erzählen. Bei seiner Konversion zum katholischen Glauben haben die beiden tief im Reformjudentum verwurzelten Alten erstaunlich reagiert. Seine Mutter schrieb ihm ins Tagebuch: „Bleibe der du bist, mein Junge." Der Vater, den die Franziskaner von St. Bonaventure über den Schritt seines Sohnes informierten, gab zur Antwort: „Wenn Bob das entschieden hat, ist es gut entschieden." Ihn selbst bat er jedoch unter vier Augen, niemals jüdische Jugendliche zu missionieren: „Es wird ihren Vätern das Herz brechen."

Lax hat seine Konversion nie bereut, nie relativiert. Mehr als ein halbes Jahrhundert gehört er dieser Kirche an und freut sich natürlich wie ein Kind, wenn Papst Johannes Paul II. in die Klagemauer von Jerusalem einen Zettel mit der Bitte um Vergebung steckt. Seine Bekehrung war wie eine Fügung, nach all den Jahren intensiver Suche fast überfällig, vor allem in diesem Freundeskreis. Erstaunlicherweise spielte die mittelalterliche Philosophie des heiligen Thomas von Aquin dabei eine Rolle. Bis zum heutigen Tag liest er regelmäßig in einer Ausgabe der *Summa theologica* und lässt sich dazu Privatkurse erteilen. Schon schmunzelt er wieder, denn der dienstbereite Gelehrte ist zum anglikanischen Glauben übergetreten.

Als sein Nachbar auf Patmos, der BBC-Journalist Peter France, ihn erwartungsvoll nach den Bedingungen für ein Leben in Einsamkeit fragte, antwortete er lapidar, dazu brauche man einen Holzfußboden, weil Fliesen zu kalt seien, einen guten Mückenschutz, eine funktionierende Heizung sowie die ständige Lektüre jener fünf Bücher, die man auf eine einsame Insel mitnehmen würde. Als ich mich nach seinen Vorzugstiteln erkundige, nennt er zunächst nur die Bibel und ein „Dictionary", „weil ich die Wörter so liebe". Dann fügt er schließlich die Schriften des heiligen Thomas hinzu, „im lateinischen Original".

Weil er kuriose Geschichten mag, erzähle ich ihm von einem sterbenden Athosmönch, den ich während einer Osternacht in Hagi Anna zu betreuen hatte. Ich fürchtete mich vor dem mühsam schlafenden Greis, musste dann aber beschämt feststellen, dass er mit zwei dünnen Fingerspitzen seine Gebetsschnur langsam weiterbewegte. Als im Morgengrauen die Glocken läuteten, flüsterte er kaum vernehmbar „Christos anesti". Er kenne viele Geschichten vom Heiligen Berg, antwortet Robert Lax, „das ist die allerschönste. Kennst du noch andere?" Und so berichte ich ihm von der Geburt Tinas, unserer kleinen am Down-Syndrom erkrankten Tochter, von meiner Bittfahrt zum Athos und der in einem Kloster erhaltenen Botschaft „Gehen Sie nur, Gott macht nichts falsch". Dann nickt der gute Alte heftig mit seinem großen Kopf, sagt nur noch „Ja, so ist es" und wischt sich, wie ein Kind, die Tränen aus den Augen.

Patmos wenn die Sonne sinkt, Windstille, das flache Meer. Immer geht der Blick zum Berg. Steigungen in leichten Schwüngen. Kornfelder, Olivengärten, von Mauerbögen abgestützt. Die Häuschen von Chóra wie ein weißer Kranz zu Füßen der Festung. Unten in Irinas Hof Vogelgezwitscher, die munteren Stimmen der Hausgenossen. Viel Weinlaub in den kleinen Schattenhöfen, das Gelb der Zitronen. Neben dem Wasserbecken Schläuche und Gartengerät. An der Leine baumeln die Strümpfe der Wirtin. Möwen räkeln sich auf den höchsten Plätzen, warten auf die heimkehrenden Fischerboote. Schon steigen sie auf, große weiße Vögel, die Flügel grau mit schwarzen Spitzen. Irgendwo eine Glocke. Georgios, der kleine Kellner, freut sich auf den Abend, wenn wir wieder die Apokalypse mit etwas Ouzo anrühren.

Gespräch mit Monika Finotti auf der Terrasse des „Agion". Die Schauspielerin ist heute aus Wien geflüchtet, will sechs Wochen bleiben, genesen. Seit zwölf Jahren kennt sie die Route. All die Jahreszeiten, immer sei ein anderes Licht. Ich erzähle von Bob Lax. „Die Insel zieht solche Typen an", sagt sie. Um ihre Augen flackert auch die Tristesse einer verletzten Frau, Blässe, wie nach einem langen Bergwinter. Ihre Stimme jedoch ist tief, voll vom lebendigen Charme Habsburgs. Sie muss duschen und verschwindet leichten Fußes.

Manchmal habe ich Angst, dass Robert stirbt. In knapp drei Wochen wollen sein Neffe und die Nichte ihn abholen und in ein Schweizer Kloster bringen. Mit dem Finger zeichnet er den Kurs des Schiffes durchs Mittelmeer. Noch ein Winter auf Patmos, das sei zu riskant. Kalte Regentage, Stromausfälle. Aber, nach all den Jahrzehnten will er von Nostalgie nichts wissen. Kein Anflug von Trauer bei der unvermeidlichen Frage. Mehr noch: Er erhebt sich aus seinen Kissen, weist mit seinem langen Prophetenfinger in die Höhe, eindringlich wiederholend: „There is my fatherland. Dort ist mein Vaterland." Was will man denn mehr? Was soll ich noch fragen?

Jannis bewacht seine Taverne wie ein Hirtenhund. Nähern sich etwaige Kunden der Terrasse neben der Hafenmeisterei, streicht sich der kleine Dicke übers Haar und setzt ein Festtagslächeln auf. In der einen Hand die offene Speisekarte, in der anderen verstohlen eine Zigarette, an der er manchmal heimlich zieht. Nur Ustinov könnte diese Rolle spielen. Wir bestellen Kalamares, Salat, Schafkäse. Viel Retsina an diesem Abend vor dem Abschied. Über uns die leuchtenden Pleiaden. Jemand glaubt zu wissen, die Erde sei der aus diesem Bild abgestürzte achte Stern. Aber wir wollen nicht trauern. Wehe der Himmel ist voller Sterne, sagte ein alter Rabbi, und der Mensch wehrt sich mit seiner kleinen Hand. Im „Agion" singen die Beatles *All you need is love*. Der Pope macht eine letzte Runde über die Agora. Die Skipper der im Hafen liegenden Yachten haben vom Wind und Salz gerötete Gesichter. Ich erzähle von Bob Lax, wieder einmal, ein letztes Mal. Er glaubt, dass das Meer das Blut anlockt, so wie „der Tag die Nacht ruft und die Nacht den Tag". Deshalb fühlten sich alte Menschen nach dem Schwimmen wie neugeboren. „Gestreichelt, geleckt, wie die jungen Seebären von ihrer Mutter." Eigentlich sei das eine Unterwasser-Vision, „die Vision eines Fötus: voll gesiebten Lichtes, noch ferner, aber bereits leuchtender Hoffnung". Die Freunde schweigen. Dann kommt Jannis mit dem Korb Brot und einem Krug Wein. Weil es so still ist, macht er eine tiefe Verbeugung und schmeißt verlegen die Zigarette weg.

Die Fähre nach Kos ging um 14.10 Uhr. Noch eine Hand, ein Kuss, ein gutes Wort. Allem Abschied voran sein. Eben schlich ein Trauerzug durch den Ort, weinende, schwarzgekleidete Frauen. Vom türkischen Festland wehte heißer Wind. Im kargen Hügel sein weißes Häuschen. Angestrengte Blicke zum blauen Sonnendach. Niemand winkte. Dann legten wir ab, das Luftkissenboot gewann rasch an Fahrt. Hohe, brechende Wellen. Kurs zunächst auf Leiros und Kalymnos, dessen Schwammtaucher ihn noch immer verehren. Oben die Klosterburg. Patmos schon im Dunst. Schäumende Wasser schlugen ins Heck. Kann man Tropfen „Adieu" zurufen? Ist Weggehen „ein bisschen sterben"?

Am 17. Juni wird Robert Lax die Fähre nehmen. Die Nacht vor dem Dreifaltigkeitsfest. Der CIRCUS ROBERTO zieht ins Winterquartier. Alles Timing, Training, uralte Regie. Wohl auch die weite Seefahrt über Apostelrouten hinauf in die rauhen Zauberberge. Der heilige Thomas ein Schneemann. Merton im Rachen des Wals. Armstrongs Trompete als Schiffshorn. Alles wird ihn faszinieren. Seine Radaraugen über dem „mare nostrum". Das blaue Heft wie Segel weit offen für Heiligen Geist und Geheime Offenbarung.

Thomas Merton in Love

Thomas Merton hat es in seinem intimen Tagebuch präzise festgehalten: Der Tag, an dem Joan Baez ihn in seiner Einsiedelei besuchte, war der 8. Dezember 1966, ein Tag, der in seinem amerikanischen Trappistenkloster traditionell als herausragendes Marienfest gefeiert wurde. Es war ein grauer Wintertag und auf den Waldhöhen oberhalb der Abtei, wo sich Mertons Eremitage befand, fegte ein eiskalter Wind. Der Einsiedler und die Sängerin, beide prominente und nicht minder aktive Mitglieder der gegen Rassismus und Vietnamkrieg engagierten Friedens- und Bürgerrechtsbewegung, hatten sich bereits im Juli über den heiklen Termin verständigt. Das war nicht nur aus Zeitgründen schwierig, galt es doch für ein solches Treffen die Erlaubnis des Abtes Dom James Fox einzuholen, der Mertons „äußeren" Aktivitäten sehr skeptisch gegenüberstand. Einen ersten schriftlichen Antrag der am Studienzentrum für Gewaltfreiheit tätigen Ira Sandperl hatte Dom James bereits abschlägig beantwortet, doch dann schaltete sich sein enger Freund Ping Ferry ein, sprach persönlich mit dem Abt und erhielt eine Zusage. Ursprünglich sollten die Gäste am Morgen eintreffen, doch es wurde schließlich 12.30 Uhr. Nachdem Dom James sie begrüßt hatte, kletterten sie auf den Waldhügel, auf dem sich die Eremitage befand. Merton notiert: „Joan Baez war hier – ein denkwürdiger Tag!"

Die Szenen dieses Nachmittags sind von großer Intensität. Die Gruppe startet zu einem langen Spaziergang jenseits der Tabakfarm. Joan Baez läuft ihnen voraus in die Felder, sie trägt eine schwarze Segelhose und ihre langen Haare fliegen im kalten Wind. Ira und Merton sprechen über Fragen des Engagements und trinken ein Bier. Das Thema berührt existentielle Dinge, denn am liebsten möchten die Frauen den Einsiedler und Schriftsteller gleich mitnehmen. Die politische Lage in den USA ist gespannter denn je: Rassenkonflikte in den Südstaaten, Gewalt in den Städten, Napalmbomben auf Hanoi und Da Nang. „Jemand muss zu den Studenten sprechen", appellieren die beiden an sein Gewissen, „es ist nur einer, der das kann und das sind Sie". Ira und Joan fürchten, dass Father Louis, wie Merton mit dem Klosternamen hieß, durch sein Gehorsamsgelübde an die strengen Observanzen seines Ordens gebunden und somit den Launen seines schwierigen Abtes hilflos ausgeliefert sei. So sehr er sich auch bemüht, fällt es ihm schwer, sie vom Gegenteil zu überzeugen. Weder Kirchengesetze noch Ordensregeln spielen da eine Rolle, argumentiert er: „Die Einsamkeit, das ist Gottes Wille für mich. Hier sind meine Wurzeln."

Auf dem Rückweg kommen sie noch einmal ins Gästehaus der Abtei zurück. Joan Baez trifft erneut mit Dom James zusammen, aber Merton spürt, wie sie durch ihn hindurch blickt und der Abt dies auch so empfindet. Dann gehen sie hinauf in die Eremitage. Merton zündet ein großes Kaminfeuer an und legt Joans neue LP auf: *Noël*, Weihnachten. Das Feuer knistert, sie sitzen oder liegen auf den grauen Teppichen um den Kamin. Aus dem Kloster kommen Pater Chrysogonus und Bruder Richard herauf. Merton mag sie, es sind Fans von Joan Baez und echte Musikexperten. Als sie zur Vesper wieder aufbrechen, serviert der Einsiedler den Frauen ein Abendessen. Die Lässigkeit, mit der Joan am Boden im Feuerlicht sitzend, Ziegenkäse, Brot und Honig isst, den heißen Tee trinkt, begeistert ihn. „Einfach reizend", schreibt er zwei Tage später, „sie ist ein unglaublich süßes Mädchen und ich mag sie. Ich weiß, sie mag mich auch. Sie sagt, sie habe beim Lesen meiner Bücher das Gebet entdeckt, und sie und Ira haben offenbar meine neuesten Arbeiten gelesen; sie haben ihnen gefallen. Große Offenheit, Wärme, Unterstützung."

Sie sprechen auch über Bob Dylan. Merton liebt seine Songs, hält ihn für einen „amerikanischen Villon". Dem *Jubilee*-Herausgeber Ed Rice versprach er gar einen Beitrag zu diesem Thema. Erst vor wenigen Wochen hat er hier oben in der Eremitage seinem alten französischen Freund, dem Philosophen Jacques Maritain, Dylans Lieder laut vorgespielt. Joan und Ira berichten ihm jedoch auch, wie Dylan dabei sei sich selbst zu zerstören.

Draußen trommelt der Regen auf das flache Dach. Es ist eine ganz besondere, dichte Atmosphäre. Die Dämmerung bricht herein, die Gespräche am Feuer waren selten so offen und frei. Thomas Merton ist begeistert von Joan Baez: „Sie ist ein sehr reines und ehrliches Mädchen", schreibt er in seinem Tagebuch, sie empfinde etwas Heiliges in der Friedensbewegung, „sie ist eine wertvolle, wahrhaftige, ganz und gar menschliche Person; was ich aus verschiedenen Gründen am meisten bei ihr schätze, ist diese Mischung aus Zerbrechlichkeit und Unzerstörbarkeit in ihr. Hier ist ein zärtlich lebendiges Kind auf Erden, um jetzt zu leben, einfach zu sein, mit einer Art sichtbaren Entschwebens ihrer Realität, ihrer Solidität, ihrer Ehrlichkeit. Wie eine Erscheinung, die uns nur eine Weile gewährt wird. Noch fast verschlossen, verletzbar, offen, geschenkt im wahrsten Sinne des Wortes: hier bin ich. Eine Epiphanie dessen, was wir am dringendsten brauchen."

Joan Baez erzählt über ihr Institut für Gewaltlosigkeit, über die Menschen, die sich darin engagieren, über das, was sie denken und tun. Sie spricht auch über die Meditation und gesteht, viel Stille zu brauchen. Sie scheint selbst ein Teil der Stille zu sein; sie hört lange zu, bevor sie spricht. Das, was sie sagt, kommt aus der Stille. Viel Liebe und Sorge für alle Menschen, für alle Kreatur. Etwas sehr Mütterliches.

Ira berichtet über aktuelle Fragen, den Leidensweg von Martin Luther King etwa, oder die Versuche der Kommunisten, die Friedensbewegung zu unterwandern. Merton spürt sehr stark, dass er diesen beiden Frauen mehr sagen kann, er möchte sich ihnen anvertrauen und beginnt die Geschichte seiner leidenschaftlichen Liebe zu erzählen. Draußen an den Fenstern steht schon die Winternacht, ringsum heilige Stille, hin und wieder Windstöße oder die Glocken der Abtei. Es ist eine erschütternde Stunde.

Am 20. August 1965 hat Thomas Merton seine letzte Versammlung als Novizenmeister der Abtei Gethsemani abgehalten und definitiv seine Einsiedelei in den Wäldern bezogen. Wenn man bedenkt, dass der Mönch während 25 Jahren mit der Sehnsucht gerungen hat, ein eremitisches Leben zu führen, bedeutet dieses Datum einen radikalen Einschnitt in seinem Leben. Kartäuser wollte der Novize werden, dann zog es ihn in die Einsamkeit von Camaldoli, schließlich gewährte ihm sein Abt, nach heftigem Ringen, die Konzession einer Einsiedelei am Rande des Klosters, in die er sich zeitweilig zurückziehen durfte. Dieser Tag des Abschieds ist folglich nicht ohne Emotionen. Merton erzählt den Mönchen vom Berg Athos und seinen „Narren in Christus", die einen Punkt der Hingabe erreichen, wo sie „von Gott geküsst werden".

Wenn man verstehen will, was in den kommenden Wochen und Monaten so heftig über ihn hereinbrechen wird, ist es hilfreich, die Korrespondenz mit seiner langjährigen Freundin und Literaturagentin Naomi Burton zu konsultieren. Wenige Tage vor Auftakt seines Einsiedlerlebens hat sie ihm einen Brief geschrieben, den er als „voll von reifem, realistischem Verständnis und weiblichem Trost" empfindet. Er entdeckt darin „eine Wärme, die nicht von einem Mann kommen kann, und die so außerordentlich wichtig ist". Merton hatte ihr vor dem wichtigen Schritt all seine Zweifel, seine Verwirrung und Widersprüchlichkeit anvertraut und kommt nach ihrer so sensiblen Art zu antworten zu dem Schluss, dass die Kluft in seinem Leben einen schwerwiegenden Grund hat: „Die Verweigerung gegenüber der Frau, was ein Makel an meiner Keuschheit ist." Weiter schreibt er selbstkritisch: „Die tragische Keuschheit, die sich selbst als reinen Verlust erkennt und als die Befürchtung, dass der Tod gesiegt hat – die ist steril, nutzlos, hassenswert. Ich behaupte nicht, dass dies mein Los ist, doch in meinem Gelübde sehe ich es als eine stets gegenwärtige Möglichkeit. Ein Gelübde abzulegen heißt, dieser Möglichkeit ausgesetzt zu sein. Man muss dieses Risiko eingehen, wenn man die andere Möglichkeit suchen will: dass sich der Paraklet dem reinen Herzen offenbart."

Seine ersten Wochen oben im Wald sind erfüllt von Gebet, Einsamkeit und Fasten. Merton studiert die Schriften von Jakob Böhme und übersetzt Rilkes *Sonette an Orpheus*. Er beobachtet die Hirsche und manchmal weint er vor Glück. Zugleich wird deutlich, dass der weltweit bekannte Schriftsteller nicht ganz ohne Gemeinschaft zu leben vermag. Zunächst gesteht er sich ein, die Heiligen und Engel in seiner Einsamkeit zu brauchen. Dann stellt er sich in der Phanatasie Begegnungen mit seinen Freunden Jacques und Raissa Maritain und Vera Oumoncof vor. Sein ehemaliger Mitbruder aus Gethsemani und Dichterfreund Ernesto Cardenal besucht ihn während zwei Tagen, um ihn für eine experimentelle Gemeinschaft auf einer Insel im Nicaragua-See zu gewinnen. Auch geht er täglich oder nächtlich hinunter zur Abtei, um die Messe zu lesen oder zu essen. Um Weihnachten schreibt er einen sonderbaren Satz in sein Tagebuch: „Der Tod blüht in meinem Leben als sein Teil und seine Erfüllung."

Weiter vertieft er sich in die Schriften des Tao-Meisters Chuang-tzu: „Der Mann des Geistes ... hasst es, wenn sich Menschen um ihn sammeln ... Erfolg ist der Anfang des Versagens. Ruhm ist der Anfang der Verachtung." Bei Angela von Foligno begeistern ihn „die intensive Reinheit, Aufrichtigkeit und Bußfertigkeit", die ihn an das Licht der primitiven florentinischen Maler erinnern.

Schließlich wendet er sich wieder dem rheinischen Mystiker Meister Eckhart zu, dessen Bücher ihn auch begleiten, als er sich am 25. März 1966 im Krankenhaus von Louisville einer

Operation an der vorderen Halswirbelsäule unterzieht, wobei ein Knochensplitter aus einer linken Hüfte verwendet wird. Der Patient stöhnt unter der ungewohnten Last „des abnorm mechanisierten, routinemäßigen Krankenhauslebens, wo man gestochen und geschoben, angebohrt und geschnitten, gefüttert und mit Pillen, Säften etc. vollgestopft wird". In einem Gedicht schreibt er: „Ich schwimme im Weltgenius / Im Plasma des Frühlings / Ich frage mich, wo zum Teufel bin ich?"

Darauf wird ihm am 30. März, einem Mittwochmorgen, die junge Krankenpflegerin Margie Smith eine unverhoffte Antwort geben. Sie tritt ins Zimmer mit dem Auftrag, sich um ihn zu bemühen, ihm Kompressen anzulegen, ihn zu baden und das Zimmer sauber zu halten. Schon fragt er sich, wann sie zurückkommen wird, erfindet Vorwände, sich „hungrig, ohne Pause" mit ihr zu unterhalten. Bereits zwei Tage später notiert er unter großen Rückenschmerzen, er vermisse weder Mitbrüder noch andere Freunde, doch empfinde er ein tiefes Bedürfnis nach Gegenwart durch eine Frau: „... zu erkennen, dass ich ein für alle Mal ohne dies leben muss, zerriss mich schließlich mehr als die Operation". Father Louis, der 51-jährige Eremit aus den Wäldern der Trappistenabtei Unserer Lieben Frau von Gethsemani ist sich noch nicht bewusst, dass er sich rettungslos in Margie verliebt hat. – Und sie offenbar auch in ihn.

Was folgt, ist eine zugleich leidenschaftliche und dramatische Lovestory, die in ihren Torheiten und Widersprüchen, ihren Tränen und Abgründen nicht minder bewegt, wie das klassische Vorbild von Abaelard und Heloise. „Du warst Margie", schreibt er, „ich betrachte die Rückseite meines Notizbuchs, auf das du deinen Namen und deine Anschrift schriebst, bevor du gingst. Es liegt hier, neben mir, eine Art Gegenwart von dir. Du warst jetzt der Mensch, an den ich in den langen schlaflosen Nächten denken würde (angefangen mit dieser Regennacht). Der Mensch, dessen Namen ich als Zauberformel verwenden würde, um den Griff der schrecklichen Einsamkeit um mein Herz zu lockern."

Merton hatte in seiner Jugend diverse Beziehungen zu Frauen gekannt. Während seiner Studentenzeit in Cambridge wurde er Vater eines Sohnes, doch wandte er sich von der Mutter und dem Kind ab. Beide kamen bei den ersten Bombenangriffen auf London ums Leben. In seiner Bestseller-Autobiografie *Der Berg der sieben Stufen* hatten die Ordenszensoren diese pikante Passage wohlweislich gestrichen. Als Monica Furlong 1980 die Geschichte publik macht, wird es im puritanischen Amerika als Skandal empfunden. Die Trappisten bemühen sich unterdessen, die von ihnen jahrzehntelang offerierte Merton-Ikone zu retuschieren, wohl wissend, dass noch nicht alles gesagt ist, solange nicht seine mit einer 25-jährigen Sperrfrist belegten intimen Tagebücher erschienen sind.

Die Zisterzienser von der strengen Observanz, wie der in La Trappe von Armand de Rancé (1626-1700) drakonisch reformierte Orden offiziell genannt wird, ist durch den Fall Merton in ein paradoxes, doch schließlich hilfreiches Dilemma geraten. Schon bei de Rancé beginnen die Widersprüche: Der einstige Lebemann übernahm erst nach dem Tod seiner Pariser Mätresse die ihm zustehende Abtei in der Normandie. Die Erfahrung unaufhaltsamen Leidens münzt der konsternierte Liebhaber in eine Regelauslegung um, die in der nicht zimperlichen katholischen Kirche des 18. Jahrhunderts ihresgleichen sucht: strenges Schweigen, Nachtwachen, Fasten, Selbstgeißelung, stundenlange Offizien sowie ein permanentes Gemeinschaftsleben. Der Name „La Trappe" verbreitet seitdem Gänsehaut. Doch übt er auch eine prekäre Faszination auf all jene gescheiterten Figuren aus, die sich in dieser klösterlichen Fremdenlegion ein marianisch gepolstertes Refugium für ihren Lebensschmerz erträumen. Dazu hat Mitte des 20. Jahrhunderts der heimatlose Columbia-Student und zwischen fragwürdigen Tröstungen vagabundierende Dichter Thomas Merton wesentlich beigetragen. Auf Anhieb erkannten seine Oberen in Gethsemani die außergewöhnliche Begabung und ermutigten ihn, außer zur Zeit der nächtlichen Lectio divina, weiter Gedichte zu schreiben. Sein leicht frisierter Erstlingsroman steht monatelang auf der Bestsellerliste der *New York Times*, entspricht er doch auf kongeniale Weise einer stillen Erwartung der ernüchtert aus dem Weltkrieg heimkehrenden jungen Amerikaner. Das für etwa 80 Mönche gebaute Schweigekloster Gethsemani ist bald mit 250 Einsamkeit und Stille suchenden Trappisten übervölkert. Weltweit kommt es zu Neugründungen, der Merton-Boom ist nicht zu bremsen.

Keine Frage, dass dessen wahre Lebensgeschichte und seine heimliche Sehnsucht, bei den Kartäusern oder Kamaldulensern ein Eremitenleben zu führen, nicht publik werden dürfen. Doch waltet hier nicht allein die Vorsicht monastischen Marketings, sondern auch die kaum zu übersehenden Widersprüche und Paradoxien des Markenartikels Merton selbst. In alle möglichen

Initiativen politischen, künstlerischen und nachkonziliaren Aufbruchs engagiert, ist der Mönch schon lange kein Einsamer mehr. Sein Name steht unter allen nur denkbaren Resolutionen und Protestschreiben, seine Korrespondenz mit Lesern aus aller Welt muss von klösterlichen Sekretären bewältigt werden, obendrein betraut man ihn, sicherlich nicht uneigennützig, mit dem verantwortungsvollen Amt des Novizenmeisters. Dass ein Mann solcher Herkunft und Begabung im Treibhaus von Gethsemani nicht durchgedreht ist, kann man nur dem Trost des Heiligen Geistes zuschreiben.

Vielleicht jedoch auch seiner kompromisslosen, jungenhaften Ehrlichkeit und der Lernfähigkeit seiner mitunter bedauernswerten Vorgesetzten, die ihn weder preis- noch aufgegeben haben. Sein langjähriger Gegenspieler, der strenge Abt James Fox, ist nach seinem Rücktritt selbst Eremit geworden. Dessen Nachfolger wiederum wurde der als Nachbar in den Wäldern lebende Einsiedler Dom Flavian Burns. Unterdessen hat sich das Eremitentum in den Konstitutionen der Trappisten einen gesicherten Platz erobert. Die vom Orden herausgegebene Vierteljahrszeitschrift *Collectanea Cisterciensia* widmet seinem „enfant terrible" Thomas Merton bis zum heutigen Tag breiteste Aufmerksamkeit.

Der Abt von Abbey of the Genesee im Bundesstaat New York, der Arzt und Psychiater Dom John Eudes Bamberger, schrieb nach dem tragischen Unfalltod Mertons, der ihn am 10. Dezember 1968 auf einer interreligiösen Mönchstagung in Bangkok ereilte, in einem Nachruf: „Jetzt gehört er für immer zu uns." Da klingt viel Verehrung mit, jedoch auch etwas tragisch überwundene Sorge, dass Father Louis im Schatten der Friedhofsmauer von Gethsemani nun endgültig keine Eskapaden mehr unternehmen wird. Seiner ehemaligen Geliebten Margie, die inzwischen verheiratet ist und in einem anderen Bundesstaat lebt, wird sogar mit einer Sondererlaubnis die Klausur geöffnet, um sein Grab zu besuchen.

In den Wirren des denkwürdigen Jahres 1966 war dies allerdings undenkbar. Margie schreibt ihm: „Ich habe dich von Anfang an so geliebt" und der Einsiedler leidet Gewissensqualen. Alle Diskretion und Vorsicht lässt er über Bord gehen. Die Begeisterung über die Liebe zu der jungen Frau stellt alles in den Schatten. Die Reaktion seiner engsten Freunde ist zwiespältig. Der ihn auf konspirierende Fahrten nach Louisville chauffierende Dr. Wygal reagiert unbehaglich. Sein alter Gefährte und Verleger James Laughlin legt zwar in der „Menendez-Mappe" eine Sammlung seiner verbotenen Liebesgedichte an Margie an, fürchtet aber einen das Gesamtkunstwerk Merton beschädigenden Eklat. Der chilenische Dichter Nicanor Parra gerät vor so viel bewegender Passion ins Schwärmen und ermutigt seinen Freund „mit der Ekstase zu gehen".

Obwohl die Gespräche, Telefonate und Briefe wiederholt von erotischen Untertönen geprägt sind, bleibt die Beziehung des seinen Gelübden unterliegenden Mönchs mit der jungen Krankenschwester eine platonische. Zwar „überschwemmt von Tränen", „zerrissen von Sorgen" und „in tiefer, tiefer Verliebtheit" geloben beide, sich „jeglicher physischer Tröstungen zu enthalten, selbst wenn die Natur geduldig und unentwegt etwas Tieferes und vielleicht Unausweichliches verkündete". Nachts starrt er verzweifelt auf das riesige Sternbild des Skorpions und in das rote Auge des Regulus. „Nur das, was hier ist. Ich bin hier. Glühwürmchen, Sterne, Dunkelheit, der große Schatten des Waldes, das verschwommen dunkle Tal." Ihm bleibt nicht verschlossen, dass er dies alles zum Geschenk erhalten hat, „... das nicht für mich selbst, sondern für alle gegeben wurde. Ich kann nicht zulassen, dass es verschwendet und aus lauter Torheit aufgegeben wird. Das wäre ein Verbrechen."

Zuvor ist etwas Einschneidendes passiert. Am 13. Juni 1966 erfährt Merton, dass ein Mitbruder in der Telefon-Schaltzentrale zufällig eines seiner Liebesgeflüster mit Margie mitgehört und dem Abt darüber berichtet hat. Als Dom James ihn jedoch auch am nächsten Tag nicht herbeizitiert, entschließt er sich, „die Sache selbst in die Hand zu nehmen". Erstaunlicherweise wird es ein gutes Gespräch. Der Abt ist ruhig und um Verständnis bemüht. Er vermutet, Mertons Verlassenheit in der Einsiedelei habe die ganze Sache provoziert, zieht aber seine Anweisung, ihn zu bitten nachts in der Krankenhausabteilung der Abtei zu schlafen, wieder zurück. In diesen erschütternden Tagen schreibt der hilflos Verliebte: „Die echte Wüste ist dies: die wirklichen Grenzen der eigenen Existenz und des eigenen Wissens zu erkennen und sie weder zu verändern noch zu verstecken versuchen, sie nicht mit Möglichkeiten verbrämen."

Psychiatrische Gespräche mit Pater John Eudes Bamberger, gegen die er sich anfänglich gesträubt hatte, bringen mehr Distanz und die Gewissheit, sich frei für die Einsamkeit zu entscheiden. Das Ende des langen Doppelspiels verschafft Erleichterung. Aller ihn nach wie vor bedrängenden Sehnsucht zum Trotz, legt er am 12. September 1966 ein Gelübde als Einsiedler ab. Zuvor beschließt er auf Exerzitien, die er als „unvergesslich hell und still" empfindet, „innerlich alles egoistische Anklammern an Margie, alle falschen Bedürfnisse loszulassen". Er hört die mit der Post eingetroffenen Dylan-Platten. *The Gates of Eden*, voller Poesie, prophetischer Glut. Unter diesen neuen Klängen im stillen Wald glaubt er zu wissen, dass all das, was in der Liebe zwischen zwei Menschen gilt, auch für die Liebe zwischen Mensch und Gott zutrifft. Er selbst fühlt sich in der Lage „umfassend zu lieben", seine religiöse Hingabe ist nicht „die subtile Verkleidung eines emotionalen Krüppels".

Ganz leise, unter Schmerzen hat sich Thomas Merton von Margie gelöst. Manchmal droht ihn die Versuchung, sie wieder zu treffen oder sie zu allen unmöglichen Zeiten anzurufen, fast umzuhauen. Doch hilft ihm die Einsamkeit in den Wäldern, der strenge Winter zur Jahreswende, die Briefe der Freunde Jacques Maritain oder Dom Helder Camara. Er liest Camus' *Die Pest* und die Geschichte vom heiligen Paulus dem Einsiedler. Die Todesfälle von John Slater und der Weggefährten Ad Reinhard und Victor Hammer treffen sein Herz. Dan Walsh, der Philosoph aus dem Columbia-Kreis wird zum Priester geweiht. Die ihm so wichtige Zeitschrift *Jubilee* seiner Freunde Ed Rice und Robert Lax wird eingestellt. Dann kommt Bruder Thomas hinauf in den Wald und meldet ihm, dass sein alter Freund Sy Freedgood in der vorausgegangenen Nacht in seinem Haus verbrannt ist.

Das Jahr 1968, von dem er bereits am Neujahrstag befürchtete, es werde „ein Jahr der Tragödien" sein, nimmt dramatische Wendungen. Keine Lesung könne besser sein, schreibt Thomas Merton, als Jesaja 44, 21f:

„Denk daran, Jakob, und du, Israel,
dass du mein Knecht bist.
Ich habe dich geschaffen, du bist mein Knecht,
Israel, ich vergesse dich nicht.
Ich fege dein Vergehen hinweg wie eine Wolke
und deine Sünden wie Nebel.
Kehr um zu mir, denn ich erlöse dich."

Es wurde ein Jahr der Tragödien. Am 10. Dezember 1968 um zehn Uhr traf in Gethsemani die Nachricht ein, dass Thomas Merton in Bangkok durch einen elektrischen Schlag ums Leben gekommen sei. Abt Flavian teilte der Gemeinschaft die Todesmeldung im Refektorium mit. „Ich bin einfach vom Tisch aufgestanden und hinausgegangen", sagte einer seiner erschütterten Novizen. Ein Flugzeug der US-Luftwaffe brachte die Leiche auf dem Rückflug aus Vietnam nach Kalifornien. Der Abt nahm in New Haven die Identifizierung vor. Am 17. Dezember traf der Sarg am frühen Nachmittag in Gethsemani ein. Im Kreis seiner Freunde sangen die Mönche die Exsequien. In der Dämmerung bei leichtem Schneefall wurde Father Louis auf dem Klosterfriedhof beigesetzt.

Das Tao der Einsamen

Endlich nach Lérins zu kommen, war ein lang gehegter Wunsch. Doch dann geschah alles so rasch und selbstverständlich, als sei es eine Fügung. Auf der Flucht vor dem grauen ostbelgischen Winter und dem ihm folgenden Ausnahmezustand des Karnevals, empfand ich den alten Hafen von Cannes wie eine Oase. Am Abend saßen die Männer und Frauen vom Trödelmarkt bei einem Pastis auf ihren alten Bücherkisten. Die Blumenfrau rühmte ihre Mimosen, während die Kellner in der untergehenden Sonne die Tische für die Abendkundschaft zurechtrückten. In den Gärten blühten schon die Mandelbäume.

Das kleine Ausflugsboot braucht nach Lérins eine knappe halbe Stunde. Wir passieren zunächst die Festungsmauern von Ste Marguérite dann erscheint schon die zweite der Inseln, St. Honorat, etwas kleiner, bewaldeter, klösterlicher. Kaum zu glauben, dass sich hier, 30 Minuten vom mondänen Strand der halb nackten Sternchen und Festivalstars eine Abtei der Zisterzienser befindet. Ihr wehrhafter Turm steht leer, so als habe man sich längst mit der ungeliebten Nachbarschaft abgefunden. Ohnehin sind Kirche und Kloster dem Meer zugewandt und der Gesang der 40 Mönche, der mit seinen byzantinischen Melodien die Weisheit des Alten Testaments psalmodiert, wirkt vor der blauen Weite des Mittelmeers wie das stille Wissen um eine ganz andere Schönheit.

Weshalb war ich auf Lérins so glücklich? Ich wollte die eremitischen und mystischen Elemente der Weltreligionen studieren. Vielleicht war auch das eine Fügung, dass hier alles so nahtlos zu meinem Vorhaben passte. Die Insel: uraltes, meerumschlungenes Quartier der gallischen Einsiedler Honoratus und Caprasius. Der Gastpater: Frère Gilles, ein wortkarger Trappistenkopf, der die gebotene Stille garantiert, schlank und bärtig, wie die meisten hier. Die Gäste: junge Männer und Frauen, ältere Ehepaare, sympathisch und unaufdringlich; nur beim gemeinsamen Geschirrspülen wechseln wir einige Worte. Die Zelle: spartanisch, aber ein wunderbarer Arbeitsplatz mit Blick auf die Olivengärten. Die Gottesdienste: keine Pflichtübungen, jedoch den Tagesablauf dominierend, von morgens um vier bis zum Anbruch der Dunkelheit siebenmal. Obendrein begann gerade die Fastenzeit. Vater Abt zeichnete uns ein markantes Aschenkreuz auf die Stirn, das unmissverständlich daran erinnerte, dass es Zeit sei aufzuräumen mit Bequemlichkeiten und Egoismus – Zeit, um sich auf das „Wesentliche" zu besinnen und Platz zu schaffen für „das ganz Andere", oder besser noch, für „den ganz Anderen".

Einen Steinwurf von der Klostermauer entfernt fand ich, umgeben von alten Zypressen und Felsblöcken, einen Ort des Beginnens. Nur noch Sonne und Wind, unendliches Blau. Mein Tisch, der Boden aus trockenem Seegras, darauf ausgebreitet die Bibel, der Koran, die Schriften Laotses und Buddhas. Alle Weisheit der Welt an der Küste des Lichts. Allein vor dem Schöpfer, dem Barmherzigen, und alle Zeit bis zum Abend, wenn die Sonne feuerrot hinter den Bergen von Mandelieu versank und eine frische Brise die klagenden Möwen zu Steilflügen antrieb.

Die Befreiung des Leichnams

So stimmte hier alles, um mich in das vermutlich aus dem 6.–3. Jahrhundert v. Chr. stammende *Tao-te-ching*, dem tiefsten und rätselhaftesten Buch der gesamten chinesischen Literatur zu versenken. Es wird jenem mysteriösen Laotse zugeschrieben, von dem man kaum etwas weiß, und von dem Konfuzius und die anderen zeitgenössischen Weisen, wie Szu-ma Ch'ien oder Chuang-tzu, nur raunend zu sprechen wagten. Konfuzius, der sich rühmte alle Tiere zu kennen, gestand, über den Drachen nichts zu wissen, da er sich noch über Wind und Wolken zum Himmel erhebe. Genauso verhalte es sich mit dem geheimnisvollen Weisen: „Heute habe ich Laotse gesehen, er ist wie ein Drache."

Der Geschichtsschreiber Szu-ma Ch'ien berichtet, dass Laotse das Tao und das Te gelehrt habe, eine Art Lebenskunst im Verborgenen und Anonymen. Niemand auf der Welt wisse, ob das alles wahr sei, „denn Laotse war ein versteckt lebender Weiser". Chuang-tzu erzählt jene Geschichte aus dem Leben des Konfuzius, nach der dieser Laotse völlig regungslos „wie ein Stück trockenes Holz" vorfindet. Nach einiger Zeit blickt der vermeintlich Tote jedoch zu Konfuzius auf und antwortet auf dessen konsternierte Frage: „Ich tummelte mich am Ursprung aller Dinge." Das sind sehr eremitische Erfahrungen.

Der als „Tao" bezeichnete Weg ist zugleich auch Ziel, ähnlich wie es später Augustinus und die frühen Väter von Cîteaux im 1098 gegründeten Mutterkloster der Zisterzienser lehren: „Ich würde dich nicht suchen, wenn ich dich nicht schon gefunden hätte." Die alten Chinesen folgen dabei der Methode des wu-wei, das mit „Nichts-Tun" nur verkürzt umschrieben ist; gemeint ist vielmehr das Sich-nicht-einmischen-, Nicht-eingreifen- und Nicht-wirken-Wollen jener Weisen, die eine radikal ausgelöschte Existenz anstreben. Ihr liegt strikte Gewaltlosigkeit und Demut zu Grunde und es heißt: „Das Biegsame und Schwache siegt über das Harte und Starke" oder „Die Schwäche ist die Funktion des Tao" oder „Deshalb verschanzt sich der Heilige in der Untätigkeit und teilt seine Belehrungen ohne Worte aus". Paulus wird später schreiben: „Meine Gnade genügt dir; denn sie erweist ihre Kraft in der Schwachheit" (2 Kor 9f).

Das Tao, der Weg, das Ziel, das ist letzte, mysteriöse und in Worte nicht zu fassende Wirklichkeit, der Urgrund allen Seins. Diese Wirklichkeit bezieht sich auf die auch vom Heiligen Johannes vom Kreuz thematisierte „Nacht des Geistes", jenem Dunkel, „das dunkler ist als die Dunkelheit selbst". Diese wird auch durch die „Gottheit des Tales" oder das „dunkle Weib, das nicht stirbt" symbolisiert. Ein Zustand, den nur zu erreichen vermag, wer „leer und von allen Leidenschaften und Begierden gereinigt ist". Yang und Yin, die Urelemente von Leben und Tod, Geist und Materie, des Männlichen und Weiblichen, geraten in dieser „Talschlucht der Welt" zur Einheit, wobei letztlich dem Weiblichen der Vorrang gewährt wird, um in den Kindheitszustand, in die Anfänge der Schöpfung und in ein neues Leben zurückzukehren. Der Heilige, der es wagt, in diese extremen Zonen des Seins zu treten, vermag dies nur in totaler Leere. Laotse bezeichnet diese als „Tod", ähnlich den Erfahrungen christlicher Eremiten, die „in Christus sterben" und sich im „mystischen Grab" rühmen: „Dem Tode nah, bin ich dem Leben näher."

Zentrale Hoffnung des unbemerkt und schweigend lebenden Tao-Heiligen ist es, sich dem weltlichen Rhythmus von Leben und Tod zu entziehen. Endlich frei vom Gesetz irdischen Seins und von der Gefangenschaft in Zeit und Raum, vermag er, wie vor dem Sündenfall der Menschen, vom „Mittelpunkt der Welt" aus in die Ursprünge paradiesischer Sphären aufzusteigen, göttergleich und unsterblich. In seinem *Offenen Brief an Jesus Christus* hat der dominikanische Abenteurer R. L. Bruckberger diese Form der Spiritualität auf das Ereignis des Ostermorgens bezogen: „Um aufzuerstehen brauchtest du dich nur fallen zu lassen, mit deiner natürlichen, himmelfahrenden Schwerkraft in Richtung Ewigkeit."

Taoistische und schamanische Meister, Zenmönche und indische Yogis erreichten in solchen Extasen des „freien Falls" Zustände, die den sachlichen, gegen die Wände der eigenen Aufgeklärtheit rasenden Westen zugleich faszinieren und ihm Furcht einjagen. So etwa, wenn Chuang-tzu über die Fähigkeiten des vollkommenen Menschen zu berichten weiß: „Er fühlt weder die Hitze des brennenden Strauchs noch die Kälte der über die Ufer getretenen Wasser; der Blitz, der die Berge verbrennt, und der Sturm, der den Ozean sich aufbäumen lässt, erschrecken ihn nicht. Die Wolken sind sein Gespann, Sonne und Monde sind seine Pferde. Er streift oberhalb der vier Meere herum..." Letztes und höchstes Ziel war es, als Unsterblicher „am hellichten Tag in den Himmel aufzusteigen". Das für diese Meisterschaft benutzte chinesische Schriftzeichen „hsien" stellt einen Mann im Gebirge dar: den Archetypen des Eremiten.

In dem Essay „Licht" von Harry Mulisch klingen im Kontext des Sehers von Patmos und seiner Geheimen Offenbarung ähnlich bewegende Szenen an. In der Einsiedlerregion am Ostkap des Heiligen Berges Athos habe ich selbst die irritierende Nähe solcher Beobachtungen gespürt. Es war als bräche plötzlich der Boden unter unseren Füßen weg und in einer aufblitzenden Vision, zeigte sich uns für den Bruchteil einer Sekunde die überwältigende Güte des unerhofft Wunderbaren.

Die auf dem Athos seit Jahrhunderten leidenschaftlich geübte und im Westen bisweilen als „Nabelschau" belächelte Praxis des Herzensgebetes, der ständigen im Atemrhythmus erfolgenden Anrufung des lebendigen Gottes, beruht nicht auf einer frommen Erfindung des Mystikers Gregorius von Palamas, sondern auf uralten fernöstlichen Yang-hsing- oder Yogi-Traditionen. Ihr Ziel war es, die „Befreiung des Leichnams" durch die Förderung der Lebenskraft zu erreichen. Dabei unterschied man in Herz, Gehirn und Nabel drei „Aktions-Felder" geistlicher Kräfte, deren gegnerische Dämonen oder „Würmer" durch quecksilberhaltige Elixiere und Atemübungen vernichtet wurden. Gelang es schließlich, vom „Tau der Frühe" oder vom „kosmischen Hauch" zu kosten und dabei den für tausend Inhalationen nötigen Atem zurückzuhalten, erreichte man das gelobte Land ewigen Lebens.

Das ist das Konzentrat asketischen Geheimwissens: Es führt in Grenzgebiete mystischer Übung, die das alte Gesetz der Schwerkraft auflösen und Gott erfahrbar machen.

Diese Ideale führten unter Kaiser Jung-ch'eng kung im 1. Jahrhundert v. Chr. zu extremen Sexualtechniken, deren Kunst darin bestand, beim Geschlechtsakt den Samenerguss aufzuhalten und im Körper mit dem ebenfalls gespeicherten Atem zwecks Steigerung der Lebenskraft zu vermischen. Überliefert sind auch Formen des Vampirismus, wobei Eiferer nicht davor zurückschreckten, sich die Energie der Frau brutal anzueignen und folglich von orthodoxen Taoisten verurteilt wurden.

Der Schleier Buddhas

Schmerz, Leiden und Vergänglichkeit prägen wesentlich die Lehre von Gautama Buddha, der seinen Weisen und Asketen unaufhörlich predigte, dass Freiheit und Glück nur durch den Rückzug aus der Welt zu erreichen seien. Wiederholt spielen dabei die Begriffe „Befreiung von den Banden", „Zerreißen des Schleiers", „Abnehmen der Augenbinde", „Erwachen" und „Wiedererinnerung" eine zentrale Rolle. Im Brahmanismus und Hinduismus gilt es, „den mit Ketten Gebundenen" und „vom Alkohol Berauschten" durch die Gnosis, also durch das Wissen um göttliche Erlösung, zum Erwachen zu führen. Buddha ist „der" Erweckte.

Der melancholische christliche Deuter Romano Guardini hat Buddha in seinem epochalen Buch *Der Herr* eine erstaunliche

Lobrede gewidmet. Darin geht er so weit, Buddha – neben dem eremitisch in der Wüste lebenden Johannes dem Täufer und dem in Haft genommenen Sokrates – als dritten Vorläufer Christi zu begreifen. Buddha habe mehr gewollt, als nur besser zu werden oder Frieden zu finden. Er hat die Hand ans Sein selbst gelegt und „das Unfassliche unternommen, im Dasein stehend, das Dasein als solches aus den Angeln zu heben". Begegnungen und Experimente christlicher Mönche und Eremiten, wie Jean Déchanet, Thomas Merton, Henri Le Saux und Bede Griffith waren in den letzten Jahrzehnten um eine Annäherung an diese geheimnisvolle Freiheit Buddhas bemüht, von der Guardini vermutet, sie sei vielleicht nur „eine letzte, furchtbar-ablösende Erkenntnis der Nichtigkeit der gefallenen Welt", die der Meister selbst mit dem „Erlöschen einer Flamme" beschreibt. Im Gleichnis vom „aufgeschlagenen Ei" geht Buddha so weit zu bekennen, er habe „das Rad der Existenzen", die unendliche Kette der Wiedergeburt, zerbrochen, das „Haus weltlicher Existenz zerstört" und sei nun jenseits von Zeit und Kosmos.

Sufis und Essener

Ghazázalì, der große Sufi des 11. Jahrhunderts, hinterließ bei seinem Tode ein Abschiedsgedicht, das er während seiner letzten Krankheit geschrieben hatte. Darin vergleicht er sich mit einem Vogel, der aus seinem Käfig ausbricht und diesen als „Zeichen" für das Überwinden irdischer Gefangenschaft hinterlässt. Der Übergang vom Leben zum Tod als Wink mystischer Weisheit, so wie es im 123. Psalm bereits anklingt: „Einem Vogel gleich ist unsere Seele aus der Schlinge des Jägers gerettet worden. Die Schlinge wurde zerrissen, und wir sind frei!" Die Sufis, die Meister islamischer Mystik, beschränkten sich nicht auf die Meditation über den Koran, sondern schöpften auch wiederholt aus jüdisch-christlichen Quellen. Allein schon ihr Name „suf" bedeutet „Wolle" und meint jenes härene Gewand der frühen Asketen, die sich an den Vorbildern Elijas und Johannes des Täufers orientierten. Die ersten Sufis haben die frühchristlichen Einsiedler in den Wüsten Ägyptens, Syriens und Palästinas noch gekannt. Ohnehin verehrten sie Jesus und seine Mutter Maria als leuchtende Modelle großer Menschlichkeit und schlichter Hingabe.

Zentral für diese in ordensähnlicher Strenge und Zurückgezogenheit lebenden Erleuchteten war die reine Gottesliebe, so wie es etwa die im Jahr 801 gestorbene Meisterin Rabi ʻa von Basra kompromisslos lehrte. Im Iran predigte Bayezid Bistami seinen ihm in Armut und mystischer Betrachtung folgenden Schülern den Begriff des „faqr", des „Entwerdens". Es ist der nicht greif- und nutzbare Aspekt der Dinge und eine damit entstehende Leere, die nur mit Gott aufgefüllt werden kann, so wie es auch Meister Eckart schrieb. Dazu bedarf es vor allem der Geduld. Der Koran führt hier das Beispiel Hiobs und Jakobs an: „Gott ist mit den Geduldigen." Die entsprechende Lehre von den Stationen des mystischen Pfades wurde im Irak des 9. Jahrhunderts erstmals auch in „Konzerten" vermittelt, die schließlich zu den sonderbaren Wirbeltänzen der Derwische, zur Gründung von Derwischklöstern sowie eines „Ordens der heulenden Derwische" führten. Der 910 in Bagdad verstorbene Djunaid galt als der charismatische Vermittler solch strenger Initiationen, bei denen er als Lebensziel des Menschen verkündete, „zu werden wie er war, als er nicht war". Wie sehr diese Nähe zu Ekstase und Exzess die Obrigkeit aufschreckte, belegt das Schicksal des Verkünders trunkener Gottesliebe al-Halladj oder des Lichtmystikers Suhrawardi, die beide als Märtyrer hingerichtet wurden. Die Skepsis, mit der man dem als Heiligen verehrten Derwisch Shaikh gegenüber stand, beweist die Tatsache, dass Atatürk den einflussreichen Orden 1925 in der Türkei abschaffte. Der Reformer Iqbal hielt ihn gar für „einen der gefährlichsten Aspekte des Islam".

Während die iranische Sufidichtung die Erlebnisse des Mystikers „in der 40-tägigen Klausur" erzählt, verbreiten die Frommen in Indien eine liebreiche „Brautdichtung", die an das Hohelied des Alten Testaments und die entsprechenden Predigten Bernhards von Clairvaux erinnert: Die berührte Seele erscheint in der betörenden Gestalt einer sehnsüchtigen Frau. Die mit dem Friedenspreis des deutschen Buchhandels ausgezeichnete Gelehrte Annemarie Schimmel hat diese „mystischen Dimensionen des Islam" einem von vielen Vorurteilen geplagten Westen verständlich gemacht und dabei immer wieder auf Übergänge und Grenzbereiche hingewiesen. So etwa am Beispiel des 1309 auf dem Gräberfeld Qarafa in Kairo beerdigten mystischen Meisters 'Ata Allah, der in seinen „Hikam" genannten Weisungen eine sehr nüchterne Weisheit der Reinigung des Herzens und der Erleuchtung des Geistes verkündete: „Bedrängnisse sind Teppiche voller Gnaden." Fast tausend Jahre zuvor hatten die heiligen Väter in der ägyptischen Wüste über die Versuchungen der ersten christlichen Eremiten Ähnliches gesagt.

Im Judentum ist die Frage nach der Existenz von Mönchtum und Einsiedlerleben seit der Entdeckung der berühmten Schriftrollen von Qumran in der zweiten Hälfte des 20. Jahrhunderts wieder hoch aktuell geworden. Chirbet Qumran, die „Ruine des grauen Flecks" und „Festung der Frommen" am Nordwestufer des Toten Meeres, war das Gemeindezentrum und Hauptkloster der Essener-Sekte. Strengste, ja kompromisslose Befolgung der Tora-Gesetze, permanente rituelle Reinheit, Abstinenz, Pazifismus sowie Buß- und Sühnepraktiken zählten zu ihren wesentlichen Regeln. Ähnlich wie später die ersten christlichen Eremiten gehörten auch asketische Übungen zu diesem Lebensstil, die Nachtwachen, das Fasten, körperliche Arbeit und die strenge Einhaltung des Sabbats.

Der antike Geschichtsschreiber Flavius Josephus rühmt die Disziplin der Essener mit den Worten: „Dabei lässt das schrecklichste Ungemach sie kalt, denn Schmerzen überwinden sie durch Seelenstärke, und einen ruhmvollen Tod ziehen sie dem längsten Leben vor." Während Aufklärer wie Friedrich der Große oder Ernest Renan Jesus selbst für einen Essener hielten und die Essenergemeinde folglich als seine Anhänger, beschrieb sie der französische Theosoph Edouard Schuré als „große Eingeweihte" und Hüter eines mystisch-medizinischen Geheimwissens.

Der belgische Einsiedler Dom Jacques Winandy hat mich während der Fastenzeit des Jahres 2000 auf die eremitischen Anfänge der Essenergemeinde im 8.–7. Jahrhundert in der Nähe der fruchtbaren Quellregion En-Feschcha hingewiesen, zugleich aber auch ein ganz anderes jüdisches Vorbild eremitischen Lebens angesprochen: Elija, den er für den bedeutendsten der Propheten hält. Die erschütternden Kapitel 17 bis 19 im Ersten Buch der Könige berichten von der Urgewalt seiner „Bedrängnis", als ihn am Bach Kerit Raben ernähren. (Ähnliches erleben später der Eremit Paul von Theben im Wadi Araba am Roten Meer und der heilige Meinradus „im finsteren Wald" von Einsiedeln.) Dann stellt sich Elija der Feuerprobe im Opfer-Wettstreit mit den Baalpriestern und wird erhört, während seine Gegner den Tod finden. Jahrelang der Dürre trotzend, wirft er sich in der Wüste, bereit zum Sterben, unter einen Busch. Vom „Engel berührt" wandert er 40 Tage und Nächte zum Gottesberg Horeb. Auf dessen Gipfel kommt der Herr nicht im Sturm, nicht im Erdbeben und nicht im Feuer: „Nach dem Feuer kam ein sanftes, leises Säuseln. Als Elija es hörte, hüllte er sein Gesicht in den Mantel, trat hinaus und stellte sich an den Eingang der Höhle."

Es ist ein Urmotiv christlichen Eremitentums: nur noch auf Gott vertrauen, die bewohnbare Welt verlassen, jahrelang in der Wüste ausharren und, vom Engel berührt, den heiligen Berg besteigen. „Vor dem Herrn stehend", kommt dieser nicht mit spektakulären „Zeichen", sondern in einem „sanften, leisen Säuseln". Weder zorniger Rächer, noch furchterregender Richter, sondern „ein Gott der Zärtlichkeit und ein Freund der Menschen".

Der Mönch an der Gefängnismauer

Als ich Pierre-Marie Moal wiedersehe, traue ich meinen Augen nicht. An der Gefängnismauer von Clairvaux muss man erst das Flüsschen Aube überqueren, man zögert vor dem Haus Nr. 21 überhaupt anzuhalten, es sind nur Schuppen, Viehställe. Doch da öffnet sich eine klapprige Türe und er tritt hinaus. Das soll er sein? Vor fast zwei Jahrzehnten hatte ich ihn als einen munteren und leutseligen Mönch im algerischen Atlas-Kloster kennengelernt. Der Mann, der mir jetzt entgegentritt, wirkt viel älter und nachdenklicher. Aber seine Arme sind weit ausgebreitet und in den großen Augen funkelt noch immer jene jungenhafte, herzliche Freude, die ich so geschätzt hatte. Er scheint geniert, mich ins Innere zu bitten. Gleich tritt man in den Wohnraum. Ein Tisch und zwei Stühle auf bloßem Steinboden, kaum Tapeten, die Flecken an den Wänden mit einige Pinselstrichen übertüncht, auf dem Ofen ein Wasserkessel, über einem Ständer trocknende Unterwäsche, daneben türmen sich Holzscheite, an der Wand eine Szene vom Abendmahl, ansonsten viel Unrat, alte Zeitungen, Männerwirtschaft.

Während er spricht, erkenne ich unter der Tischlampe seine Gesichtszüge besser. Der strahlende, lebenslustige Typ, der trotz seiner Mönchskutte Charlie Chaplin so perfekt imitieren konnte, ist trauriger geworden. Tränensäcke unter den schönen Augen; fragende, suchende Blicke. Am Abend serviert er ein Essen, das ärmlicher nicht sein kann, doch er hat es liebevoll zubereitet: vier Pellkartoffeln und sieben gekochte Möhren, etwas Löwenzahn, Essig und Öl, ein Stück Brot, ein Krug Wasser.

Seine Bleibe, die ihm ein 82-jähriger Bauer großzügig überlassen hat, gehört, wie die meisten Gebäude im weiten Umfeld, zu den Dependancen der ehemaligen Zisterzienserabtei von Clairvaux. Jahrhundertelang haben hier die sogenannten „Konversbrüder" gehaust und geackert, monastisches Proletariat sozusagen, selbst im Habit, bräunlich, ärmlich, von den „Chorreligiosen" unterschieden. Als wir später in Pierres Schlaf- und Arbeitszimmer die Nachtpsalmen beten, zieht er sich zunächst einen Kapuzenmantel über, wie ihn die „Oblaten" der Konversbrüder einst getragen haben mochten, eine Unterschicht der Unterschicht, zu den Gelübden nicht zugelassen, Diener mit Gastrecht in der Nähe der Ställe.

Pierre-Marie, den sie hier „frangin", Brüderchen, oder „l'ermite", Einsiedler, nennen, betet siebenmal am Tag und zur Nacht. Es ist das gleiche Offizium, das seine Brüder in der bretonischen Trappistenabtei Timadeuc rezitieren. Wie nach einer inneren Uhr scheint er die Glockenschläge zu vernehmen. „Es ist Zeit für die Vesper, die Terz oder die None", lächelt er dann und wir wenden uns in seiner Zelle nach Osten. Vor den Ikonen auf dem kleinen Schreibtisch zündet er eine Kerze an. Mir drückt er den Psalter seines verstorbenen Vaters in die Hand. Welche Ehre! Dann verneigt er sich tief und singt mit seiner Knabenstimme: „Gott in Gnaden stehe uns bei. Herr, eile uns zu helfen."

Frère Pierre gehört seit 36 Jahren dem strengen Trappistenorden an, doch er braucht immer noch Hilfe. Jetzt vielleicht sogar viel mehr, als in den frühen sechziger Jahren, als der aus St. Pol-de-Lon im Departement Finistère stammende Sohn eines Kohlenhändlers nach der Lektüre der Therese von Lisieux und der Bücher von Thomas Merton geradezu ins Kloster stürmte. Er erinnert sich an die Hochzeit eines Freundes, bei der er das Fest verließ und unter ein Wegkreuz stürzte. Nach all den Jahren noch immer ein markantes Erlebnis: „Als ich in den Dorfsaal zurückkehrte, war das Kreuz realer als dort der Tanz." So, wie die Franzosen die Fremdenlegion kurzum als „légion" bezeichnen, gilt auch für die Trappistenklöster das nicht minder respektvolle Kürzel „La Trappe". Der Name ist obendrein mit dem Begriff „Falle" identisch und Pierres Freunde schlossen damals Wetten ab, wie lange er es denn in dieser „La-Trappe-Falle" aushalten würde. Viel mehr als einen Monat räumte man ihm nicht ein. Nur eine Freundin, die mit einem seiner Bekannten verlobt war und seinen Rat schätzte, brach in Tränen aus. Sie glaubte zu wissen, dass er nie wiederkehren werde. Ohne dass er es ahnte, war er ihre heimliche Liebe. Aus einem alten Pappkarton holt er die Fotos hervor, sie glich Audrey Hepburn und versuchte ihn verzweifelt festzuhalten. Vor und nach seinem Eintritt hatte er große Frauenfreundschaften, doch niemals ein intimes Verhältnis: „Es gab andere Probleme", lächelt er mit seinen treuen Augen.

Noch vor seinem Klostereintritt erlebt er während des Algerienkrieges auf einer Brücke in Constantine eine Art Vision, die er bis zum heutigen Tag als sein „Damaskuserlebnis" betrachtet. Umgeben vom Geraune der Moslems glaubt er eine Stimme zu vernehmen, die an ihn die abenteuerliche Frage richtete: „Willst du mir helfen, dieses Volk zu retten?" Die Antwort erscheint ihm wie vorgegeben. Sobald er die Mönchskutte übergestreift hat, bemüht er sich, in das kleine algerische Kloster Unserer Lieben Frau vom Atlas in Thibirine bei Medea versetzt zu werden. Immer wieder wird er vertröstet, bis es schließlich nach 16-jährigem Warten einem gleichaltrigen Mitbruder gelingt, die Ordensoberen zu überzeugen. Sein Name: Frère Christian de Chergé, ein aus Colmar am Oberrhein stammender Sohn einer alten Adelsfamilie, der in seiner Kindheit bereits drei Jahre in Algerien verbracht hatte und als 23-jähriger Unterleutnant, mitten im Unabhängigkeitskrieg, dorthin zurückgekehrt war. Frère Christian empfindet für die kuriose Neigung des kleinen, bretonischen Bruders, in dieses Krisengebiet versetzt zu werden, viel Mitgefühl. Er selbst hatte dort ja auch eine existentielle Erfahrung durchlitten: Während eines Anschlages der Nationalen Befreiungsarmee (FLN) konnte er nur durch die couragierte Hilfe seines moslemischen Leibwächters Mohamed gerettet werden; am nachfolgenden Tag wurde dieser aus Rache von den eigenen Landsleuten hingerichtet.

Als ich im Frühjahr 1982 nach Thibirine kam, zählte die Gemeinschaft neun Mönche. Ihr Prior, Pater Jean de la Croix, hatte in der vorausgegangenen Nacht einen Blutsturz erlitten und sollte nach Lyon ausgeflogen werden; trotzdem wollte er mich vorher noch sehen. In Cordjeans und einem verwaschenen Lacoste-Hemd wartete der hagere Mönch auf den Sanitätswagen und sagte: „Kulturell haben wir Ihnen nichts zu bieten, unsere Gemeinschaft ist klein, das Haus ohne jeden Charme, wir sind Fremde in einem fremden Land, hier ist viel Einsamkeit. Seien

Sie deshalb nicht enttäuscht, wenn wir uns nicht jeden Tag um den Hals fallen."

Zwei Krankenpfleger standen schon mit der Bahre im Flur, als er leise hinzufügte: „Wenn Sie jedoch wissen wollen, was ein Zisterzienserleben eigentlich bedeutet, werden Sie hier alles finden, was zum Wesentlichen unseres Ordens gehört: das durch keinen Rückschlag aufzuhaltende, glühende Gebet." Dann spürte ich seine feste Hand. Als sie ihn hinaustrugen, rief er mir nach: „Courage, chèr ami."

Die Mönche von Thibirine, ich werde sie nie vergessen: Frère Christian, der Intellektuelle und ehemalige Kaplan von Montmartre, mit dem ich in den Erdbeerbeeten kniete. Frère Aubin, der an der Pforte die zahlreichen moslemischen Familien begrüßte. Frère Amadée, der mir am Fenster zum Garten zuflüsterte: „Ist das nicht ein herrlicher Ort, ein Zisterzienserleben zu führen?" Frère Roland, der stundenlang in der Sonnenglut im Feld schuftete. Frère Jean-Marie, der meinem Vater glich und vor dem Einschlafen auf der Dachterrasse zum Gebirge noch lange betete. Frère Luc, der „toubib", ein Arzt, der den braunen Djellaba der Moslems trug und während des Unabhängigkeitskrieges tagsüber die Fremdenlegion und nachts bei Funzellicht die aufständischen Mudjahedin zusammengeflickt hatte. Schließlich der kleine Pierre-Marie mit seinem lockeren Mundwerk und der Schwäche für Chaplin, stundenlang am Käsesieb und selbst noch im Kreuzgang, auf dem Weg in die Kapelle, den Schritt des geliebten Stummfilmhelden imitierend: „Komm, beten wir für Charlie, er hat so viel Freude in die Welt gebracht."

Als im Frühjahr 1996 die Nachricht von der Geiselnahme und Hinrichtung der Mönche von Thibirine durch die Weltpresse ging, habe ich oft an diese Kapelle denken müssen. Sie war in einem ehemaligen Weinlager eingerichtet, an den Wänden erkannte man noch die Kacheln mit Rebenmotiven. Auch der Altartisch aus dunklem Akazienholz vereinte Kreuze im Weinlaub. Ansonsten spartanische Strenge, die schnörkellose Nüchternheit des alten Schweigeordens. Hier sah ich sie in der Frühe um vier bis zum plötzlichen Einbruch der Dunkelheit beim Singen und Rezitieren der Psalmen, beim schlichten Feiern der Gottesdienste. Sie wollten nur Beter unter Betern sein, so rühmte Frère Christian ihre moslemische Nachbarschaft. Doch schien mir dieser kleine Gebetsraum am Nachmittag, wenn die None gebetet wurde, wie ein Glutofen. „Ein zerknirschter Geist ist mein Opfer, o Gott", so heftig klangen die Verse aus dem Miserere-Psalm, „ein Herz, das zerknirscht und gedemütigt ist, verschmähst Du nicht".

Unmittelbar vor der Kapellentür befand sich im kleinen Kreuzgang ein Glasfenster mit einer Kreuzigungsszene. Pierre-Marie und Christian haben über deren Bedeutung manches Gespräch geführt. Während der in der Küche beschäftigte bretonische Bruder vor allem den Leidens- und Schmerzensmann in dem Bildnis erkannte, interpretierte der ehemalige Absolvent des Päpstlichen Instituts für Arabische und Islamische Studien den leuchtenden Gekreuzigten als „österlichen Christus", Zeichen auch eines vor der Welt verborgenen Geheimnisses, das die Erlösung aller Menschen mit einschloss, Moslems inklusive.

Als Frère Pierre-Marie im September 1982 wegen „Spionageverdachts" das Atlas-Kloster verlassen musste, und im Anschluss an die Christkönig-Vesper im November 1983 erfuhr, dass dieser Abschied für immer gelte, hat es ihm fast das Herz zerrissen. Algerien war doch die große Liebe seines Lebens und er konnte nicht anders, als sich jetzt, ähnlich wie die zahlreichen Emigranten aus den Maghreb-Staaten, in Frankreich als verstoßen und unerwünscht zu fühlen. Mehr noch: er identifizierte sich so sehr mit ihrem Los, dass er ihre oft unaufhaltsame Verirrung in die Kriminalität mitvollzog und ihnen in die Verlassenheit der Gefängnisse nachfolgen wollte. Dem Ideal nur „Beter unter Betern" zu sein, setzte er nunmehr die Sehnsucht entgegen, ein „Häftling unter Häftlingen" zu werden. Christian de Chergé, der kurze Zeit später zum Prior von Thibirine gewählt wurde, hat diesen Wunsch in seiner ganzen tragischen Tiefe sofort verstanden und seinen Mitbruder zu diesem schwierigen Weg ermutigt.

Viel Mut sollte bald schon von beiden gefordert werden. Ungeachtet der politischen Zuspitzung in Algerien, entschied sich die bis dahin der Abtei Aiguebelle unterstehende Gemeinschaft von Thibirine für das Gelübde der Stabilität, d.h. des endgültigen Bleibens am Fuße des Atlas, wo unter dem Namen „Ribat es-Salam" (Band des Friedens) wichtige Begegnungen im interreligiösen Dialog stattfanden. Wer einmal erfahren hat, welch eine tödliche Grenze noch immer zwischen Muslimen und Christen herrscht, fühlt sich an die wenigen charismatischen Annäherungen erinnert, die es in der Geschichte gegeben hat: Franz von Assisi, der sich mitten im Kreuzzug zum Sultan begab, oder Charles de Foucauld, der sich in der Wüste als Zeichen der Versöhnung aufhielt und dafür im Dezember 1916 mit dem Leben bezahlte. Als sich im Herbst 1993 die Ereignisse dramatisch überschlugen, die GIA (Gruppierung Islamische Armee) den Burgfrieden aufkündigte und erste Ausländer exekutierte, verfasste Frère Christian am 1. Dezember in Algier ein Testament, das er seinem jüngsten Bruder Gérard anvertraute. Unter dem Titel *Wenn sich ein Adieu abzeichnet...* heißt es darin wörtlich: „Falls ich eines Tages – und das könnte heute sein – Opfer des Terrorismus werden sollte, der jetzt offenbar alle in Algerien lebenden Ausländer bedroht, möchte ich, dass meine Gemeinschaft, meine Kirche, meine Familie sich daran erinnern, dass ich mein Leben Gott und diesem Land gegeben habe. Sie mögen akzeptieren, dass der einzige Herr allen Lebens bei diesem brutalen Abschied nicht unbeteiligt sein würde. Sie mögen für mich beten: wie könnte ich für ein solches Opfer als würdig betrachtet werden? Mögen sie diesen Tod mit all den anderen gewalttätigen verbinden, die der Gleichgültigkeit des Anonymen überlassen bleiben."

Ein Jahr später, am 1. Januar 1994, fügte er in Thibirine unter anderem hinzu, sein Tod werde seine „stechende Neugier befreien", er werde dann seinen Blick „in den des Vaters senken, um zusammen mit Ihm seine Kinder des Islam zu betrachten, so wie Er sie sieht, ganz erleuchtet vom Glanz Christi, den Früchten Seiner Passion, dem Geschenk des Heiligen Geistes, dessen heimliche Freude es immer ist, Verbundenheit zu schaffen und Ähnlichkeit herzustellen, ohne allzuviel auf die Differenzen zu achten".

Weiter heißt es in dem am 29. Mai zunächst von der Tageszeitung *La Croix*, dann von der Presse in aller Welt publizierten Testament, er danke für sein verlorenes Leben, das zugleich ganz seines und ganz das der Muslime sei, und das „Gott ganz um dieser Freude willen gewollt hat, trotz allem und gegen alles. In diesen Dank, in dem jetzt über mein Leben alles gesagt ist, schließe ich selbstverständlich auch euch ein, meine Freunde von gestern und heute, und euch, oh meine Freunde hier, an der Seite meiner Mutter, meines Vaters, meiner Schwestern und Brüder und der ihren, wie versprochen, wurde Hundertfaches geschenkt! Und auch dich, Freund der letzten Minute, der du nicht wusstest was du tatst… Möge es uns gewährt werden, uns wiederzusehen als glückliche Schächer im Paradies, so Gott will, unser beider Vater. AMEN! Inch'Allah!"

Wenige Tage nach der ersten Niederschrift wurden im benachbarten Tamesguida zwölf kroatische Katholiken erwürgt. Am Heiligabend dringt ein bewaffnetes GIA-Kommando unter Führung des berüchtigten Emirs Sayat-Attiya, der bereits 145 Morde auf dem Gewissen hat, im Kloster ein. Er entschuldigt sich wegen des beginnenden Weihnachtsfestes und kündigt an: „Wir kommen wieder." Die Mönche treffen Sicherheitsvorkehrungen, lehnen jedoch militärischen Schutz ab. Kardinal Duval telefoniert: „Die ganze Kirche Algeriens ist mit euch." Frère Christian schreibt: „In der Nacht, wenn unsere ‚Brüder aus den Bergen' ihre Waffen ergreifen, nehmen wir das Buch …" Unterdessen beschließt die Gemeinschaft, keine neuen Novizen aufzunehmen und, im Notfall, nicht nach Frankreich, sondern nach Marokko ins Exil zu gehen. Am 17. April 1994 meldet

Radio Algier den Tod von Sayat-Attiya, der über neun Tage hinweg wenige Kilometer vom Kloster entfernt qualvoll gestorben ist. Am 10. November 1995 wird die Nonne Odette Prévot auf offener Straße umgebracht. In der Nacht vom 26. auf den 27. März 1996 werden die Mönche von Thibirine entführt. Ganz Frankreich horcht auf. Nach einem zwischenzeitlichen Lebenszeichen, werden sie am 21. Mai, zwischen Himmelfahrt und Pfingsten, hingerichtet.

Frère Pierre-Marie hat diese Zeit im neugegründeten libanesischen Trappistenkloster in Dlebta, 30 Kilometer vor den Toren Beiruts, mit verfolgt. Die erste Nachricht, die er zufällig in *Radio Vatican* hört, erschüttert ihn zutiefst. Dann schöpft er beim „Lebenszeichen" der entführten Brüder neue Hoffnung. Frère Luc, der alte Arzt, kennt doch diese Typen, vermutet er gleich, seine Stimme beim Verlesen des Codewortes habe nach Galgenhumor geklungen. Dann kommt die ihn aufwühlende Todesnachricht und erst nach dem Pfingstfest glaubt er zu verstehen: „Ein abgrundtiefer Kontext, eine wunderbare Geschichte."

Doch macht er keinen Hehl daraus, dass er der offiziellen Version über die Todesursache aus Algerien misstraut. Nachdem der Generalabt der Trappisten, Dom Bernardo Olivera, zusammen mit Dom Armand Veilleux, dem Abt von Chimay, in Thibirine die Identifizierung vorgenommen haben, wird bekannt, dass sich in den sieben Särgen nur die abgetrennten Köpfe der Opfer befanden, denen man zur Vertuschung Sand und Felsgeröll beigefügt hatte. Die wieder ausgegrabenen Schädel waren ursprünglich an Bäumen befestigt worden. Kenner der

Szene halten dies für eine im strengen islamischen Umfeld völlig unübliche Weise der Exekution und es wird gemutmaßt, dass die Mönche zusammen mit ihren Entführern bei einer unbedachten Befreiungsaktion des Militärs erschossen worden sind.

Pierre-Marie, der von diesem Martyrium ausgeschlossen blieb, weiß sich auch deshalb nach wie vor mit den verstorbenen Mönchen verbunden: „Wenn das stimmt, wären sie ja zusammen mit unseren Brüdern aus den Bergen umgekommen. Bis zuletzt vereint, das hätte einen tiefen Sinn."

Auch jetzt, als er an dem wackligen Tisch in seiner Bleibe jenseits der Aube all diese Dinge aus der Distanz von vier Jahren betrachtet, ist da noch immer eine schmerzliche Trauer, die weniger den toten Brüdern gilt, deren abgetrennten Schädeln die „Krone der Märtyrer" sicher sei. Es ist vielmehr ein „existentieller Stich", der von seiner einstigen „Vision" als junger, französischer Besatzungssoldat auf der Flussbrücke in Constantine herrührt. Hat er nicht unter Einsatz seines eigenen Lebens helfen wollen „dieses Volk zu retten"? Der inzwischen fast 40 Jahre ältere Pierre-Marie dachte dabei nie an herkömmliche Bekehrungen von Moslems zu Christen, viel eher schon an Bekehrungen hochmütigen christlichen Verhaltens gegenüber einem von französischen Kolonisten und ferngelenkten Befreiern gebeutelten Volk, dem sogar der heilige Augustinus angehört hatte und dessen strenge Hinwendung zu Gebet und Fasten für so manche westliche Prätention noch immer Vorbild bleibt.

Der in seiner selbstgewählten Eremitage verkrochene Pierre-Marie jammert nicht einem „verpassten Martyrium" nach. Was ihn so sehr bewegt und bis in die nie erschütterten Grundfesten seines Ordensgehorsams getroffen hat, ist das, was er als „verletzte Liebe" bezeichnet. Seit seiner Rückkehr aus Nordafrika hat er sich jahrelang um eine stille, mönchische Präsenz im Gefangenenmilieu bemüht. Das war nicht nur die logische Konsequenz seines Engagements in Algerien; er verstand sie in der Tiefe, nämlich als Fortsetzung seiner Berufung mit anderen Mitteln, die einzig mögliche, die ihm blieb. Als Papst Johannes Paul II. bei seinem ersten Frankreichbesuch zur konkreten Nächstenliebe aufrief, auch in den Gefängnissen, jenen Schmelztiegeln menschlichen Scheiterns, hat er das gleich als zeichenhafte Ermutigung empfunden. Schließlich verhalf ihm Kardinal Decourtray 1987 zu einer Sonderaufgabe im Rahmen des bevorstehenden Jubiläums in der ehemaligen Abtei Clairvaux.

In dem alten Sumpftal hatte der heilige Bernhard 1115 im Auftrag seines britischen Abtes Stephan Harding die vierte Gründung von Cîteaux durchgeführt. Diese entwickelte sich unter seiner genialen Führung – zeitweise lebten dort 800 Mönchen, und noch zu Lebzeiten Bernhards ging von dort die Gründung von 356 Tochterabteien aus – zum geistlich-politischen Zentrum des Abendlandes. Das ist Vergangenheit; das alte Clairvaux gibt es nicht mehr. Nach einem Erlass Napoleons befindet sich hier seit 1808 das berüchtigtste Gefängnis Frankreichs. Man muss an die noch immer bestehende 15 Kilometer lange Klostermauer fahren, um diesen Schock in seiner ganzen brutalen Dimension zu begreifen. Das einstige „clare vallis" ist noch immer ein helles Tal, dass sich vom Absinthfeld der Erstgründung bis weit über den Oberlauf der Aube hinaus bis nach Bar erstreckt. Noch immer herrscht tiefe Stille, aber es ist die tückische Geräuschlosigkeit eines von hunderten Wächtern rund um die Uhr konrollierten Gefängnisses, in dem fast nur Schwerverbrecher und „perpets", Lebenslängliche, einsitzen. Statt der Glockentürme erheben sich gläserne Miradors über die weite Dächerlandschaft. Fernrohre, Kameras und Radaranlagen, wie am Eisernen Vorhang. Noch immer herrschen jenseits der „Porte du Midi", dem alten Haupteingangstor, strengstens geregelte Öffnungszeiten und Klausuren, aber es drückt die Last der Zwangsarbeit, und in den Sperrbezirken des Hochsicherheitstraktes waltet alles andere als „o beata solitudo, o sola beatituda", „die einzigartige Tugend herrlicher Einsamkeit". Auch rufen keine Glocken mehr zur mitternächtlichen Vigil oder siebenmal am Tag zu den Stundengebeten. Schlimmstenfalls schrillen Alarmsignale, Sirenen oder Warnhupen, wenn es hinter den dreifach gesicherten Mauern zu Rabatz, Revolten oder gar Ausbruchversuchen kommt. Die einstige Abteikirche, wo der gregorianische Choral in seltener Reinheit erschallte und wo aus illuminierten Handschriften das Wort Gottes vorgetragen wurde, hat ein heimtückischer Architekt im Revolutionswahn klammheimlich abreißen und als Steinbruch missbrauchen lassen. So bleiben vom alten Clairvaux nur noch die Schlafräume der Konversbrüder, immense Getreidespeicher, das zur Kantine der Wächter umfunktionierte Waschhaus und das von der Gefängnisadministration besetzte Quartier der Äbte. Vor diesem kümmerlichen Rest strandet die nostalgische Scham all jener Kulturtouristen, die immer noch zu Tausenden in die heitere Champagne reisen und nicht glauben wollen, dass ausgerechnet in Frankreich, „der ältesten Tochter der Kirche", ein solch monumentaler Verrat an der eigenen und Europas Geschichte möglich war.

Unterdessen hat sich Clairvaux in zweihundert Jahren den zweifelhaften Ruf eines „mythischen Gefängnisses" erworben. Claude Gueux, der Victor Hugo zu dem gleichnamigen Roman inspirierte, erschlug hier 1831 nach mehreren Raubüberfällen den Chefwärter Delacelle mit einem Beil. Der berühmte Kommunarde Blanqui saß hier ebenso ein, wie der russische Grandseigneur und Nihilist Kropotkine oder der Herzog Philippe von Orléans. Während des Krieges ließ die deutsche Wehrmacht nach Partisanenangriffen 21 Häftlinge als Geiseln exekutieren. Charles Maurras von der rechtsgerichteten „Action française" und fast alle Minister der Vichy-Regierung wurden in Clairvaux inhaftiert. Frère Pierre-Marie weiß auch, dass hinter den Abteimauern die Attentäter der algerischen FNL sowie jene des Hochverrats beschuldigten Generäle einsaßen, die in Algier gegen De Gaulle putschten.

Am Rande des Absinthfeldes, wo der heilige Bernard 1115 seine erste Kirche errichtete, liegt ein bescheidener Friedhof. Kleine Steinstümpfe ragen aus der Erde hervor. Auf den Metallschildchen stehen nur Familienname, Häftlingsnummer und Todesdatum: „Burdon, Nr. 50830, 3.4.1944", „Lambrusky, Nr. 4839, 17.10. 1942". In der Mitte liegt unter einem großen Eisenkreuz der Ritter der Ehrenlegion Benjamin Nachez, der 1883 nach 37-jähriger Dienstzeit als Gefängnisseelsorger hier starb. „Kommt zu mir ihr Gesegneten meines Vaters", erinnert eine Inschrift an das Matthäusevangelium, „ich war im Gefängnis und ihr habt mich besucht".

„Am hellichten Tage", so schrieb einer der ersten Mönche, Guillaume de St. Thierry, über dieses Tal, „herrschte ein Schweigen wie in der Nacht". Von der kleinen St. Bernhard-Kapelle blicken wir in die Gefängnishöfe. „Wenn es in Clairvaux ruhig ist", so weiß man in Frankreich, „ist es in allen Haftanstalten ruhig". 1971 haben die beiden Schwerverbrecher Buffet und Bontemps einen Wächter und eine Krankenpflegerin erstochen. Die 37-jährige schwangere Frau war nur zur Aushilfe tätig. 1991 kam es nach einem Anschlag, bei dem neun Häftlinge elf Wächter in ihre Gewalt brachten, zu einem Blutbad. Pierre-Marie stellt mir auf dem Weg zum Waschhaus einen überlebenden Beamten vor. Es ist der kleine, schwarzhaarige Daniel, dem sie einen Pistolenlauf in den Mund hielten, und der sich seitdem einmal monatlich nach Paris in psychiatrische Behandlung begeben muss.

Pierre-Marie verharmlost nicht, was hier vorgeht. „Wenn ich ihnen die Hand gebe, weiß ich, mit diesen Händen sind Menschen getötet, Frauen vergewaltigt, Kinder erdrosselt worden. Es ist ein Ort großer Ausweglosigkeit. Wenn Gott nicht wäre ..." Dann erinnert er an ein Wort von Olivier Clément, der über die Bedeutung der in der Ausweglosigkeit vergossenen Tränen schrieb, „die Todeslager waren vielleicht die wahren Klöster des 20. Jahrhunderts..."

Während mehrerer Jahre hatte der bretonische Trappist mit einem Sonderausweis der Gefängnisdirektion das Recht, die Häftlinge zu besuchen. Abends um 17 Uhr sang er in einem kleinen Raum die Vesper. Kein Gespräch, keine Hilfe war ihm zuviel. Auch die Wächter schätzten seine diskrete Präsenz, die oft bereits im Vorfeld möglicher Konflikte zu vermitteln verstand. Auch dann, wenn etwa im Strafbunker die besonders kritischen Fälle aus dem Emigrantenmilieu Nordafrikas das Personal schikanierten und die Anwendung der „Sharia", des islamischen Gesetzes, forderten. Pierre-Marie wusste ihnen zu antworten, dass dies den Raubmördern unter ihnen zunächst das Abhacken ihrer Hände kosten werde ... Das Vertrauensverhältnis war so verlässlich, dass man ihm erlaubte, an hohen Feiertagen in der Zelle mit einem Häftling das Essen zu teilen.

War es Hilfsbereitschaft oder Naivität, dass Pierre-Marie auch zu Vorfällen, die den Gefängnisgeistlichen betrafen, nicht schwieg? Da gab es ernste Dinge, die ihn bedrückten und die er offen beim Namen nannte. Die Reaktion war allerdings, dass der Generalvikar der Diözese Troyes im Juni 1992 den neu ernannten Bischof Monsignore Daucourt veranlasste, dem Trappistenbruder einen Brief zu schreiben, der keine Zweifel daran ließ, dass seine Präsenz in Clairvaux fortan als unerwünscht galt. Die Äbte von Cîteaux und Timadeuc wurden eingeschaltet, es hagelte Proteste und Interventionen, von denen die des Gefängnisdirektors am schwerwiegendsten schien. „Frère Pierre-Marie ist für viele Strafgefangene eine wertvolle Hilfe", schrieb er an dessen Oberen, „ich kann die Entscheidung, ihn zurückzuziehen, nur bedauern, vor allem, weil er meinem Personal stets zur Verfügung stand, wenn es galt Häftlinge zu besuchen, die eine besondere Ermutigung benötigten. Ich bin deshalb verantwortlich für die Aktivitäten dieses Mönches, der nie eine ausgestreckte Hand verweigert hat. Mir liegt sehr daran, Sie wissen zu lassen, dass es in Clairvaux genügend Platz für Menschen gibt, die mithelfen wollen, menschliche Mühsal zu erleichtern, sie sind hier besonders wichtig." Mit dem Hinweis, dass der Trappist nie gegen eine ihm auferlegte Regel verstoßen habe, bat der Direktor darum, dass er weiter mit dessen Hilfe rechnen dürfe. Während die Äbte eine neue Chance erhofften, beharrte Bischof Daucourt nicht nur auf seiner negativen Entscheidung, sondern verweigerte auch jede Aussprache, jedes Vermittlungsgespräch. Die Dinge eskalierten schließlich zu einer schroffen Ablehnung, die der Bischof am 7. Januar 1995 in einem Brief an Pierre-Marie wie folgt formulierte: „Ich habe Ihrem Abt geschrieben um ihn zu bitten, Sie zurückzurufen... Es hat keinen Sinn, dass wir uns treffen ... Machen Sie sich nicht die Mühe, mir zu schreiben, ich kann das weder lesen noch beantworten." Zum Wohle der Häftlinge und der Gefängnisseelsorge sei es nicht weiter möglich, dass er in der Diözese bleibe.

Als Pierre-Marie schließlich gehorchte und eine Aufgabe im Libanon übernahm, geschah dies nicht aus Resignation, sondern in der festen Überzeugung, seiner Ordensregel entsprechend zu handeln: geduldig, abwartend, demütig. Die Lektüre der Schriften des heiligen Benedikts, seines Biografen Gregorius des Großen, aber auch des modernen Athosheiligen Siluan, der lehrte „in der Hölle zu bleiben und nicht zu verzweifeln", lieferte ihm dafür die notwendigen Stichworte. Als im März 1999 in Troyes der neue Bischof Marc Stenger geweiht wurde, unternahm der Abt von Timadeuc einen weiteren Vermittlungsversuch, der nach einem kurzen Hoffnungsschimmer erneut scheiterte. Der Vorwurf des Bischofs gipfelte darin, den kleinen Mönch, der fünf Jahre im Libanon geschwiegen und gehorcht hatte, zu bezichtigen „eine Quelle der Zwietracht" zu sein. Die Gefängnisdirektion wurde veranlasst, dem Mönch jeden weiteren Zugang in die Haftanstalt zu verwehren.

Dann traf Pierre-Marie eine Entscheidung, die er selbst als „grausam" bezeichnet: Nach 36 Jahren klösterlichen Gehorsams packte er seine sieben Sachen und traf am 28. Dezember 1999 um vier Uhr in der Frühe, dem Fest der „Unschuldigen Kinder", erneut in Clairvaux ein, auf eigene Rechnung, nur seinem Gewissen verpflichtet. Am Rande der Gefängnismauer lebt er seitdem als mittelloser Eremit und, wie er sagt, als „Gefangener Jesu Christi". Presse, Funk oder Fernsehen hat er nie alarmiert. Die Wächter und Häftlinge würden für ihn auf die Barrikaden steigen. Allein die Präsenz seiner „verletzten Liebe" soll zählen. Wenn er wieder ins Kloster zurückkehre, könne man alles noch einmal überdenken, hat der Bischof unterdessen wissen lassen. Doch Pierre-Marie, der Tag und Nacht die Stundengebete im Rhythmus seiner alten Abtei verrichtet, den Garten des alten Bauern umgräbt und die Bibel und die Zisterzienserautoren liest, will sich nicht weiter vertrösten lassen. „Ich tue doch nichts Verbotenes. Ich bin wie tot. Aber hier ist mein Platz. Sie können mich hindern hinein zu gehen, aber nicht für die darin zu beten."

Auf dem Waldhügel oberhalb der Mauern steht eine große Bernhard-Statue. Der Heilige hält seine Hände weit ausgestreckt über das alte und neue Clairvaux. „Hörst du die Schwalben", fragt Pierre-Marie, „sie singen gregorianisch". Im irren Fluge streifen die Vögel die wilde Minze auf den Feldern und steigen hoch hinauf in den Himmel über dem Gefängnishof.

Die Wüstenväter

Der erste Mönch: Antonius der Große

Wenn Mahmud am Abend die Straße an den Steilwänden des El Galala-Berges verlässt, dreht er sich meist noch einmal um. „Sicherheitshalber", grinst der alte Beduine. Man wisse ja nie, er möchte keine „Überraschung" erleben, nicht wie einst der Mönch Abuna Mitias, eine „schwere Hand" auf seiner Schulter spüren und zur „Salzsäule" erstarren. Mahmud gehört seit Jahrzehnten zur Gastarbeiterkolonie des Antoniusklosters. Er kennt jeden Winkel, jede Katze, jeden Strauch, hat hier in den Gärten geackert und in den Werkstätten geschuftet, sein Leben lang. Und doch vergeht kein Tag, an dem er sich nicht erleichtert abwendet, wenn die ockerfarbene Klosterstadt seinen Blicken entschwindet und sich ringsum die karge Weite der Arabischen Wüste öffnet. Nur noch Fels und Stein und Sand. Keine Glocken, keine Gebete, keine Gesänge mehr, die Antonius anrufen, den großen Heiligen und Abenteurer der Einsamkeit.

Die Dunkelheit kommt wie ein Überfall. Dann hockt der Alte vor seinem Zelt und stochert mit einem Holz in der rötlichen Glut, während seine Enkelin Mirjam, ein halbwüchsiges, schwarz verschleiertes Mädchen, den Tee eingießt. Zwei dunkle Augen, von denen man nicht weiß, was ihr Lächeln bedeutet. Ist der sesshaft gewordene Kameltreiber ein Kopte oder ein Moslem? Er hebt nur Hände zum Himmel, ganz ergeben und demütig, so, als gehöre er einer seit Urzeiten zum Dienen und Gehorchen verfluchten Unterschicht an. Nur dem Mond, den Sternen und der Unendlichkeit der Arabischen Wüste verantwortlich. „Nachtmenschen", flüstert er, „Heimatlose, die über ihre Lebenserfahrungen tagsüber schweigen".

Viel später fragt er, ob ich die Mauern gesehen hätte. Zehn bis zwölf Meter hohe, über mehr als zwei Kilometer den gesamten Klosterbezirk umfassende Mauern. Ich weiß aus Büchern, dass man eine Stunde braucht, um den schmalen Zinnenpfad rundum abzuschreiten. Das stimme nicht, unterbricht er mich kurz, doch während ich diese Art Präzision nicht so ernst nehmen möchte, gibt er eine unerwartete Erklärung: „Manchmal kommen nachts zwei andere, die es in zehn Minuten schaffen." Mahmud kennt diese Geschichte nicht nur von Vater und Großvater, sondern schwört auf den Kopf Mirjams und seines ganzen Clans, es bereits mehrmals mit eigenen Augen gesehen zu haben: „Es gibt Winter- und Sturmnächte, da wandeln die heiligen Väter Antonius und Paulus über diese Mauern, in ihren Händen Laternen, erschreckend und schützend zugleich." Noch immer stochert er in dem Feuer, Funken sprühen, den Sternen gleich. „Abba Antonius trägt ein Gewand aus Tierfell", berichtet der Alte, „Abba Paulus kommt von jenseits des Berges, mit Stock und einem Kleid aus Palmblättern. Es gibt keinen Zweifel, sie sind hier".

Als ich am nächsten Morgen mit Abuna Elias über diese Festungsmauern schreite, bedarf es keiner Laternen. Vom Roten

Meer weht ein frischer Wind und das Antoniuskloster leuchtet im gleißenden Sonnenlicht. „Ihr Westler, ihr Kleingläubigen", lacht der Mönch mit strahlend weißen Zähnen, „zuviel Descartes gelesen, dem Nietzsche alles abgenommen, und doch habt ihr vom Eigentlichen zwischen Himmel und Erde keine Ahnung".

Elias ist Mitte 30 und trägt eine randlose Brille über dem pechschwarzen Bart. Der Sohn eines angesehenen Arztes aus Alexandria hat in Oxford Wirtschaft studiert und spricht acht Sprachen fließend, darunter Aramäisch. Der passionierte Golfspieler war jahrelang Berater eines amerikanischen Ölmultis in Kairo, bevor er beim Mittwochsgebet in der St. Markus-Kathedrale von Kairo durch ein Wort von Papst Shenouda III. so sehr berührt wurde, dass er ein halbes Jahr später als Novize ins Antoniuskloster eintrat. Im Anschluss an eine Predigt über das Leben des heiligen Mönchsvaters hatte der Kopten-Papst gesagt: „Die tiefste Freude ist die unerhoffte. Trauen sie sich dieses Unerhoffte zu." Jetzt wusste der elegante Ökonom, was er zu tun hatte.

Dass er jedoch den Berichten der Beduinen blind vertraut, hat einen anderen Grund. Sie bestätigen zutiefst, was die Bewohner dieses Klosters seit mehr als tausend Jahren über ihren Gründervater konkret zu wissen glauben: Er ist hier, er ist tatsächlich hier! Ihr Dilemma besteht darin, dass Leben und Werk des heiligen Antonius, dieser „Erstlingsgabe der Mönche und Einsiedler", im berühmten Klassiker des heiligen Athanasius zwar detailliert dokumentiert werden, dass es jedoch über seinen Tod nur mysteriöse Andeutungen gibt und von seinem Grab bis zum heutigen Tag jede Spur fehlt. Kein Grab, keine Reliquien – das bringt

Orientale an den Rand der Verzweiflung. Von einer letzten Antonius-Rede an seine Mönche berichtet Athanasius; die Brüder hätten den 105-Jährigen nicht zu Grabe getragen, sondern ihn auf ein „Leichenbett" gelegt. Dort habe er „seine Füße zurückgezogen" und jemand sei „auf ihn zu gekommen". Später sei er in Spanien, Gallien, Rom und Afrika „gesehen worden"... Seit mehr als 1600 Jahren quält die Mönche am Fuße des El Galala nur eine Frage: Wo ist das Grab unseres heiligen Vaters? Wo ist Antonius?

Obwohl das Kloster seit seiner Gründung, etwa um 361-363, Gottsucher und Abenteurer aus aller Welt angelockt hat, schaffte erst die 1946 von Shell errichtete „Straße des schnellen Geldes" von Suez nach Ras Gharib einen Durchbruch für die große Öffentlichkeit. Noch zu Beginn des 20. Jahrhunderts mussten sich die Kamelkarawanen von Kuraimat einen beschwerlichen Weg durch die Wüste bahnen, der bis zu vier Tage in Anspruch nahm. Er führte durch eine unsichere Zone.

Moslemische Angriffe und Brandschatzungen haben ihre schwarzen Rauchzeichen auch in der Decke der aus dem 6. Jahrhundert stammenden Antoniuskirche hinterlassen. Fluchtturm und Fluchtbrücke, über die sich schon zur Frühzeit der Wüstenväter Johannes der Kurze in Sicherheit brachte, dokumentieren bis zum heutigen Tag dieses unvermeidbare Los klösterlicher Bedrängnis. Jetzt erst droht das alles ins harmlos Museale abzusacken. 1955 landete auf dem Wüstenplateau erstmals eine Cessna 170 der TWA, der Tauchertourismus an den Korallenriffen des nahen Roten Meeres wirbt mit einem Klosterbesuch im kulturellen Rahmenprogramm. Am Wochenende sind es Tausende westlicher Amüsierurlauber, sonnenverbrannte Herren in Bermudashorts und verwegene Damen mit Spaghettiträgertops, die jene Einöde der Asketen bevölkern und Fotosafaris auf die erbleichenden Mönche veranstalten. Die Busse passieren den vom ägyptischen Militär bewachten hoch sensiblen Küstenstreifen nach Zafarana; in westlicher Richtung geht es weiter nach Beni Suef etwa 40 Kilometer hinein in den Wadi Araba, dann biegt die befestigte Straße nach links und erreicht bald das hohe Tor der Klosterstadt: zwei weiße Kreuze über einem Fresko des bärtigen Wüstenheiligen. Sein verrücktes Leben erreichte hier seinen Höhepunkt, sein Ende. Seitdem gibt dieser Berg der Stille keine Ruhe mehr. Wer die Straße vom Roten Meer hinein in die Wüste nimmt, versteht gleich, dass sich wenige Meter jenseits der Sandküste so etwas wie ein spiritueller Klimawechsel vollzieht. Zunächst noch ein Hauch heiterer, maritimer Stimmung am Golf von Suez mit den bunten Silhouetten der Tanker im flimmernden Licht. Dann jedoch der radikale Bruch: zerklüftete Felsen, Berge und Einöde, die keinen Grashalm mehr dulden. Eine schroffe Absage an alles Lebendige. Wer sich da hinein wagt, um eine Bleibe zu finden, muss tatsächlich verrückt sein.

Vater Elias widerspricht diesem Einwand nicht, doch lässt er auch den fragenden Hinweis, dass hier offenbar Geheimnisvolles walte, nicht gelten. Der Mönch hat schöne, breite Hände, die sich jetzt zu einem Kreis öffnen, so, als wolle auch seine Gestik zur eigentlichen Mitte gelangen: zum Leben des heiligen Antonius, seiner Bekehrung, seinen schrecklichen Versuchungen, seinem Durchbruch zum Heil. Der kritische Punkt sei ja zu

Beginn des 19. Kapitels im Matthäusevangelium unmissverständlich angesprochen, da gehe es knallhart um die existentielle Frage: Wie kann ich das ewige Leben erlangen? Bezeichnend sei ja schon, dass ein zugleich junger und reicher Mann sie stelle, jedoch nicht „so ein Playboy", sondern eine Ausnahme, ein Solider und Elitärer, der mit dem Einhalten der Gebote keine Probleme mehr kenne. Folglich jemand, dem es an nichts fehle, der alles gesehen und erlebt habe, der sich keine Illusionen mehr mache über die „Lockungen der Welt" und sich dennoch darin „nicht ganz zuhause fühlen kann". Es gehe, so Elias, der seine offenen Hände dramatisch auf und ab zu schwingen beginnt, um die tatsächlich „letzte Frage", deren Antwort wie eine Axt trifft und die Seele spaltet: „Wenn du perfekt sein möchtest, gehe, verkaufe alles, was du besitzt und gib es den Armen; und du wirst einen Schatz im Himmel haben; danach komm und folge mir nach."

Der junge, reiche Antonius ist damals nicht, wie sein biblisches Pendant, traurig weggegangen, sondern hat sich, sechs Monate nach dem Tod seiner Eltern auf diese riskante Einladung eingelassen; sich somit sicherlich ahnungslos in ein Abenteuer stürzend, das in der Radikalität der Exzesse alles übertreffen sollte, was sich ein Mensch an Heimtücke und Heimsuchung, an Versuchung und Verfolgung bis ins hohe Alter hinein vorzustellen vermag.

Die ersten Dämonenangriffe, denen sich der junge Gottsucher ausgesetzt sieht, beschreibt sein Biograf Athanasius als „Waffen am Nabel seines Bauches", Fress- und Wollust angetrieben von wirren Gedanken. Nachts verfolgt ihn „die Gestalt einer

Frau", dann die „Drohung des Feuers" und die „Drangsal des Wurmes". Der Teufel erscheint, wie in der Antike üblich, in der Gestalt eines „schwarzen Knaben", der sich mit den Worten zu erkennen gibt: „Ich heiße Geist der Unzucht." Antonius, nicht auf sich, sondern allein auf „die Gnade Gottes mit mir" vertrauend, entlarvt den Spuk: „Du bist schwarz vom Geist her und schwach wie ein Kind …" Doch tut er gut daran, diesem ersten Erfolg nicht zu trauen und die Erfahrung zu machen, dass „der Dämon die Sünde liebt". Er unterwirft sich einer härteren Zucht. Erst nach Sonnenuntergang nimmt er Nahrung zu sich; etwas Brot, Salz und Wasser, jeden vierten, dann jeden zweiten Tag fastet er; auf Öl wird verzichtet; wenn er überhaupt schläft, dann auf einer Binsenmatte. Sein Vorbild ist der Prophet Elija, sein Ideal die Reinheit des Herzens.

Selbst heute gilt in Ägypten das Leben in Gräbern als nicht sonderlich anstößig. Doch anders als in der Totenstadt am Mukkatamberg in Kairo, richtete sich Antonius keineswegs im Schatten monumentaler Gedenkstätten und Leichenkeller häuslich ein, sondern suchte bewusst die Nähe des Todes als extreme Form der Herausforderung. Hier erfährt er, was uns später in der sketischen Wüste von greisen Einsiedlern als wichtige Lebenserfahrung wiederholt bestätigt wird: Die Leidenschaft zu essen und zu trinken und die perversesten Bilder lüsterner Frauen sind zu Beginn noch relativ harmlose Versuchungen. Bewährt sich der Asket, gewinnt der Kampf rasch an Heftigkeit. In den Gräbern treffen Antonius Schläge, die nicht von Menschen stammen, denn „sie könnten niemals solche Qualen hervorrufen". Während er zur Mitternacht wie ein Toter in der Kirche verharrt, vernimmt er das Zischeln der Dämonen, die jetzt weder mit Unzucht noch mit Fäusten, sondern „anders an ihn herangehen wollen". Schon spürt er das Hecheln von Hunden, deren Heulen bereits Hekate, die griechische Göttin der Finsternis, auf ihren Streifzügen begleitete. Wilde Tiere umschleichen das Grab, in dem er sich verkriecht; Aspis, die Schlange, und Ara, die Giftnatter. Auch sie aus den Sümpfen der Mythologie auftauchende Gruselbilder, die schon die Göttin Isis kannte und seitdem das Diadem der Pharaonen schmückt. Erschöpft wartet Antonius in seinem Grab auf den Tagesanbruch. „Wo warst du?", fragt er seinen Gott, als der Morgen heraufdämmert, und erhält die erstaunliche Antwort: „Ich wartete, um deinen Kampf zu sehen."

In seiner großen „Rede an die Mönche" hat Antonius in der auf die Pharaonenzeit zurückgehenden Sprache der koptischen Bauern eine erste Deutung seiner Dämonenkämpfe vermittelt. Es sind selbst den einfachen Fellachen verständliche Bilder, aber auch solche, die die Zone der Seelenabgründe durchschreiten, um sodann auf eine nahezu simple, jedoch befreiende Weise, mit Zitaten der Heiligen Schrift konfrontiert zu werden. „Wir kennen seine Absichten nur zu gut", antwortet Antonius mit einem Wort des heiligen Paulus an die Korinther zu den Strategien des Teufels, den er mit Spottversen aus dem Buch Hiob übergießt. Als illusionsloser Wächter durch lange, schlimme Nächte hindurch weiß er zu unterscheiden: die Dämonen kommen in Massen, der Engel kommt allein. Er durchschaut, dass sie Körper haben „von feinerer Beschaffenheit als die der Menschen ... da sie vorauslaufen", doch sind sie vor allem „feige und fürchten sich sehr vor dem Kreuz des Herrn". So sehr sie sich auch in der Darstellung um List und Täuschung bemühen, vermögen sie nicht die Heiligen zu mimen, denn „die Freude und ruhige Sicherheit der Seele lassen die Heiligkeit erkennen".

Als es Antonius verwehrt bleibt, im vom Theologenstreit aufgewühlten Alexandria den Märtyrertod zu sterben, entschließt er sich zusammen mit einer Sarazenenkarawane in die innere Wüste auf den Berg Kolzim zu ziehen, dem Standort des heutigen Antoniusklosters. Hatte sich der Teufel zuvor als große, hohe Gestalt mit den Worten „Ich bin Satan" zu erkennen gegeben, lebt der Einsiedler fortan mit Hacke und Beil inmitten von Hyänen. Der Tod eines Ungetüms bedeutet die endgültige Niederlage der Dämonen. Es ist die Zeit der Wunder und Visionen. Priester, Bischöfe, Häretiker und heidnische Philosophen suchen ihn auf und staunen über seine Worte vom Kreuz wie über die überwältigende Anmut seines Gesichtes. Die Kaiser schreiben ihm, und selbst aus der Ferne weiß er über die Plünderungen der Kirchen durch die ketzerischen Arianer zu berichten. Doch spürt er auch, dass es bereits spät geworden ist in seinem langen Leben, dass er, „zum Staub zurück muss" (Gen 3,19) und der Atem „zurückkehrt zu Gott, der ihn gegeben hat" (Koh 12,7). Vor Jahren hatte er in einer Vision über diese so wichtige Stunde des Hinübergangs eine „hoch aufragende Gestalt" zu sehen geglaubt. Seinem Mitbruder Poimen teilte er die tröstende Weisheit mit: „Das ist das große Werk des Menschen, dass er seine Sünde vor das Angesicht Gottes emporhalte, und dass er mit Versuchung rechne bis zum letzten Atemzug."

Als ich Abuna Elias gestehe, dass mir dieser Mann, den die Nachwelt so emphatisch den „Großen", den „Vater der Mönche" oder „Stern der Wüste" nennt, mit einem Mal echt väterlich und zutiefst menschlich erscheine, lächelt er nur. Auch meine neue Erkenntnis über die Bilderflut der „Versuchungen des heiligen Antonius" in der abendländischen Kunst vermag ihn nicht besonders zu beeindrucken. Mathias Grünewald, Tintoretto, Max Beckmann oder Max Ernst „verblassen vor dem Original", meint der Mönch auf der schmalen Mauer. Seine einmalige Leistung bestehe, Jahrhunderte vor Jung und Freud, in einer „intimen, illusionslosen Kenntnis des Bösen". Nur deshalb habe er es wagen können einem Freund anzuvertrauen: „Keiner kann unversucht in das Himmelreich eingehen. Nimm die Versuchung weg und es ist keiner, der Rettung findet."

Der erste Eremit: Paul von Theben

Der Fußweg vom Antonius- zum Pauluskloster jenseits des Kolzimgebirges gilt als gefährlich. Wir spüren am späten Nachmittag die Unruhe der Mönche, als eine angekündigte Gruppe deutscher Wanderer immer noch auf sich warten lässt. Die Pförtner erzählen von Verschollenen und Verdursteten, die den schwierigen, mehrstündigen Marsch nicht überlebt haben. Der heilige Antonius schaffte jedoch noch als 90-Jähriger die Bergpassage, so berichten es jedenfalls die Legenden, deren orientalische Exzesse man nicht als Irreführung, sondern vielmehr als dekorativen Wegweiser zu einer tieferen Schicht der Wahrheit betrachten sollte. So wundert es auch nicht, dass die regelmäßigen Besuche des Mönchsvaters einem noch greiseren Einsamen galten, dem heiligen Paulus von Theben. Die Legenden, die aus einer Lebensbeschreibung von Hieronymus ihr atemberaubendes Material beziehen, erzählen, dass Antonius dem 113-jährigen Paulus im Tode beistand und ihn auch in einem von ihm eigens mitgebrachten Leichentuch beerdigt haben soll. Der „Vater der Mönche", der seinen Brüdern später verbieten wird, den Ort seines Grabes zu nennen, bereitet dem älteren „Vater der Einsiedler" eine nahezu paradiesische Bestattung: Zwei Löwen erscheinen mit wehenden Mähnen aus der Wüste und streicheln den Verstorbenen zum Abschied mit ihren Schweifen. Statt einer Totenglocke erfolgt ein lautes Gebrüll der Bestien, die mit ihren Pranken ein Grab ausschaufeln. Während Antonius ihn dort beisetzt, verfolgen die beiden Löwen die Szene „mit gesenktem Haupt und lauschenden Ohren" und lecken dem Mönch Füße und Hände, der sie zum Abschied segnet.

Paulus soll im Jahr 228 in der unteren Thebais geboren worden sein. Der Sohn wohlhabender Eltern entzog sich der Verfolgung durch den als Foltermeister gefürchteten römischen Kaiser Decius und floh in die Einsamkeit. Als ihn ein auf sein Vermögen versessener Schwager als Christ zu denunzieren drohte, zog er sich ganz ins Galala-Gebirge in der ostägyptischen Wüste zurück. Dort lebte er 90 Jahre als Einsiedler in einer Felsenhöhle. Viel mehr weiß man nicht über diesen Urvater der Eremiten. Schriften oder Sprüche sind nicht überliefert. Große Bescheidenheit und Demut umgibt nicht nur dieses Leben, sondern auch das ihm geweihte Kloster Deir Anba Bula am Fuß des Felsenkessels. Die Anlage und auch die Mönche wirken stiller, ärmlicher als ihre Nachbarn von St. Antonius. Doch ist ihre Herzlichkeit unverkennbar, wenn sie nach wie vor darauf pochen, dass ihr Paul von Theben der „Vater aller Eremiten" sei. Es geschieht jedoch weniger hartnäckig als in vorausgegangenen Jahrhunderten, wenn die Frage, wer denn tatsächlich der erste Eremit war, die frommen Erzähler aufwühlte.

Ganz im Stile dieses Schattendaseins wirkt auch die kleine Höhlenkirche mit dem weißen Sarkophag des heiligen Paul. Auf dem schlichten Stein steht zu lesen: „Geboren in Alexandria im Jahr 228, gestorben im Jahr 343." Mit anderen Worten: Wir befinden uns in der ersten Höhle christlicher Einsiedler. Eine verwinkelte Treppe führt hinab in die quadratische Krypta. Auf den dunklen Wänden diesseits und jenseits der Bilderwand der Ikonostase befinden sich Malereien der Muttergottes, der heiligen Einsiedler, des brennenden Dornbusches sowie Christus umgeben von den vier Evangelisten und den 24 Ältesten aus der Geheimen Offenbarung. In der kleinen Kuppel oberhalb der Treppe wachen die heiligen Krieger der Ostkirche über den Einstieg in die historische Gruft. Barfuß gehen wir über die Teppiche, Kerzen flackern in den Nischen, alles ist eng und übersichtlich. Aber eine starke Kraft geht von dieser Grabeskirche aus. Auf dem Boden unter dem Chorgestühl hocken ein Mönch und eine junge Frau in ein intensives Gespräch vertieft. Man spürt gleich, den beiden geht es um Wesentliches. Viel Nähe, viel Vertrauen, ein schönes Symbol für Kirche. Ganz leise, um diese

Szene reinen Lebens am Ort des Todes nicht weiter zu stören, kehren wir wieder zurück, hinauf ans Tageslicht.

Ein Mönch führt uns über den Klosterhof zu einem sonderbaren Brunnen. Auch er ein Denkmal des Spärlichen, nur tröpfchenweise sickert das Wasser aus dem Fels in das Becken, dessen Überlauf wie ein Rinnsal in ein zweites Reservoir fließt. Hier waltet zugleich das Genügsame und Uralte, etwas sehr Mönchisches geht von dieser Anlage aus, die gehütet wird, als sei sie ein Heiligtum.

Schließlich lädt uns der Abt zu einem Gespräch in sein kleines Büro ein. Ringsum an den Wänden hocken einige Mönche. Dann beginnt der Vater seine Begrüßung, auf die wir gerührt antworten. Immer wieder greift er hinter sich und holt neue Geschenke hervor: ein Perlenkreuz, eine Gebetsschnur und schließlich ein Poster, das den zweifelnden Thomas darstellt, der seine Hand in die Wunde des auferstandenen Christus legt. Wir danken mit den Worten, dass jener Thomas uns westliche Christen verkörpere, deren ebenfalls zweifelnde Hand an den Wunden der koptischen Kirche erstarke. Ringsum ist ein Leuchten in den Augen, dann umarmen wir uns.

Als der Afrikaforscher Georg August Schweinfurth in den zwanziger Jahren des vergangenen Jahrhunderts seine Eindrücke vom Kloster des ersten Eremiten in dem Buch *Auf unbetretenen Wegen* in Ägypten niederschrieb, glaubte er in dieser zerklüfteten Gebirgslandschaft und der von Krähen umschwirrten Höhlenkirche eine Szene aus Dantes „Inferno" zu erkennen. Heutzutage, nachdem sich diese Wege in bequeme Straßen gewandelt haben, wirkt das alles friedlicher und selbst, wenn bei Anbruch der Dunkelheit die Wolkenfetzen über den Bergen dramatische Formen annehmen, vermittelt der Lärm eines bis 23 Uhr aufheulenden Generators die Illusion technischer Sicherheit. Dass ihr nicht ganz zu trauen ist, unterstreicht jenes Lichtphänomen, das in der Nacht zum 4. September 1975 über dem alten Höhlengrab Pauls von Theben beobachtet wurde. Die Mönche schwören darauf, dieses „Zeichen" 25 Minuten lang gesehen zu haben; selbst auf der Küstenstraße nach Zafarana wurde es von Reisenden bemerkt.

Das Geheimnis des Palladius

Als sich Palladius, der Bischof von Helenopolis, um das Jahr 420 als 56-Jähriger entschließt, einen Bericht über seine langjährigen Reiseerfahrungen in den Wüsten Ägyptens niederzuschreiben, gibt er ihm den mysteriösen Titel *Paradies*. Sein Auftraggeber ist kein Geringerer als Lausus, der kaiserliche Oberkämmerer am byzantinischen Hof. Weshalb der wohl einflussreichste Beamte im unmittelbaren Schatten der Kaiser Arkadius und Theodisius II. den aus Galantien stammenden Gottesmann ausgerechnet um diesen Bericht bat, bleibt ebenso verborgen wie die Daten des weiteren Lebensweges dieses selbst so präzisen Autors. Wir wissen nur, dass er als etwa 25-Jähriger nach Ägypten gekommen war, um Mönch zu werden. Die zwischen Alexandria und Altkairo, dem ehemaligen Babylon, gelegenen Wüsten von Nitria, Kellia und Sketis galten in der damaligen christlichen Welt schon nicht mehr als „Geheimtipp" strengster Askese, sie waren einfach „die" blühenden Zentren geistlichen Lebens, zu denen Tausende Anwärter, Schüler und Novizen hinzogen; allesamt in der Nachfolge jenes Hochleistungsathleten mönchischer Spiritualität, Antonius des Großen, dessen Ruhm noch immer Politiker, Intellektuelle und Künstler in der theologisch brodelnden Hafenstadt faszinierte.

Als der junge Palladius die Einsiedeleien jenseits des Mareotis-Sees am Berg Nitria betritt, lebt hier schon die zweite und bald darauf dritte Generation jener Wüstenväter. Ihre Sprüche und Weissagungen machen längst die Runde durch den gesamten Orient, der sie begierig aufgreift und weitererzählt. Bald gelangen diese sonderbaren Texte ins aufhorchende Abendland, das wenig später ebenfalls das Abenteuer des Mönchtums wagen wird. Der galantinische Reisemönch wird somit, ohne es zu ahnen, zu einem exklusiven Zeitzeugen eines welthistorischen Phänomens: dem Beginn des sich ausbreitenden christlichen Mönch- und Einsiedlertums. Dass er als demütiger Anfänger kommt und sich hellhörig von den verehrten Vätern der Nitrischen Wüste in das eigentliche Epizentrum dieser mystischen Bewegung weiterempfehlen lässt, macht ihn zu einem ebenso unbestechlichen wie seltenen Zeitzeugen.

Dieses geheimnisumwobene Zentrum befindet sich 15 Kilometer entfernt in der „inneren Wüste", der Kellia, in sogenannten Zellen. Hier lebt der harte Kern der Einsiedler, unerschrockene und zugleich ganz sanfte Männer Gottes, deren Nähe sofort deutlich macht, dass hier etwas Außergewöhnliches vor sich geht. Palladius erzählt, dass man zur Stunde des Sonnenuntergangs aus all diesen Höhlen und Häuschen der Eremiten ein abwechselndes Rezitieren der Psalmen vernehmen konnte. Ein in dieser rauhen Einsamkeit nahezu himmlisches Summen und Singen, und im Übergang von Abendsonne und Gebet glaubt er einen Hauch „Paradies" zu spüren, als seien es Engel, die ein Lob anstimmen. Doch hat er offenbar darin nicht nur ein stimmungsvolles Idyll erkannt, sondern eine ganz andere, tiefere Wirklichkeit, die uns leise heranführt an jenes Geheimnis dieser Einsiedler und an deren „Welterfolg".

Wissenschaftler aller Fachrichtungen haben immer wieder darüber gerätselt und spekuliert, wie es denn möglich war, dass seit Beginn des 4. Jahrhunderts Tausende Ägypter vom fruchtbaren Niltal in die ungastlichen Wüsten der Thebais, Sketis und Nitria zogen, um hier, unter Anleitung eines „Altvaters" ein Leben äußerster Entbehrung zu führen. Man hat dies als eine soziopolitische Weltflucht zu erklären versucht, bei der sich das Proletariat ägyptischer Hirten, Fellachen, Tagelöhner und Kleinbauern vor der Übermacht römischer Besatzer und griechischer Ausbeuter in Sicherheit gebracht hätte. Wirtschaftliche Not und steuerliche Drangsal hätten beim Volk so etwas wie einen radikalen mystischen Reflex ausgelöst: christliche Jenseitsverheißungen als letzte Rettung in einem unerträglich gewordenen Diesseits. Doch wäre es immer noch zu wenig, denn das, was Palladius über die Lebens- und Sterbeweise der frühen Heiligen in der Wüste berichtet, ist nicht dazu angetan, selbst noch so geschröpfte Bettler und Steuerflüchtlinge anzulocken und erst recht nicht auf Dauer zu halten.

Als Palladius um das Jahr 400 die Wüste verlassen muss, weiß er, wovon er spricht. Allein neun Jahre hat er in der Kellia verbracht und dabei seine Gesundheit ruiniert. Deshalb ist sein Bericht, der als *Historia Lausiaca* in die Weltliteratur eingehen wird, von einer konsequenten Nüchternheit. Das, was er zu erzählen hat, ist so umwerfend, dass es keiner weiteren poetischen Dramaturgie mehr bedarf. Nur am Ende der Schrift, nahezu versteckt, taucht ein diskreter Hinweis auf, den man durchaus für bare Münze einer tiefen Erklärung annehmen darf: Er bittet den Leser darum, Leben und Mühsal der Einsiedler als „hinreichenden Beweis für die Auferstehung" zu verstehen. Damit ist alles gesagt. Das ist die eigentliche Botschaft, der Schlüssel für eines der verrücktesten Kapitel der Weltgeschichte. In der Einsamkeit der Wüste haben sich, ähnlich wie bei Elija oder Johannes dem Täufer, auf dramatische Weise Himmel und Erde berührt. Die heiligen Väter lassen den einzig Heiligen erkennen. Am Ort größter Einsamkeit und Wildnis, am Ort des Ereignislosen und des Leeren erscheint der Herr allen Lebens, der Lebendige.

Von den neun Jahren, die er in der Kellia verbrachte, hat er noch drei mit Vater Makarios dem Alexandriner verbracht, der seine kompromisslose Askese, die er selbst im hohen Alter übte, mit den Worten kommentierte: „Ich plage den, der mich plagt." Seine unglaubliche Lebensbeschreibung macht deutlich, wie rauh es bei den Wüstenvätern der „Zellen" zuging. Nachdem Makarios zunächst sieben Jahre nichts mehr gegessen hatte, was auf Feuer zubereitet war, verzichtete er sogar auf rohes Gemüse und in Wasser gelöste Hülsenfrüchte, um sich drei Jahre lang von vier bis fünf Unzen Brot, etwas Wasser und Öl zu ernähren.

Seinen Kampf um Schlaflosigkeit muss er nach zwanzig Tagen am Rande des Wahnsinns aufgeben. Tagsüber hatte ihn die Sonnenglut versengt, nachts wurde er vor Kälte starr. Nachdem er eine Mücke getötet hat, erlegt er sich die Strafe auf, sechs Monate in einem Sumpf zu verbringen. Bei seiner Heimkehr ist er dermaßen zerstochen, dass seine Brüder glauben, er leide an Elephantiasis; nur an seiner Stimme ist Makarios noch zu erkennen. Die Schilfrohre, die er sich zur Wegmarkierung bei einer neuntägigen Wanderung zum Gartengrab der mit Moses konkurrierenden Zauberer Jannes und Jambres in den Sand steckt, verschwinden auf geheimnisvolle Weise, und er muss zwanzig Tage bis zur Erschöpfung umherirren, wobei ihm einleuchtet, dass er sich nicht an Schilf, sondern an der Scheschina, an jener Wolkensäule zu orientieren hat, die während 40 Jahren Israel den Weg durch die Wüste wies. Wie aus der tiefen mythologischen Traumwelt erscheint ein junges Mädchen mit einem Wasserkrug, dessen Anblick ihm allein die Kraft zur Rückkehr gibt. Dann nährt ihn das Euter einer Antilope…

Eine Natter faucht er nach einem an sich tödlichen Biss mit den Worten an: „Wie konntest du es wagen, mich anzugreifen, da dich Gott nicht geschickt hatte?" Die 40-tägige Fastenzeit verbringt Makarios im Dunkel seiner fensterlosen Zelle. Um der Versuchung zu entgehen, schleppt er nachts einen Sandkorb hin und her. Palladius berichtet, dass er selbst den zahnlosen Greis noch mit sich reden hörte: „Was willst du, elender Alter? Da hast du doch Öl genossen und Wein gehabt. Was willst du noch, grauköpfiger Vielfraß?" Selbstgespräche eines Wüstenathleten, dessen Teufel zurückfragt: „…wie lange werde ich noch mit dir sein?" Dann wieder Bilder tiefen Friedens, als eine Hyäne mit dem Kopf an seine Hoftüre stößt und ihm ihr blindes Junges vor die Füße wirft. Er hebt es auf, spuckt ihm in die Augen und spricht ein Gebet. Die Mutter, die das Tier säugt und fortträgt, bringt dem Heiligen am nächsten Tag das Fell eines großen Schafes. Palladius besänftigt alle Zweifel an orientalischen Wunderglauben mit dem Zeugnis der seligen Melania, dem der Alte das Fell zum Gastgeschenk übergeben hat.

Moses der Äthiopier war ein farbiger Hüne mit sehr bedenklichem Vorleben. Bevor sich der Räuberanführer zum Einsiedlertum entschloss, soll er gar einen Mord begangen haben. Den Frauen und dem Wein zugetan, stürzen sich bald die alten Dämonen über den Sünder. So begibt er sich am Rande der Zerknirschung in die Sketische Wüste zum großen Isidorus, der ihn belehrt, dass zu Beginn des asketischen Lebens die Dämonen ihm umso heftiger zusetzen da sie „nach der alten Vertrautheit mit dir verlangen". So begibt sich Moses in einen verzweifelten Kampf, züchtigt sich mit nur zwölf Unzen Brot, verbringt sechs Jahre nachts stehend in seiner Zelle und eilt gar umher, heimlich die Wasserkrüge seiner alten Mitbrüder zu füllen. Dabei wird er nachts von einem Dämon angegriffen und so schwer verletzt, dass er ein Jahr krank darnieder liegt. Dann spricht der von den Brüdern alarmierte große Isidorus: „Moses, höre auf mit den Dämonen einen Wettkampf auszutragen. Beschimpfe sie nicht weiter. Auch in der Askese ist dem Mut ein Maß gesetzt." Während der vom ausweglosen Kampf Erschöpfte protestiert, befreit ihn der alte Vater von seinen Traumbildern mit den Worten: „...

wurdest du doch zu deinem eigenen Nutzen unterjocht, damit du dich nicht rühmen konntest, deines Leidens selber Herr geworden zu sein."

Mit siebzig Jahren stirbt der ehemalige Bandenführer, Säufer und Frauenheld umgeben von siebzig Schülern als Priester in der Sketischen Wüste.

Eine besonders herzliche Verbindung verband Palladius mit dem aus Ibora am Pontus stammenden Wüstenvater und Schriftsteller Evagrios. Der Sohn eines Chorbischofs und Lektor des Basilius wurde vom heiligen Gregor von Nazianz zum Diakon geweiht und erwarb sich in den heftigen theologischen Auseinandersetzungen mit den Irrlehrern der damaligen Zeit hohes Ansehen. Konstantinopel lag dem faszinierenden jungen Redner zu Füßen und bald wohl auch eine Dame der vornehmen höfischen Gesellschaft, deren Mann im Range eines Präfekten von der leidenschaftlichen Liaison zunächst nichts ahnte. Später hat Evagrios gegenüber Palladius gestanden, dass er „vom Trugbild der Begierde nach einem Weib eingenommen" worden sei. So sehr er auch um göttlichen Beistand bat, setzte ihm die Frau nahezu rasend zu und es fehlte ihm an Kraft, sich „von den Fesseln einer solchen Sklaverei" zurückzuziehen. Doch „bevor es zur Ausführung der Tat kam", so Palladius, befreite ihn eine nächtliche Vision. Schon am nächsten Tag brachte er seine Habe auf ein Schiff und flüchtete nach Jerusalem.

In der Heiligen Stadt traf er auf eine ganz andere Dame, die aus Rom stammende selige Melania die Ältere, ein Teufelsweib ganz anderer Qualität. Die gebürtige Spanierin, Tochter eines römischen Konsuls wurde mit 22 Jahren Witwe und ergriff nach ihrer Konversion unter Kaiser Valens die Flucht nach Alexandria, wo sie ihre Habe in Gold umsetzte und in der Nitrischen Wüste mit so berühmten Vätern wie Pampo, Ammonius und Paphnutius zusammentraf, die sie auch in deren Verbannung unterstützte, bevor sie, selbst in Bedrängnis geraten, in Jerusalem ein Kloster gründete. Hier empfing sie jenen jungen, attraktiven Evagrios, der hin- und hergerissen von Liebes- und Mönchssehnsucht während sechs Monaten vom Fieber ans Bett gefesselt wurde. „Diese Krankheit ist nicht ohne Gott", so lautete die Diagnose der Römerin, dann brach Evagrios in die Wüsten Ägyptens auf. Zunächst verbrachte er zwei Jahre auf dem Berg der Nitria, dann zog er in die innere Wüste der Kellia, wo ihm Palladius begegnen sollte.

Der große Philosoph durch Worte, geriet hier, unter den Anfeuerungen der beiden Makarios', zu einem „Philosoph durch Werke". Aber, jener Dämon der Unzucht, der ihn bereits zur Flucht aus Konstantinopel getrieben hatte, verfolgte ihn in den Zellen umso hartnäckiger. So sehr er sich auch eine strenge Askese auferlegte, auf Gemüse verzichtete, nur noch etwas Brot und Öl zu sich nahm und täglich hundert Gebete sprach, forderte ihn der alte Feind weiterhin heraus. Palladius berichtet, es sei unmöglich aufzuzählen, wie oft er vom Dämon geplagt wurde. In einer Winternacht stieg er verzweifelt in einen eiskalten Brunnen, ein anderes Mal blieb er zwei Wochen draußen und war am ganzen Körper, wie ein Tier, voller Zecken. Bevor er, körperlich völlig ruiniert, am Fest Epiphanias 54-jährig aus dem Leben schied, flüsterte der „Philosoph der Wüste" auf seinem

Sterbebett, es sei erst „das dritte Jahr, dass mir die Fleischeslust nicht mehr zusetzt".

Weiter berichtet Palladius von jenem 60-jährigen Bauern Paul, dem man den Beinamen „der Einfältige" gab. Kein Wunder, er wurde von seiner besonders schönen Frau reihum betrogen. Als er sie schließlich auf frischer Tat überrascht, überlässt er sie und die Kinder ihren Liebhabern und zieht eilig die sechs Wegstrecken zu Vater Antonius, um Mönch zu werden. Dieser weist ihn wegen seines Alters ab, doch alle Versuche ihn los zu werden scheitern. Selbst als der Einsiedler ihn anfährt: „Geh weg von hier, Alter. Du fällst mir lästig", erhält er zur Antwort: „Es ist mir unmöglich anderswo zu sterben als hier." So stellt Antonius ihn schließlich auf die Probe, quält ihn mit peinlicher Flechtarbeit, mit furiosem Fasten und langen Psalmgebeten, doch vergeblich, der alte Bauer hält Stand mit den Worten: „Das, was ich gesehen habe, kann ich leicht ausführen." So errichtet der Einsiedler ihm drei, vier Meilen entfernt eine Zelle und rät ihm: „Bleibe allein, damit du auch die Erfahrung der Dämonen machen kannst." Bereits nach einem Jahr erlangt er die Fähigkeit, diese sogar auszutreiben und selbst in einem besonders hartnäckigen Fall eines Mannes, der vom „Anführer", von Satan selbst besessen war, gelingt ihm der Exorzismus. „Pauls Einfalt vertreibt mich", faucht der Dämon, der sich in einen gewaltigen Drachen von siebzig Ellen Länge verwandelt und bis zum Roten Meer hinwälzt...

Unweit von der Antonius-Grotte erinnert oberhalb des heutigen Klosters ein Steinhaufen an die Zelle des einfältigen Pauls. Das sind sonderbare Begegnungen zwischen hagiographischer Legende und harter Wüstenrealität, die an solchen Orten stattfinden. Sandstürme, Jahreszeiten und Jahrhunderte haben das alles rein gefegt und es bleibt nur noch eine äußerst spärliche Spur menschlichen Lebens, wie gebleichte Knochen in der Sonne. Aber, noch immer geht Faszination davon aus.

Kellia, die Zellen der Einsamen

Der Faszination, den Einsamen in den Zellen auf der Spur zu kommen, haben sich die Forscher der „Schweizer Mission für koptische Archäologie" der Universität Genf sowie des Kunstgeschichtlichen Seminars der Universität Zürich, Prof. Dr. Rodolphe Kasser und Prof. Dr. Georges Descoeudres, nicht entziehen können. Seit 1965 nahmen sie im Gebiet von Kellia und Pherme umfangreiche Ausgrabungen vor, an denen sich auch das „Französische Institut für Orientalische Archäologie" in Kairo sowie die „Egyptian Antiquities Organisation" beteiligt haben. „Rettungsgrabungen" haben die Wissenschaftler dieses abenteuerliche Projekt genannt, das völlig neuartige Erkenntnisse über die Frühgeschichte und Lebensbedingungen der ersten christlichen Einsiedler an den Tag brachte. Diese als einzigartig bezeichneten Untersuchungen, die eine über 100 Quadratkilometer umfassenden Zone der ursprünglich rund 20 Kilometer vom Nildelta entfernten Siedlungen umfassten, wurde in den achtziger Jahren von den Forschern aus der Schweiz fortgesetzt. Unter der Bezeichnungen „EK 8184" gerieten die Ausgrabungen in den rund 1200 noch im Boden erhaltenen Eremitagen zu einem Wettlauf gegen Landnahme und Bewässerungsprojekte. Zu Beginn der Arbeiten war ein Drittel der Eremitensiedlungen bereits zerstört, inzwischen bleibt von ihnen nur noch ein verschwindender Rest. Dennoch konnten in den Agglomerationen von Qusur el-Izeila und Qusur Ereima bei Pherme bedeutende Spuren gesichtet und gesichert werden, die 1990 in einer großen Ausstellung im kunsthistorischen Museum von Genf gezeigt wurden. Ähnlich bedeutende Ausgrabungen haben unterdessen amerikanische Archäologen im ehemaligen Kloster des sagenumwobenen Wüstenvaters Johannes des Kurzen (Kolobos) in der Sketis unternommen. Ein Beduinenjunge bewacht die Ruinen jenseits des Bishoi-Klosters, die den Blick in das Innere einer Kirche freigeben, von der eine Leiter hinabsteigt in das Dunkel einer Krypta.

„Mönche, das sind Fundamentalisten", so fasst Prof. Georges Descoeudres seine Erfahrungen im Wüstensand Ägyptens zusammen. Er legt Wert auf die Feststellung, dass Mönche und Einsiedler die unmittelbaren Nachfolger der Märtyrer seien. Während im aufgewühlten Alexandria noch die brutalen Christenverfolgungen Diokletians tobten, denen sich Antonius der Große als Opfer hingeben wollte, folgten bald den Märtyrern des Blutes die „Märtyrer des Gewissens", die den harten Schritt von den Städten und Dorfsiedlungen in die ungastliche Wüste wagten. Sie führen dort ein „wüstes" Leben, sie sind „Wüstlinge" oder „Anachoreten", ein Begriff, der all jene meint, die aus dem bebauten Land gehen, keine Sicherheiten mehr wollen, keine Entbehrungen scheuen und selbst die wilden Tiere – Skorpione,

Nattern, Hyänen und Löwen – nicht fürchten. So, wie es seit den Anfängen tagtäglich in den Klöstern bei Anbruch der Nacht im 90. Psalm gebetet wird: „... du schreitest über Löwen und Nattern, trittst auf Löwen und Drachen. Weil er an mir hängt will ich ihn retten, ich will ihn schützen, denn er kennt meinen Namen." Makarios der Große hat dieses Leben auf die spröde Formel gebracht: „Jemand wird Mönch genannt, weil er bei Tag und Nacht mit Gott Zwiesprache hält und allein denkt, was Gottes ist, ohne irgendetwas zu besitzen." Johannes der Kurze sagt es noch illusionsloser: „Mühsal, nichts als Mühsal ist der Mönch." Deshalb waren für Prof. Descoeudres seine Entdeckungen und Erfahrungen in der Kellia so bedeutend, weil er zutiefst ahnte, dass er hier den Wurzeln ganz nahe auf der Spur war. Alle monastischen und eremitischen Ursprünge beziehen sich ja auf die Anfänge in Ägypten und bis zum heutigen Tag gibt es weltweit für Mönche und Einsiedler kein größeres Lob als jener Vergleich: „Er hat die Ägypter übertroffen."

Das, was die Archäologen von den Ermitagen in der Kellia zunächst vorfanden, waren flache Hügel, die sich kaum einen Meter aus dem Sand erhoben. Die Zellen waren damals aus Lehm gebaut, dessen Ziegel in der Sonne getrocknet wurden. Dazu gab es das notwendige Material, salzige Sandkruste sowie in wenigen Metern Tiefe Grundwasser in Fülle. Mittels einer speziellen Technik wurden die Räume mit den Lehmziegeln gewölbt. Dies geschah ohne besondere Verwendung kostspieliger Holzgerüste und hatte obendrein einen im brutalen Wüstenklima willkommenen Isolationseffekt. Tagsüber stieg die Temperatur unter diesen „Schildkrötenbuckeln" nur langsam, in den kalten Nächten ging sie ähnlich zögernd zurück. Über all diesem Bauen lag auch so etwas wie die „Dynamik des Vorläufigen", denn alles geschah ja „sub specie aeternitatis", im Angesicht der Ewigkeit, so dass recht eigenwillig und kurzfristig angebaut, abgebrochen oder verändert werden konnte. Robuste Wüstenzelte und Ausgucke zum Himmel hin, so könnte man diese simple Architektur der Narren Gottes bezeichnen.

In den ältesten Quellen heißen die einen Meter in der harten Sandkruste stehenden Häuschen allerdings „monasteria", Behausung des Mönches also, wie sie uns die toskanischen Künstler des 15. Jahrhunderts, etwa im Camposanto von Pisa oder im Kreuzgang von Sant Andrea bei Florenz, einfühlsam dargestellt haben. Zunächst bestanden die Einsiedeleien aus höchstens vier Räumen, von denen der größte an der Ostwand eine mit weißem Kalk verputzte Nische aufwies. Dabei handelte es sich um das Oratorium, den Ort des Gebetes, das der Eremit zweimal täglich, vor Sonnenaufgang und nach Sonnenuntergang, stehend und mit erhobenen Händen verrichtete.

Diese Gebetshaltung macht gleich deutlich, dass es hier sportlich, gar athletisch zuging. Das hat einen frühen biblischen, auf Abraham zurückgehenden Ursprung. In den Psalmen heißt es vom Betenden, er „steht im Hause des Herrn, in den Höfen des Hauses unseres Gottes", so wie auch der Evangelist Markus mahnt: „Wenn ihr steht und betet." Der hoch geschätzte Wüstenvater Arsenios der Große, ursprünglich als einflussreicher Beamter des byzantinischen Hofes an weitaus bequemeres Leben gewöhnt, betete bei Anbruch des Herrentages mit ausgestreckten Händen von Sonnenuntergang bis Sonnenaufgang. „Dann setzte er sich wieder hin", heißt es lapidar in den Vätersprüchen. Wenn der Mönch ein guter Kämpfer sei, genüge eine Stunde Schlaf ... Schon Origines und Tertullian haben mit rigorosen Worten auf die wichtige Wechselwirkung von äußerer und innerer Haltung hingewiesen, während der Wüstenvater Evagrios in seinen berühmten 153 Kapiteln über das Gebet zu einem kämpferischen „sich hinstellen" aufruft.

Dabei spielt die nach Osten gerichtete Gebetsnische eine nicht minder bedeutende Rolle. Sie ist nicht nur der zentrale Ort der Eremitage, sondern durch ihre Ausschmückung mit Kreuzmotiven, Fauna- und Floraverzierungen, Vorhängen, Lampen und Weihrauchgefäßen eine hochbrisante Nahtstelle alt- und neutestamentarischer Symbolik. Die Ostung, die „Orientierung" und Zuwendung zum Sonnenaufgang, meint jene leidenschaftliche Suche des Menschen nach der von Basileios beschriebenen „ursprünglichen Heimat, dem Paradies, das Gott in Eden, nach Osten hin pflanzte". Johannes Damascenus nennt diesen Ort „das alte Vaterland". Wenn folglich in den Nischen dieser Oratorien die Kreuze keineswegs wie Folterinstrumente wirken, sondern sich aus Lebensbäumen emporwinden, denen Granatapfelzweige wachsen und die Siegespalmen umkränzen, dann ist dies nicht mehr die finstere diesseitige Welt des ecce homo und Schmerzensmannes, die hier waltet, sondern bereits das österliche Glück des Auferstandenen und der uneinnehmbare Paradiesgarten des wiederkommenden Christus. Die ältesten Inschriften in der Kellia feiern ihn ausschließlich als Sieger über den Tod. Da war eine große Aufbruchsstimmung, die Tausende mitgerissen hat und deren robuste Männlichkeit von den erstaunten Reisenden und Besuchern als „hinreichender Beweis für die Auferstehung" empfunden wurde.

Wie tief in den ägyptischen Einsiedlerzellen des 5. und 6. Jahrhunderts diese Symbole wirkten, unterstreicht die Darstellung eines Schreins mit geöffneten Vorhängen, dessen Begriff „Skene" an die Bundeslade im Zeltheiligtum in der Wüste Sinai erinnert, an jenes „tabernaculum", wo der einsam Betende „den Segen" empfängt. Hier begegnen sich die Bilder aus dem Buch Exodus und aus der Geheimen Offenbarung des Johannes. Das Zeltheiligtum gerät zum „himmlischen Jerusalem", während aus Osten das Licht erstrahlt und sich im Parusiekreuz des Tabernakels das Paradies des nahenden Christus ankündigt.

Liturgischer Höhepunkt war dann zu Beginn jeder Woche jene Nacht der Auferstehung, wenn die Brüder ihre einsamen Zellen verließen und sich um ihren geistlichen Vater versammelten: zunächst lange Stunden gemeinsamen Wachens, dann, während aus der Richtung des „alten Vaterlands" die ersten Sonnenstrahlen aufleuchteten, die Feier der eucharistischen Liturgie, der sich ein gemeinsames Liebesmahl, die Agape, anschloss. Deshalb hätten „die Heiligen die Einsamkeit auserkoren", schreibt Eucherius in seinem „Lob der Wüste", „um in ihr dem Himmel näher zu sein".

Die heilige Hure

Dass es neben den Wüstenvätern in den ersten Jahrhunderten des christlichen Mönch- und Einsiedlertums auch Wüstenmütter gab, ist in den Sammlungen der Sprüche, wie auch in einigen Viten überliefert. Gewiss waren diese Frauen eine Minderheit unter den Asketen und manchmal gerieten sie in den langen, entbehrungsreichen Wüstenjahren so sehr zu abgemagerten, unkenntlichen Gestalten, dass man erst bei der rituellen Waschung nach ihrem Tode entdeckte, dass es sich um eine Frau handelte...

Sarra, Synkletika, Theodora oder Maria, so lauten ihre Namen, die spärlich, aber intensiv in den frühen griechischen, armenischen oder lateinischen Sprüchen auftauchen. Biographische Angaben sind kaum vorhanden; so weiß man von Sarra nur, dass sie in hohem Ansehen stand und zur Zeit eines Anba Paphnutius 60 Jahre am Nilufer verbracht hat. Die Legende fügt hinzu, nie habe sie auf den Fluss geschaut. Gegenüber mönchischen Besuchern betonte sie, nur von der Natur her eine Frau zu sein, nicht jedoch vom Geist. Besonders vom Dämon der Eitelkeit bedrängt, war es ihr Anspruch, den Menschen durch ein reines Herz zu gefallen.

Auch über Amma Theodora gibt es kaum nennenswerte Daten, es wird vermutet, dass sie um die Wende zum 5. Jahrhundert gelebt hat. Dies in einer so strengen Region der Thebais, dass sie für einen Mann gehalten wurde. Ihre Weltzeit verglich sie mit einem Unwetter und nur in der Anfechtung erkannte sie eine Chance, durch die „enge Pforte" ins Himmelreich einzugehen. Illusionslos warnte sie davor, die „Herzensruhe" könne ohne Bedrängnis erlangt werden; allein der Vorsatz rufe bereits den Bösen hervor, der die Seele mit Unmut und „Gedanken" beschwere.

Amma Synkletika entstammte einer adligen Familie, die von Mazedonien nach Alexandria emigrierte. Als geistliche Führerin genoss sie in der Wüste hohes Ansehen, so dass bereits Mitte des 5. Jahrhunderts ein Bericht über ihr Leben zirkulierte. Aus dieser Heiligenvita stammen auch ihre an die zahlreichen Schwestern gerichteten Sprüche. Das, wozu sie rät, ist fraulich und couragiert zugleich. Seefahrt und häusliche Küche liefern ihr die Symbole. Ohne Demut selig werden, heiße ein „Schiff ohne Nägel" bauen zu wollen. Wer am Herd ein Feuer anzünde, werde zunächst vom Rauch zum Weinen gebracht, auch das göttliche Feuer in uns könne nur mit Tränen und Mühen entfacht werden. Die weise Frau warnt die jungen Nonnen vor asketischem Übereifer und fordert Maß: „Häufe dir einen Schatz, damit du Ruhe findest, wenn du nicht mehr kannst." Aus den Sprichwörtern des Alten Testaments zitiert sie: „Eine Seele im Überfluss spottet der Honigwaben", während sie Armut und Bedrängnis mit „groben Kleidern" vergleicht, die beim Waschen mit den Füßen getreten und kräftig herumgeschüttelt werden...

All diese sonderbaren Frauen und Mütter der Wüste werden jedoch durch eine Gestalt übertroffen, die aus Ägypten stammend, ihr Lotterleben jenseits des Jordans in Palästina als Heilige beendete: Maria, die zur Unterscheidung von der Sünderin aus Magdala, als Maria von Ägypten bezeichnet wurde, hat die Sünder aller Zeiten fasziniert. Ihre aus dem 7. Jahrhundert datierende und Sophronius von Jerusalem zugeschriebene Lebensgeschichte zeichnet den Archetypus der heiligen Hure, die im aufgewühlten Hafenmilieu der Weltstadt Alexandria ihr

Gewerbe während 17 Jahren nicht nur zum Broterwerb, sondern auch aus Leidenschaft betrieb. Selbst auf dem Pilgerschiff, das sie ins Heilige Land bringt, bezahlt sie das Fährgeld mittels Dienstleistung. Dann aber verbringt sie 47 Jahre in der Wüste, ernährt sich von spärlichem Brot und wird zunächst noch weitere 17 Jahre von der fleischlichen Lust gepeinigt.

Im Fastenkanon der orthodoxen Kirche wird die heilige Maria von Ägypten von Andreas von Kreta als jene Frau gerühmt, die „der Leidenschaften Glut durch den Strom ihrer Tränen löscht und alle Heere der Engel in Staunen versetzt". Eine solche Trostgeschichte hat auch das Abendland gerne aufgegriffen. In den Kathedralen von Bourges und Auxerre sind Bilderzyklen ihres wahnsinnigen Lebens zu sehen. Emil Nolde gestaltete ihr ein berühmtes Triptychon. Im Faust II lässt Goethe sie für seinen gratwandernden Titelhelden Fürsprache einlegen. Clemens Brentano widmete ihr glühende Verse, während Rilke sie in den Neuen Gedichten als „bettheiße Hure" pries, die „das pure Herz der Ewigkeit zu trinken gab". Dostojewski schrieb in seinem Roman Der Jüngling, es sei kaum möglich, diese Geschichte „ohne Tränen anzuhören, und zwar nicht so sehr vor Rührung, als aus einer ganz eigenartigen Begeisterung".

Diese Frauen als Wüstenväter geben den strengen Geschichten der Asketen und Einsiedler eine sehr menschliche Dimension. So, wie jener sterbende Greis den ihn fragenden Mitbrüdern, ob er „Engel sehe", nüchtern antwortete, selig sei, „wer seine Sünden sieht", so bleiben auch diese geheimnisvollen Mütter der Wüste stets zutiefst Frau. Jacques Lacarrière schreibt deshalb, Maria von Ägypten sei die erste, die in der Geschichte außergewöhnlicher Frauen ein „radikales Beispiel des Femininen" vorlege, in dem sie ihre glühende Sehnsucht bis zuletzt „in einer Seele und einem Körper" ausgelebt habe. Diese von der Buße ausgemergelte Gestalt berge „die unmögliche Versöhnung der Gegensätze und den heimlichen, uneingestandenen Wunsch vieler Männer: in einem Wesen die Einheit des Sinnlichen und des Heiligen". Ein Bild, das im Früh- und Hochmittelalter, die von „Maria Aegyptiaca" faszinierten Theologen in dem Begriff „casta meretrix", „keusche Hure", auf die Kirche selbst anwandten. Die Kirche und jeder in ihr, sei allzeit keusche Jungfrau und Hure zugleich, ständige Untreue und dennoch Geliebte.

Vater, sag mir ein Wort

Neben den eher spärlichen Berichten und Briefen damaliger Reisender sind die sogenannten Vätersprüche die zentrale Quelle zur Spiritualität der Wüstenheiligen. In der Geschichte der religiösen Literatur bilden sie eine besonders kuriose Sparte, vergleichbar etwa mit jenen kurzgefassten Ratschlägen fernöstlicher Weisheit. Zugleich simpel und skurril nennen sie in erfrischender Ehrlichkeit tiefste Regungen des Seelenlebens beim Namen, trösten mit überraschenden Geständnissen und einleuchtenden Bildern. Ihr Name „Apophtegmata Patrum" bedeutet soviel wie Sprüche, Weisungen der Väter. Der bald in Griechenland auftauchende Begriff „Gerontikon" verweist auf die Lebenserfahrung der Alten; die ebenfalls übliche Bezeichnung für diese Texte „Alphabetikon" meint ihre alphabetische

Sammlung. Zunächst als mündliche Überlieferung im Orient zirkulierend, entwickelten sich die Sprüche der Wüstenväter im ausgehenden Altertum zu einem Bestseller, der über den Sinai nach Palästina, Syrien und Byzanz gelangte, jedoch auch bald schon nach Rom, Italien und Südfrankreich. Im besten Sinne des Wortes „Trostliteratur" haben die „Apophtegmata Patrum" bis zum heutigen Tag nichts von ihrer Spontaneität und ihrem Tiefgang eingebüßt und werden auch von vielen suchenden Menschen unserer hektischen Zeit als echte Lebenshilfe empfunden.

Was diese Texte so stark macht, ist ihr ureigenstes Thema: das abenteuerliche Ringen des von Sünde und Schuld geplagten Einsamen um die erlösende Gnade Gottes. Ihre Helden sind meist alte, einfache Männer aus den Städten und Dörfern Ägyptens. Vieles an ihnen ist „nackt": ihre Armut, die alles von Gott erwartet, ihr Standort, die lebensferne Wüste, und ihre Kämpfe, die sie, sozusagen mit offenem Messer, gegen die sie heftig versuchenden Dämonen führen. Vor allem die Sketis mit dem salzigen Wadi el-Natroun ist ihr eigentliches Stammland und es verwundert nicht, dass sie in dieser lediglich von Sandstürmen erschütterten Stille nur sehr dichte, nahezu lapidare Antworten vermitteln. „Vater, sag uns ein Wort", so wandten sich die Schüler an die Heiligen der Wüste, die keinen ungetröstet davonziehen ließen.

Zu sagen, dass das rätselhafte Ägypten in den Wüstenvätern zum letzten Mal seine geheimnisvolle Stimme erhoben habe, resultiert aus dem Selbstverständnis der Mönche in den sketischen

Klöstern und Einsiedeleien. Sie sehen sich als Endglied jener langen Kette, die von den Märtyrern, Aposteln, Propheten und Patriarchen bis hinab zu den Pharaonen führt. Bereits zur Pharaonenzeit galt die Hölle als der Ort dämonischer Mischwesen. Dieses die „Vätersprüche" so beherrschende Thema wird im Stil ermutigender Leitworte oder Orientierungen behandelt, so, wie es schon in den altägyptischen Maximen üblich war. Das dem Einsiedlertum verwandte Ideal des „Schweigers" beruht auf jener zentralen Figur im pharaonischen Ägypten, von der es in der Lebenslehre Amenemopes (rund 1100 v. Chr.) heißt, dass der Mensch von seiner Zunge zerstört wird. Ziel war es, das Herz von der Zunge zu trennen. So verehrte das Volk das Krokodil, von dem man glaubte, dass es keine Zunge besitze. Später wird es in einem apokryphen Ägypterevangelium heißen, der Erlöser sei gekommen, „die Werke des Leiblichen" oder des „Weiblichen" aufzulösen. Dagegen heißt es bildhafter bei den Wüstenvätern: „Man erzählte über den Abba Agathon: Drei Jahre trug er einen Stein im Munde, bis er zurecht kam mit dem Schweigen."

Statt mythologischer Andeutungen findet sich in den „Apophtegmata" eine Fülle urchristlicher Lebensanweisungen nach Heiligkeit strebender Männer, die nichts anderes in ihrem Leben getan haben, als die Bibel wörtlich zu nehmen. Der Abbas, der Altvater und Greis, antwortet stets aus Kenntnis und Betroffenheit, er ist so sehr Meister aller Kämpfe, dass sich seine Lehre oder Botschaft in wenigen Worten erschöpft, wie bei einem Schmunzeln. Ziel der Weltflucht, die bisweilen auch zur Menschenflucht gerät, ist der Kampf „gegen das eigene Fleisch". Dies wird als mühselige Tages- und Nachtarbeit verstanden, die sich ohne Illusionen gegen „Leidenschaften" und „Gedanken" richtet.

Abba Moses fragte Abba Silvanos: „Kann der Mensch tagtäglich einen neuen Anfang machen?" Der Greis antwortete: „Wenn er ein Arbeiter ist, kann er sogar jede Stunde einen Anfang machen." Hier spielt sich das eigentliche, innere Drama der Wüste ab, denn diese Siege werden selten erlangt, jedoch immer durch Gottes Gnade geschenkt. Dies so sehr unter Kummer und Tränen, dass man die Mönche in der syrischen Wüste bald als „die Trauernden" bezeichnete.

„Ein Bruder kam zu Abba Ammoes, um von ihm einen Spruch zu erbitten. Er blieb bei ihm sieben Tage, aber der Greis gab ihm keine Antwort. Als er ihn fortschickte, sagte er zu ihm: ‚Geh und habe selber auf dich Acht! Denn zur Zeit sind meine Sünden eine finstere Wand zwischen mir und Gott.'" Diese große Ehrlichkeit spielt auch bei den Sprüchen über die Nähe des Todes eine starke Rolle. Als tägliche Einübung in den Tod, so verstehen diese Athleten des Glaubens ihr Ausharren in der Wüste:

Ein Bruder fragte den Abba Moses: „Ich sehe eine Aufgabe vor mir und kann sie nicht erfüllen." Da sagte ihm der Alte: „Wenn du nicht ein Leichnam wirst wie die Begrabenen, kannst du sie nicht bewältigen."

Ein Greis, der ein ganzes Jahr ohne Krankheit geblieben war, rief klagend aus: „Gott hat mich verlassen, da er mich nicht heimsuchte!"

Am Sterbebett ihres geistlichen Vaters baten die Brüder, er möge ihnen sagen, was er sehe. Doch er antwortet: „Es ist besser, dass ich schweige."

Abba Poimen sagte: „Wenn wir Gott suchen, wird er sich uns zeigen. Und wenn wir ihn festhalten, wird er bei uns bleiben."

Abba Gregorios sagte: „Das ganze Leben des Menschen ist ein Tag für jene, die sich mit Sehnsucht abmühen."

Nachtwache in Abu Makar

Wenn man nach zehn Jahren in die Sketische Wüste zurückkehrt, traut man zunächst seinen Augen nicht. Längs der Wüstenautobahn von Kairo nach Alexandria frisst sich ein tückischer Fortschritt ins Land. Mondäne Villen, Hotels, Obstplantagen und Industriezonen wechseln einander ab. Wohin man auch blickt nur Bautrupps und Bagger. Der Verkehr ist dicht und unberechenbar, bisweilen kreuzen mit Melonen und Tomaten randvoll beladene Maultierwagen die Fahrbahnen. In knappen Abständen werben aufdringliche Slogans für die Lockungen amerikanischer und japanischer Multis. Über den Neubaugebieten glitzert unübersehbar der Halbmond der Minarette. Die Allianz von Hihgtech und Koran dringt unaufhaltsam in die Reservate der Wüstenväter vor.

Die Eingangspforte zum Kloster des heiligen Makarios kann kleiner und gedrungener nicht sein. Man zieht den Kopf ein und spürt, was die Bibel gemeint haben könnte mit der „engen Pforte", durch die der Mensch hindurch muss, um das Leben zu gewinnen. Ein winziger Einlass im Ockergelb der 15 Meter hohen Umfassungsmauer. Ohnehin war die Kontrolle auf der fünf Kilometer langen Asphaltpiste vom Autobahn-Rasthaus zum Klosterbezirk auffallend streng. Soldaten lagerten grinsend hinter Sandsäcken und ließen die Maschinenpistolen erst verschwinden, als im Bus Kameras gezückt wurden.

Aber ich werde erwartet und die Gesten der Ankunft sind von orientalischer Herzlichkeit: zweimal wiederholt der Mönch im Türbogen seinen Willkommensgruß. Nach der Eintragung ins Gästebuch bringt Bruder Axios auf silbernem Tablett ein Glas heißen Tees, strahlend nimmt er mir Koffer und Tasche ab und steigt leichtfüßig, mit klappernden Sandalen voran in den zweiten Stock. Hinter einer ersten Zelle verbergen sich ein kleiner Schlafraum, Küche, Duschraum und Toilette; zum Innenhof geht ein Balkon hinaus. Der Stil ist spartanisch, doch von liebenswürdiger Einfachheit. „Hier ist jetzt ihr Zuhause", sagt der Abuna.

Das ist sie also: die berühmte Zelle. Den alten Wüstenvätern, die hier seit der Gründung durch Makarios den Großen im Jahre 360 gelebt haben, war sie alles. „Fort, geh in deine Zelle", so lehrte Abba Moses einen jungen, ungeduldigen Novizen, „setz dich nieder und die Zelle wird dich alles lehren". Abba Arsenios mahnt gar: „Geh, iss, trink, schlafe und arbeite; nur verlass deine Zelle nicht." Zu Tausenden kamen sie einst hierher: Ägypter, Griechen, Äthiopier, Nubier, Palästinenser, aber auch Italiener, Spanier und Südfranzosen. Magisch angezogen vom legendären Ruf der alten Asketen, der sich über die ganze damals bekannte Welt verbreitete, suchten auch sie in diesem scheinbar gottverlassenen Stück Wüste das, was sie Vollkommenheit nannten.

Blickt man von der Terrasse hinab in den Klosterhof, scheint diese große Vergangenheit alles andere als vergangen zu sein: vier bauchige Kuppelkirchen befinden sich in dem von hohen Dattelpalmen und Lorbeerbäumen bestandenen Labyrinth von Gassen, Treppen und Plätzen. Nur Vogelgezwitscher erfüllt das riesige Oval, an dessen Innenwänden dreihundert Zellen wie die Nester kleben. Zweihundert davon sind von Mönchen bewohnt. Man bekommt sie kaum zu Gesicht. Eine sonderbare, bewohnte Stille herrscht hier am Rand der Salzwüste, deren Wind gegen die Klostermauern schlägt.

1969, zu einem Zeitpunkt, als bei uns im Westen die Parolen der studentischen Revolutionen in Frankreich, Deutschland und den USA eine Generation umkrempelte und mit einer neuen Identität versah, gab es auch unter der koptischen Jugend Ägyptens einen Aufbruch, der die wachen und mutigen Geister mit Feuer ansteckte. Der Appell dazu kam – man kann es sich als Westler kaum vorstellen – vom Papst der koptischen Christen, von Kyrillos VI. Der charismatische Patriarch hatte jahrelang als mittelloser Einsiedler in einer Höhle in den Felsen von Sarabamun gelebt, bevor man ihn aus der Wüste holte und zum Papst machte. Die jungen Leute hingen an seinen Lippen. Und wozu rief Kyrillos auf? Sein Appell lautete: Abu Makar, der heilige Ort der Wüstenväter, darf nicht sterben!

Kyrillos brauchte dazu zunächst Leute mit Erfahrung; er bat eine Eremitenkolonie, die unter Führung des geistlichen Vaters Matta el-Maskin in der Abgeschiedenheit der Wüste des Wadi el-Rayyan lebte, das vom Niedergang bedrohte Kloster Abu Makar neu zu beleben. Papst Kyrillos, sein 1971 gewählter Nachfolger Shenouda III. wie auch Matta el-Maskin waren Schüler eines Mannes: des äthiopischen Einsiedlers Abd al-Masih al Habashi, der 35 Jahre in einer Höhle nahe des Sketis-Klosters Barramos ein extrem asketisches Leben geführt hatte und 1975 starb. Die Leute sagen: Habashi war ein Heiliger.

Der Aufruf zur Rettung des Makariosklosters blieb nicht ohne Widerhall. Zu Hunderten traten junge koptische Ärzte, Juristen, Agronome und Ingenieure in Abu Makar ein und bewirkten im letzten Drittel dieses chaotischen 20. Jahrhunderts ein Phänomen eremitischer Renaissance, das selbst dem amerikanischen Nachrichtenmagazin *Time* nicht verborgen blieb: *Time* widmete dem kleinen Matta el-Maskin, neben Mutter Teresa, Johannes XXIII., Frère Roger aus Taizé und Martin Luther King eine Titelgeschichte. Für die koptische Kirche, die als christliche Minderheit im Meer des Islam immer wieder an den Rand gedrängt wird, war es eine Zeit nahezu wunderbaren Aufschwungs: die uralten Klöster erstarkten wieder. Was damals geschah, kann man eigentlich in Westeuropa nur mit dem zisterziensischen Aufbruch im 12. Jahrhundert vergleichen. Papst Paul VI. ließ von seinem Legaten Kardinal Duval in einer unvergesslichen Versöhnungsgeste die Reliquien des Koptenapostels und Evangelisten Markus von Venedig nach Kairo überführen. In dieser Zeit sei es auch gewesen, so erzählen die Kopten voller Begeisterung, dass auf dem Dach der Kirche von Zeitoun vor den Augen zigtausender Menschen über Monate hinweg die Muttergottes erschienen sei.

Ich selbst habe mich unter die etwa 8000 koptischen Zuhörer gemischt, die Mittwoch für Mittwoch in der St. Markus-Kathedrale von Kairo zusammenkommen, um auf die Stimme ihres Patriarchen, Papst Shenouda, zu hören und von seiner spirituellen Erfahrung zu profitieren. Umgeben von etlichen Bischöfen und Priestern beantwortet er zunächst Fragen der Leute, die ihm auf kleinen Zetteln vorgelegt werden. Er greift einfach in den

Papierhaufen hinein, liest, überlegt kurz und antwortet. Bisweilen sind es ganz persönliche Dinge, etwa eheliche Untreue, die zur Sprache kommen und es erstaunt, mit welcher Ernsthaftigkeit, aber auch mit welch feinem Humor, der 77-jährige ehemalige Offizier und Chefredakteur die Menschen in seinen Bann zieht. 1954 trat er in der Sketis ins Syrerkloster ein und hoffte Einsiedler zu werden. Nach seiner Wahl zum Papst 1971 geriet er in einen schweren Konflikt mit Staatspräsident Sadat, der aus Rücksicht auf die militanten Ansprüche seiner muslimischen Glaubensbrüder die koptische Kirche zu verfolgen begann. Als Shenouda in einem Zeitungsartikel heftig protestierte, bezichtigte ihn Sadat des Hochverrats und verbannte ihn im September 1981 in das Wüstenkloster Deir Anba Bishoi. Erst nach einer Welle der Entrüstung in der christlichen Welt und einer Intervention des Vatikans, wurde er von Sadats Nachfolger Hosni Mubarak im Januar 1985 freigelassen.

Bis zum heutigen Tag verbringt der koptische Papst mehrere Tage pro Woche als Einsiedler in der Wüste bei Anba Bishoi. Die Amtsgeschäfte haben Zeit; die Wüste (und was man dort für die anvertrauten Menschen tun kann) hat Priorität. Obwohl für Shenouda das Papstamt offenkundig kein Fulltime-Job ist, hat man nicht den Eindruck als würde die koptische Kirche schlecht regiert. Als wir ihn im Anschluss an seinen Mittwochsvortrag in einer Privataudienz baten, ihn in der Wüste filmen zu dürfen, bat er uns, von der Idee abzusehen. Seine Eremitage befinde sich innerhalb eines militärischen Sperrgebietes, das werde nur wieder zu neuen Missverständnissen führen. Die großen dunklen Augen leuchten unter mächtigen Brauen, tiefe Falten haben sich in sein Gesicht gegraben, das in dem langen grauen Bart zu versinken scheint. „Aber besuchen Sie die anderen Einsiedler und berichten Sie darüber", ermuntert uns Papst Shenouda mit großer Herzlichkeit, „ich werde alles tun, Ihnen zu helfen und segne Sie dafür".

Später in Abu Makar bringt Abuna Wadid eine handgeschriebene französische Fassung der wichtigsten Stundengebete. Bevor er mit 26 Jahren hier eintrat, war er als Ingenieur in Jugoslawien, Griechenland und Italien tätig. Ein stiller, nahezu scheuer Mann. Er ist römisch-katholisch und darf in dieser koptischen Gemeinschaft als Zeichen für die christliche Einheit leben. „Unsere Nachtgebete dauern sehr lange", lächelt er etwas beschämt, „fühlen Sie sich zu nichts verpflichtet, Sie können kommen und gehen, wann Sie es wünschen". Die flache rechte Hand auf dem Herzen, eine tiefe Verbeugung, dann verschwindet er im Hof. Sein weiter Schal, das schwarze Gewand flattern im Wüstenwind.

Am Abend bin ich der einzige Gast im Kloster. Schweigend stellt mir der Küchenbruder eine Bohnensuppe, kleine graue Fladenbrote, heiße Milch und Orangen zurecht. Die Stille wird größer, nur der Sturm lässt die Fenster im Refektorium leise erzittern. Jetzt wird mir erst deutlich, dass die 200 Mönche hier als wirkliche Einsiedler leben. Jeder hat seine Zelle, seinen geistlichen Vater, der Rest ist heilige Freiheit. Ein seit 1700 Jahre erprobtes Programm von höchster Einfachheit, eine Lebensregel in einem einzigen Satz.

Die Dunkelheit kommt, die Einsamkeit wird überlebensgroß. In der Eile vor dem Abflug habe ich einige Bücher eingesteckt;

sonderbar, unter der schwachen Zellenlampe über Uwe Johnsons Ende im Suff von Sheerness oder Trakls letzte Kokainnacht zu lesen. Einsiedler auch sie, vom Alleinsein Gequälte, Gejagte, Getriebene, notorische Sucher, die sich weit hinaus gewagt und schließlich in äußersten Bezirken verloren hatten. Etwas wie Gott oder Trost war ihnen nicht zur Hand. Sie konnten die Dämonen nicht länger ertragen.

Um drei Uhr schreckt mich die Glocke auf. Für die Mönche beginnt eine Stunde Nachtwache allein in der Zelle. Sie besteht aus dem Beten von Psalmen und vor allem im Sprechen des uralten Herzensgebetes, das überall im östlichen Christentum bekannt und geübt ist. Es ist die fortdauernde Rezitation der Worte „Herr Jesus Christus, Sohn des lebendigen Gottes, erbarme dich unser". Dann folgen wiederholte große Metanien, d.h. man wirft sich auf dem Zellenboden nieder, die Arme in Kreuzesform ausgestreckt. Reglos liege ich in meinem Schlafsack und höre das dumpfe Geräusch eines auf die Erde niederfallenden Körpers und das flehentliche Gemurmel meines Zimmernachbarn.

Gegen vier Uhr beginnt in der Unterkirche das gemeinsame Gebet. Über dunkle Gänge ertaste ich mir den Weg. Eisige Kälte unter sternklarem Wüstenhimmel. Dann plötzlich ein Spaltbreit Licht und zahlreiche Sandalen vor dem Türbogen, das verlässliche Zeichen ihrer Präsenz. Barfuß auf weichen Teppichböden treten die Mönche einzeln vor das hinter geschnitzten Holztüren verborgene Allerheiligste, fallen dreimal zu Boden, den sie mit einem Kuss berühren, erheben sich mit weit geöffneten Armen. Spärlich flackern Kerzen über den alten liturgischen Büchern.

Ihr zuckendes Licht lässt den Silberschmuck einiger weniger Ikonen aufleuchten. Die Apostel und Heiligen auf diesen Ikonen sind anders, als man sie bei uns kennt. Hinter den von christlicher Symbolik eingefassten Gesichtern sehe ich auch die schmalen Züge jener Totenmasken aus den Gräbern der Pharaonen, als deren stolze Söhne sich die Kopten immer noch betrachten.

Alles geschieht einfach, keine große Geste, keine feierliche Liturgie. Mit schwarzen goldbestickten Kopftüchern und dicken Schals treten die Mönche vor die Bilderwand der Ikonostase. Sie schlagen einander zur Begrüßung in die offene Hand. Ein Vorbeter macht die Runde und flüstert die Reihenfolge der Psalmen und Lesungen, die auf Arabisch summend, murmelnd vorgetragen werden. Ich stehe jetzt mitten unter ihnen, wegen der Kälte in eine dicke Decke gehüllt, mühsam der liebenswürdigen Krabbelschrift von Bruder Wadids Übersetzung folgend. Strenges Ritual ist verpönt, manche hocken im verschränkten Yogasitz, andere stehen kerzengrade zwei Stunden lang. Einige kommen spät, andere gehen wieder. Vor dem Portal sind auf ebener Erde eigens Strohmatten für die Erschöpften ausgelegt; wie die Lemminge liegt ein halbes Dutzend kreuz und quer in dem kleinen Vorraum.

Alle Psalmen werden auswendig rezitiert, Bußlitaneien und Glaubensbekenntnis auf Griechisch gesungen, die Lobgesänge aus dem Alten Testament dagegen in koptischer Sprache. Jetzt folgt alles im rasanten Rhythmus von kleinen Zimbeln und Triangeln, mit denen der kühne Vorbeter seine Mönche zum Durchhalten antreibt: „Empor, Kinder des Lichts!" Und schon stimmen alle mit tiefen Stimmen in die uralten Hymnen ein, zaubern einen Hauch von Karawanenaufbruch in das Halbdunkel unter den geduckten Bögen. Wie in einem Beduinenzelt sind die unermüdlichen Beter geborgen, wie verwegene Tänzer vor der Bundeslade. Die in der östlichen Wüste aufsteigenden ersten Sonnenstrahlen haben sie entfesselt: mit Verbeugungen, Küssen und Kniefällen stürzen sie in dichten Weihrauchwolken vor ihren verborgenen Gott.

Die Vigil der folgenden Nacht erfordert sportlichere Qualitäten. In der „Kapelle der 49 Märtyrer" gedenken die Mönche von zehn Uhr abends bis um sechs in der Frühe in ununterbrochenen Gebeten, Gesängen und Lesungen den Opfern eines im Jahre 453 durch Berber verübten Massakers. Abba Johannes hatte damals in einer Vision das Unheil nahen sehen. „Wer Blutzeuge werden will", so soll er gesagt haben, „bleibt mit mir in der Kirche, die anderen mögen in der Festung Schutz suchen". Dann kam der Feind tatsächlich, und das Gemetzel nahm seinen Lauf. Jetzt begehen sie die Nacht vor dem Gedenkfest am Tatort in eindringlicher, geduldiger Sammlung. Es sind weit über hundert Mönche, die sich den engen Platz in der Kapelle teilen. Immer wieder zaubert der Älteste an der „heiligen Pforte" zum Altarraum mit seinem Schlagzeug, spornt sie an zu Eifer und Wachsamkeit. Ein junger Mönch macht die Runde mit dem Codewort für König Davids Psalmengesänge, in die alle einstimmen. Die traurigen voller Seufzen, die Jubellieder wie in Trance. Manchmal funkeln Tränen in den übernächtigten Feueraugen.

Abba Jeremias, ein Mönch der ersten Stunde aus der Einsiedlergemeinschaft in den Höhlen des Wadi el-Rayyan, zeigt mir am nächsten Tag die Schätze der anderen Kirchen, die im Laufe der letzten Blütejahre von angesehenen Archäologen restauriert worden sind. Da ist Abrahams schmerzvolles Antlitz beim Opfer des geliebten Sohnes und Maria in der Verkündigungsszene, so wie es das apokryphe Ägypterevangelium in legendenhaftem Überschwang berichtet: eine scheue junge Frau am Spinnrad oder am Brunnen schwungvoll Wasser schöpfend.

In der dem heiligen Makarios geweihten Hauptkirche hat man gar, einem durch die Jahrhunderte kolportierten Gerücht folgend, drei Meter tiefe Sandmassen weggeräumt und tatsächlich unter den Fundamenten des Nordflügels uraltes Gebein gefunden. Die Mönche glauben, auf Reliquien Johannes des Täufers sowie des Propheten Elisäus gestoßen zu sein. Als die Entdeckung 1978 durch eine Indiskretion der Tageszeitung *Al-Ahram* bekannt wurde, drängten Fernsehteams aus aller Welt ins Wüstenkloster. Abba Matta el-Maskin sei der Aufwand peinlich gewesen, aber die internationale Fachwelt, so erklärt mir der Mönch, habe die Funde als „seriös" eingestuft, was immer das heißen mag. Nur ein Täuferbildnis erinnert auf einem Altartisch an die brisante Stelle. Aber dann bückt sich Abba Jeremias und hebt mit einer ruckartigen Bewegung eine im Fußboden verborgene Falltür hoch, die in das unterirdische Gewölbe führt. Bröckelnde Steinbogen, finstere Kühle: ein Blick in die Nacht der Zeiten.

Am nächsten Morgen fahren wir in das Nachbarkloster Deir Anba Bishoi. Erneut besticht der Festungscharakter, die Soldateska am Schlagbaum hat das Gewehr bei Fuß. Aber so war das wohl immer, wie die Zinnen, der Fluchtturm und die schweren Schlösser der Eingangspforte beweisen. Im Innern ein großer Garten, in dem ein alter Mann unter hohen Palmen in geduldigem Gleichmut hackt und umgräbt. Doch dann die Kirche, wie der Bauch des Jonas: Man spürt gleich, hier wird „gearbeitet". Ein geduckter, dreischiffiger Raum mit mächtigen Wandschrägen. Nur wenig Sonnenlicht dringt durch die spärlichen Fensterschlitze. Im Vorraum zum Allerheiligsten werden die Überreste des heiligen Bishoi und seines Gefährten Paul von Tammuwah verehrt. Immer wieder küssen Mönche und Pilger den unter rotem Samt verborgenen Sarkophag, stecken Zettel mit Fürbitten in die Schlitze. Wann immer man hierher kommt, es ist ein Ort großer Sammlung.

Abba Elijas bin ich nie in dieser Kirche begegnet. Er ist einer der zahlreichen Einsiedler, die sich im Kloster oder in deren Plantagen am Wüstenrand niedergelassen haben. 20 Jahre hat er allein in einer Höhle verbracht, etwa 30 Kilometer weiter draußen im vegetationslosen Niemandsland. Die Salzwüste hat seine Gesundheit ruiniert. So führt der ehemalige Architekt aus Kairo sein Eremitendasein jetzt in einer Zelle des Klosters mit anderen Mitteln weiter. In einen violetten Schal gehüllt, sitzt er auf einem Gartenstuhl unter dem Weinlaub und teilt mir bereitwillig von dem mit, was sein Leben ist. Es steht noch der Besuch beim Arzt, einem jüngeren Mitbruder, auf dem Programm, was unser Gespräch kurzzeitig unterbricht. Doch bald kehrt der Alte mit einem Wanderstab zurück, den er zum Gehen aber auch als Messlatte oder Demonstrationsobjekt benutzt. Er ist eben ein Techniker geblieben; gleich besticht wieder der sachliche Ton, die mit ruhiger Stimme vorgetragenen Argumente.

Er hat seinen alten Beruf sehr geliebt, es sei eine „Zeit der Fülle" gewesen, wie er sich ausdrückt, aber das Beispiel des Vaters Antonius, alles zu verlassen und in die Wüste zu ziehen, habe ihn auf einer tieferen Ebene fasziniert. Keine Frage, er wollte immer schon Eremit werden. Nicht eine Sekunde – man müsse es ihm glauben – sei ihm so etwas wie „Langeweile" widerfahren. Als Gründe für diese überraschende seelische Befindlichkeit im eigentlich doch völlig Ereignislosen nennt Vater Elijas zwei Dinge: die Eucharistie, die mystische Vereinigung mit Gott im Verzehren des heiligen Brotes, und das Studium der Bibel. Er hat sie in allen erdenklichen Sprachen gelesen und immer wieder neue Entdeckungen gemacht. Als er spürte, wie sehr die Übersetzungen des Neuen Testaments, etwa ins Englische und vor allem ins Arabische, die eigentlichen Inhalte verwässern, hat er sich hingesetzt und Griechisch gelernt, um den Urtext „in seinem ganzen Saft" lesen zu können.

Ich bohre nach, möchte wissen, wie man es da draußen 20 Jahre lang aushalten kann ohne verrückt zu werden. „Du musst dich völlig auf Gott einlassen", ist das einzige, was er darauf zu sagen weiß, „völlig, verstehst du?" Immer wieder erwähnt er Christus; Christus sei das Zentrum seines Lebens. „Natürlich gibt es Höhen und Tiefen, aber allein wichtig ist, sich Stunde um Stunde an ihm zu orientieren." Das zu können sei Gnade, darin zu bleiben aber Arbeit. Er nennt es tatsächlich „die Arbeit". Man müsse „systematisch" vorgehen, wobei es nicht nur auf geistige Prozesse, auf Bewusstseinsakte, Gedanken und Meditationen ankomme. Banales körperliches Schaffen sei „von immenser Bedeutung". Man müsse, so der ehemalige Architekt, „mit den demütigenden Dingen beginnen und langsam aufbauen". Wer in diesem Rhythmus bedächtig voranschreite, dem gehe es „wie den Tauchern in großer Tiefe: das, was wir entdecken, wird zunehmend spannender ..."

In der römischen Kirche, bemerke ich Vater Elijas gegenüber, gebe es seit einigen Jahrzehnten Versuche, die Elemente Kontemplation und Aktion, Betrachtung und Arbeit, miteinander zu versöhnen. Vater Elijas zeigt sich durchaus informiert, lässt aber seine ganze Skepsis durchscheinen. Versuche wie in Frankreich ein Mönchtum zu leben, das Kontemplation mit praktischer Arbeit als Pfarrer verbindet, können zu nichts führen. Elijas winkt ab: „eine falsche, westliche Alternative!". Das Vorbild des Wüstenvaters Makarios lehre, dass „verschiedene Pflanzen unterschiedlicher Behandlung bedürfen". Um ein wenig Ehrenrettung für die europäischen Christen zu betreiben, erwähne ich, dass es im Westen ein zunehmendes Interesse für die Weisheit und Gebetspraktiken des christlichen Orients gebe. Doch auch das lässt er kaum gelten. „Der Westen leistet intellektuelle Arbeit, sonst nichts", meint er nachdenklich, „geistliches Leben, geistliche Erfahrungen, finden nicht statt".

Seit einer ganzen Reihe von verstörenden Begegnungen mit den neuen Wüstenvätern bin ich zunehmend versucht, das Wort „Postmoderne" neu zu definieren. In Vater Elijas begegnet er mir wieder, dieser Typ Mönch: polyglott, gebildet, aufgeklärt, von hoher technischer und naturwissenschaftlicher Intelligenz, sprechen sie von der Präsenz der Dämonen, als säßen wir im 5. und nicht im 21. Jahrhundert beieinander und der Teufel laure hinter der nächsten Ecke. Andererseits wird man nach zwei Weltkriegen, nach Auschwitz, Hiroshima und My Lai unsicher, was das Dämonische betrifft. Auch Ex-Architekt Elijas hält die Angriffe der Dämonen, ungefähr so wie sie in den Väterviten und Apophtegmata berichtet sind, für „eine sehr reale Feindschaft". Mein Gesprächspartner kennt sehr wohl die Vorbehalte, die uns Kinder der kritischen Vernunft bewegen. Leider sei das keine Legende, er wisse, wovon er rede: „Solange der alte Mensch besteht, greifen die Dämonen nur von innen an, sobald jedoch dieser leichtere Einstieg verwehrt wird, virulent von außen." Was heißt virulent? Elijas verweigert an dieser Stelle die Konkretisierung: „…glaube mir, es sind höchst brutale Attacken." Wo man Gott nahe sein wolle, da brächen auch die Dämonen hervor: „Lies das erste Kapitel des Markusevangeliums. Sie erkennen ihn sofort!"

Nachrichten aus der Welt haben den Kämpfenden in der Wüste nicht sonderlich interessiert. Auch nicht die Marienerscheinungen in Zeitoun oder die Überführung der Reliquien des heiligen Markus? „Dafür war ich zu weit weg; es hätte mir auch nichts gebracht, oder nur wenig." Ich bitte um seinen Segen, sein Gebet. Ein Handkuss und wir umarmen uns. Nochmals Dank, Vater. „Not at all my dear."

Als ich den Vorplatz der Kirche überquere, will der junge Arzt wissen, wie es denn war. Als ich ihm antworte, nichts sei schöner als im Dank zu stehen, beginnen seine dunklen Augen hinter der randlosen Brille zu leuchten. „Wir haben mehrere solcher geistlicher Väter hier", sagt er, „alles erfahren wir von unseren Alten". Er nimmt mich bei der Hand und führt mich in die Kirche zum Sarkophag. „Der Leichnam des Heiligen ist unverwest; ich bin

Mediziner und weiß, was ich sage." Dann küsst er die Ikonen, verweist auf deren Fisch-, Tauben- und Lotussymbole, berührt das Scharnier der hohen Pforte, erinnert an Zimbel und Triangel: „Alles pharaonische Spuren und Zeichen, das Uralte ist immer bei uns." Schließlich führt uns sein Weg zu einer museal anmutenden Mühle sowie in einen dunklen Gang gegenüber der Kirche, ins ehemalige Refektorium, wo Küchengerät, versteinertes Holz, Ölpressen, Mörser, Fässer und Weinschläuche auf flachen Steintischen lagern. Hier versammelten sich bei Anbruch des Sonntags Mönche und Einsiedler nach der Liturgie zur Agape, dem gemeinsamen Liebesmahl.

Die Präsenz des Uralten: Am nächsten Tag entdecke ich im unmittelbar benachbarten Syrerkloster Deir al-Suriani noch ganz andere Spuren. Prof. Karel C. Innemée von der niederländischen Reichsuniversität Leiden arbeitet hier zusammen mit seiner polnischen Kollegin Ewa Parandowska vom Nationalmuseum in Warschau an der Restaurierung der Fresken in der Marienkirche „Al-'Adra" aus dem 7. Jahrhundert. Das Halbrund vor der Ikonostase ist von großen Scheinwerfern angestrahlt. Hoch auf Stahlgerüsten legen die Archäologen mit Hilfe einer speziellen Hydrotechnik in mühsamer Kleinarbeit die alten Schichten frei. Schon sind Umrisse von Pferden zu erkennen, dann die Konturen der heiligen Ärzte Kosmas und Damian.

Der freundliche Niederländer verschafft uns gleich Zutritt und weist darauf hin, dass al-Suriani unter den Sketisklöstern eine Sonderstellung einnimmt. Im 6. Jahrhundert vom benachbarten Kloster Bishoi her erbaut, kam das Kloster bald in den Besitz syrischer Mönche, die sich hier für acht bis neun Jahrhunderte einrichteten. Während dieser Zeit bauten sie eine bedeutende Bibliothek mit syrischen und arabischen Manuskripten auf, von denen sich manche Exemplare heute als besondere Kostbarkeiten in den Museen von London, Paris, St. Petersburg oder Rom befinden. Im Laufe des 16. und 17. Jahrhunderts starb die syrische Gemeinschaft allmählich aus und al-Suriani wurde wieder durch koptische Mönche besiedelt. Von ihnen gibt es heutzutage mehr als hundert. Die syrische Geschichte lebt jedoch im Namen und in den Kunstwerken des Klosters fort.

Ein 1991 im „khurus" genannten Querschiff der Kirche ausgebrochenes Feuer ließ unter den bestehenden Fresken viel ältere Wandmalereien mit Szenen der Verkündigung auftauchen. Dies jedoch, wie Prof. Paul van Moorsel, der Leiter eines niederländisch-französischen Forschungsteams, bald feststellte, in einem Stil und einer Technik, die bislang in der christlichen Kunst Ägyptens unbekannt waren. Unmöglich das genaue Datum oder gar den Künstler zu identifizieren. Kein Wunder, dass in dieser, in der Folge auch noch von Einstürzen heimgesuchten Kirche eine umfangreiche archäologische Tätigkeit einsetzte, an der sich 1996 auch Dr. Peter Grossmann vom Deutschen Archäologischen Institut in Kairo erfolgreich beteiligte. Entdeckt wurden inzwischen ein großes Fresko der drei Patriarchen Abraham, Isaak und Jakob, eine Darstellung der Muttergottes sowie alte syrische Inschriften.

Die Spannung, die von der Arbeit dieser Menschen ausgeht, ist mit Händen zu greifen. Doch dann führt uns Prof. Innemée im hinteren Teil der Kirche in eine Art Geheimgang. Dieser mündet, links neben einem Seitenaltar, in eine Kapellengrotte, die dem heiligen Bishoi als Eremitage gedient hat. Es ist ein dunkler, schmuckloser Raum, in dessen Apsis sie eine kleine Ikone des Heiligen plaziert haben. Aus der Höhe baumelt ein langer Strick, der oben in der Steindecke mit einem Eisenhaken verknotet ist. Man schaudert zurück und denkt unwillkürlich an eine Selbstmordszene, doch dann klärt uns der Professor auf: Der Einsiedler band an diesem Seil sein Haar fest, um während der Nachtwachen nicht einzuschlafen. Was nun wie eine abseitige Marotte anmutet, ist ein überraschend in die Gegenwart hineinragender Rest des altägyptischen Ideals der „Schlaflosen", das seit der frühen eremitischen Tradition eifrige Nachfolge fand.

Als wir die Kirche verlassen, entdecke ich unter dem Kreuzigungsbild eine junge schwangere Frau, dem Gebet hingegeben, in dieser selbstverständlich intensiven Art, wie ich sie nur bei den Kopten gefunden habe. Nebenan im Klosterhof steht noch immer der uralte Tamariskenbaum des heiligen Ephrem des Syrers, der durch das Dach der ehemaligen Ölpresse wächst, und unter dessen Ästen die Mönche bei Sonnenuntergang die Vesper singen. Unweit vom Kloster beginnen die ersten Einsiedeleien, um die im gerade hereinbrechenden Abend ein Sandsturm fegt.

Abuna Johannes bringt uns am nächsten Tag in einem alten Peugeot 404 nach Barramus, dem auf das Jahr 340 datierten, ältesten der sketischen Klöster. Er ist einer jener starken und strahlenden koptischen Mönche, die man gleich ins Herz schließt. In einem Dorf unterwegs lässt er sich nicht davon abbringen, uns ein alkoholfreies Bier zu spendieren und jene Legende von den „kleinen Fremden" zu erzählen, die so sehr mit der Gründerzeit des heiligen Makarios in Barramus verbunden ist. Dabei soll es sich um Maximus und Domitius, die beiden Söhne des römischen Kaisers Valentinian gehandelt haben, die nach einer Pilgerreise durch das Heilige Land in die Sketis kamen. Das Vorbild von Abba Makarios begeisterte sie so sehr, dass sie um Aufnahme baten und eine Zelle bezogen. Das strenge Leben fiel ihnen nicht leicht, doch schaffte es der Ältere, seinen Bruder wiederholt zum Durchhalten zu ermutigen. Beide starben schließlich im Abstand von nur drei Tagen. Die Zellen der Römer wurden fortan von zahlreichen Mönchen aufgesucht, und der Abba rühmte ihren Kampf als „das Martyrium der kleinen Fremden".

Während vor der Klosteranlage an diesem Sonntag ein großes Gedränge von Pilgern und Touristen herrscht, überrascht jenseits der Mauern das Enge und Verwinkelte. Den Eingang zu der Hauptkirche Mariens muss man förmlich suchen, aber wieder bestechen im Innern, wie schon in Bishoi, Stille und Sammlung. Kerzen brennen, die Gräber der heiligen Einsiedler Isidor und Moses des Schwarzen werden mit Küssen und Liebesbriefchen verehrt. Dazu passt die Flüsterstimme Abuna Benjamins, unseres spindeldürren Fremdenführers, der vor der Heiligen Pforte eine theaterreife Kostprobe seiner mathematischen Leidenschaft präsentiert. Wie ein Zauberer lässt er seine Finger über die Konturen der Kreuze und Ikonen gleiten, überall mysteriöse Zahlen- und Zeichensymbole nachweisend. Immer wieder enden seine Additionen und Quersummen mit einer drei oder einer acht, die entweder Dreieinigkeit oder Ewiges Leben bedeuten. Christus ist die überall aufleuchtende Sonne. Schlange, Fisch und Ei erhalten unter Benjamins Regie urplötzlich ungeahnte theologische Beweiskraft, und je tiefer er uns in das Labyrinth seines arithmetischen Geheimwissens zieht, umso mehr beginnen seine Augen zu strahlen. Tausendfach hat er vor dieser mystischen Bilderwand seine Rastelli-Finger wandern lassen, doch es reißt ihn selbst noch immer hin.

Im Empfangsraum wird den ganzen Nachmittag Tee serviert. Die Frauen tragen zumeist Schwarz. Kinderreiche Familien sind angereist, die ihnen angehörigen Mönche zu besuchen, auch Freunde vielleicht aus den Tagen, als sie noch „in der Welt" waren. Laut und herzlich geht es zu. Geschenke, perlenbestickte Devotionalien und süßliche Heiligenbilder werden verteilt. Vor allem aber herrscht die Freude des Wiedersehens. Und gleich fällt auf, wie gelassen sich die Mönche auf dieser „Party" bewegen. In diesem Chaos munterer Umarmungen und orientalischen Tratschens sehe ich einen Abuna ganz vertieft in ein Gespräch mit einer auffallend schönen jungen Frau. Es ist der Typ „toughe" Businessfrau, Dauersingle wegen verwickelter Männergeschichten. Immer wieder greift sie in ihr langes schwarzes Haar und legt es auf die Schulter zurück. Eindringlich redet sie auf den Mönch ein, die roten Fingernägel leuchten, dann zupft sie ihren Rock in eine etwas züchtigere Richtung. Doch scheint dies alles den Abuna nicht sonderlich zu irritieren. Lächelnd fasst er mit der einen Hand in seinen mächtigen grauen Bart, in der anderen Hand die Gebetsschnur. Aus dem schwarzen Habit ragen zwei nackte braune Füsse hervor, hin und wieder fällt eine Sandale zu Boden, die er mit den Zehen wieder auffängt. Während sie bis zur Erschöpfung auf ihn einredet, wirken seine Antworten wie souveräne, barmherzige Zwischenrufe. Etwas sehr Keusches geht von diesem Gespräch aus. Zwar ist kein Wort zu verstehen, aber da ist eine Atmosphäre zwischen Frau und Mönch, die in der westlichen Kirche undenkbar scheint. Im koptischen Klerus gibt es den Zölibat nicht, nur die Mönche und Einsiedler leben ehelos, doch rekrutieren sich Bischöfe und Patriarch ausschließlich aus dem Mönchtum. Das ist eine sehr gesunde Arbeitsteilung; die völlig unverklemmte Freude dieser koptischen Christen hat uns davon immer wieder überzeugt.

Diesen Eindruck bestärkt auch Abuna Arsenios, der gegenüber ein Haus leitet, in dem sich junge Menschen in spiritueller Praxis einüben können. Vom Eingang über den ganzen Innenhof verteilt sind, wie auf Plakatwänden, Bibelzitate zu lesen. Die Auswahl fällt auf. Immer sind es Worte großer Kompassion, stille, aufrüttelnde Botschaften Jesu oder der Propheten. Aber sie entsprechen ganz dem Wesen des etwa 40-jährigen Mönches, der sich einfach Zeit nimmt und mich im Schatten der Klostermauer an den Wüstenrand führt. Immer wieder ziehen junge Leute vorbei; wenn sie ihren „Abuna" entdecken, eilen sie herbei, um ihm die Hand zu küssen, die Arsenios jedes Mal rasch wegzieht. Für alle hat er ein freundliches Wort, dann entschuldigt er sich und fährt fort, sehr leise, sehr bedächtig, sein persönliches Lebensprojekt zu skizzieren: Arsenios möchte Einsiedler werden. Sehnsüchtig zeigt er hinaus auf die Wüste, wo seine Mitbrüder in Höhlen oder kleinen Eremitagen wohnen. Manche üben 300-mal am Tag die Prostration. Allein für Gott, allein mit Christus. Aber man geht da nicht einfach hinaus; man wird geschickt.

◀◀ Abuna Shenouda, Eremit oberhalb des Paulusklosters

▲ Wüstenskorpion im versteinerten Holz des Wadi-el-Natroun

Einsiedelei von Abuna Makarios im Sandsturm am „Leeren Meer" ▶

Der 63-jährige koptische Eremit Abuna Makarios lebt seit 18 Jahren in einer Höhle der Sketischen Wüste. ▼

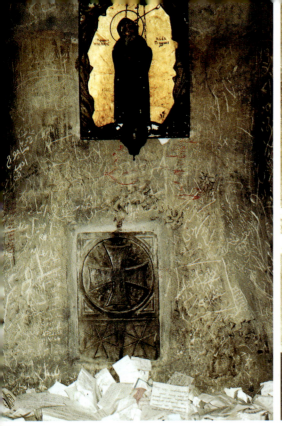

◀▲ Fürbitten in der Eremitage des heiligen Bishoi im Syrerkloster Deir al-Suriani

▲ Betende junge Frau in der Kirche des Syrerklosters

◀ Audienz beim koptischen Papst, v. r. n. l.: Bischof Damian, Seine Heiligkeit Shenouda III. und der Autor Freddy Derwahl

Wüstenkloster des heiligen Bishoi im Wadi-el-Natroun ▶▲

Papst Shenouda während der Heiligen Liturgie ▶

◀ Mönch im Kloster des heiligen Paul von Theben im Wadi Araba

Die Wüste blüht: Garten im Kloster des heiligen Bishoi ▶

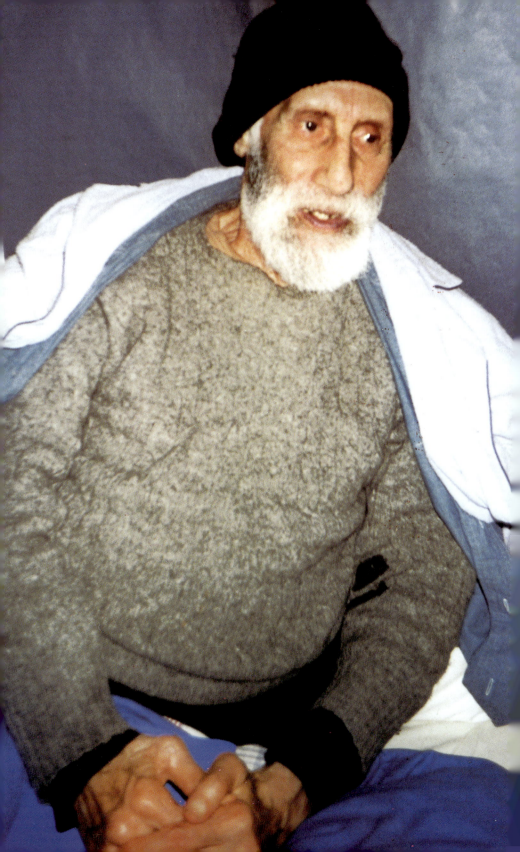

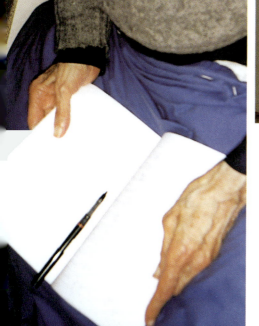

⬆ Bunte Zellenwand, das heitere Universum des Poeten

▲ Saria, seine Küchenhilfe und „Pförtnerin"

◀◀ Der 87-jährige Dichter und Einsiedler Robert Lax auf Patmos

◀ Das Tagebuch in den Händen von Robert Lax

Eremo San Girolamo, die verborgene Kamaldulenser-Einsiedelei im umbrischen Bergland ▶

Pater Winfried auf dem Weg zur Einsiedelei, in der 1524 der selige Paul Giustiniani eine Vision hatte. ▼

◀ Der Trappist Frère Pierre-Marie vor dem Hintergrund des Gefängnisses von Clairvaux

Die Zisterzienserabtei Clairvaux im späten Mittelalter ▶

Der junge Trappist (4.v.r.) 1982 inmitten seiner Brüder im algerischen Atlaskloster Thibirine, dem 1996 ein Mordanschlag der GIA galt. ▶

◀ Frère Pierre-Marie in seiner Zelle jenseits der Aube

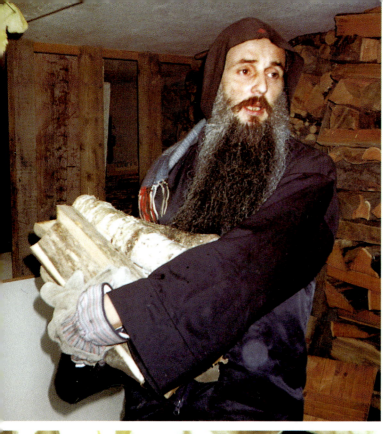

◀ Fra Raphael: Er ist der einzige Schüler, der das harte Eremitenleben oben im schweizerisch-italienischen Bergland aushielt. Dabei ist der junge Mann allerdings schwer erkrankt. ▼

▲ *Der aus Köln stammende Einsiedler Gabriel Bunge OSB mit Fra Raphael und der Hauskatze im Eremo Santa Croce während der Filmarbeiten von ARD, ORF und BRF im Herbst 1999.* ▶

Von allen getrennt, mit allen vereint: der Einsiedler Gabriel im Kastanienwald des Ticino. ▶▶

Eines Tages wird ihm sein geistlicher Vater die Erlaubnis gewähren. „Ich liebe dieses Leben", wiederholt er zweimal, „bitte, please pray for me".

Die Sketis in westlicher Richtung verlassend, kommen wir zum Kloster des heiligen Menas am Rand der Mareotis-Wüste. Es ist eine uralte Einsiedlerregion, die sich jedoch früh schon wegen der wundertätigen Quellen in ein begehrtes antikes Pilger- und Heilzentrum verwandelte. Abuna Epiphanios führt uns durch die einsame Ruinenstadt. Noch steht der Steinaltar in den Katakomben vor der größten Apsis der damaligen Welt. Überall tritt man auf Scherben und Stümpfe griechischer Marmorsäulen. Der Mönch hat in England studiert und bis vor seinem Eintritt vor acht Jahren im Controlling einer Bank gearbeitet. Seine archäologischen Kenntnisse verknüpft er stets mit Ost-West-Vergleichen der spirituellen Kulturen. Vor allem die in der westlichen Kirche aussterbende Beichte hat es ihm angetan. Wo der ganz persönliche Rat, „face to face", ausbleibe, sei auch keine Erfahrung mehr von Barmherzigkeit, Gnade, Umkehr. In Yorkshire hat er herrliche Kathedralen gesehen, aber darin waren nur wenige alte Leute. Plötzlich stehen wir zwischen den Gewölben und Steinhaufen im Ruinenfeld inmitten einer Schafherde. Doch über das Geblöke und Gebimmel hinweg, ruft er mir zu: „Wir betrügen doch die jungen Menschen, wenn wir Ihnen nicht *alles* bieten, aber *auch* alles abverlangen. Die ganze Schönheit, die ganze Wahrheit! Aber das ist teuer; das kostet das Leben."

Patriarch Kyrillos VI. hatte vor seiner 1959 überraschend erfolgten Wahl zum koptischen Papst wie erwähnt als Mönch und Einsiedler hier in St. Menas gelebt. Neben den Ruinen ist seit seiner Beisetzung in der Krypta der Hauptkirche ein großes Pilgerzentrum entstanden, dessen Türme sich in der flachen Wüste wie eine Bastion erheben. Mein Befremden über den heftigen Kult um den toten Papst weicht jedoch bald einem stärker werdenden Staunen. Sein Grab wird Tag und Nacht von meist jungen Menschen besucht. Doch kommen auch Kranke und Behinderte, ein Brautpaar erscheint in Festtagskleidern, die Vielgestalt der Verehrung zeugt von tiefer Verbundenheit der Leute mit der Person Kyrillos. Dazu kommt noch, dass die Mönche unablässig wunderbare Geschichten aus dem Leben des 1971 Verstorbenen erzählen. Sie argumentieren nicht, sondern schwärmen wie Kinder und Verliebte schwärmen. Doch spüren sie meine Skepsis schnell und lassen rasch den ehemaligen engsten Mitarbeiter des Papstes, Diakon Rafael, rufen.

Da sitzt er vor mir auf dem Diwan, in einen schwarz-violetten Schal gehüllt: uralt, aber quicklebendig, bärtig, struppig, ein Narr Gottes. Nimmt er die bäuerlichen Hände vom Gesicht, erscheint eine zerfurchte Landschaft der Trauer und Tränen, den Leidensfalten Padre Pios nicht unähnlich, aber dann wieder von sensibler Aufmerksamkeit, jeden Zwischenton hinterfragend und ein Detailwissen verbreitend, als sei der hochverehrte Tote gerade verschieden. Die höchste Stufe des Eremiten habe Abba Kyrillos erreicht: „der Wanderer, der erscheint und verschwindet". Demut und Trauer über die eigenen Sünden seien sein Leben gewesen. Was ich davon denke? Doch schon fährt er fort mit rauchiger Stimme, „allein gelassene, verstoßene Güte, Erfahrung verweigerter Liebe".

Ein Bohemien auf dem Athos

Der Athos in den Zeiten des Kosovokrieges, das ist nicht der rechte Zeitpunkt den Heiligen Berg zu besuchen. Konstantinos, mein treuer Zimmerwirt in Ouranoupolis, runzelt nachdenklich seine ohnehin krause Stirn. Jannis, der Koch, fummelt missmutig an seinem Gyros-Blech. Zwar trinken wir wie gewohnt einen Ouzo, aber schweigsam und allein auf der großen Terrasse. Ginster und Oleander blühen, wie jedes Frühjahr verschwenderisch schön, das Meer ist wie eine flache blaue Straße, doch das letzte Dorf der Welt, die „Engelsstadt" der östlichen Chalkidike scheint ausgestorben. Nur die Fischer schlagen wie eh und je ihre Tintenfische gegen die Mauer der Anlegestelle, während die Kellner, Kneipenbesitzer, Geldwechsler und Souvenirhändler wie konsterniert vor den Fernsehgeräten hocken. Wer die schlimmen Nachrichten vom Balkankrieg nicht glauben will, kann sich dann und wann von der tristen Realität selbst überzeugen, wenn in der Frühe die NATO-Bomber von ihren nächtlichen Einsätzen zurückkehren und im Tiefflug über dem Golf erschreckende Schleifen ziehen.

Um zehn Uhr legt das Fährschiff, die „Axion Estin", mit einem klagenden Hupsignal im kleinen Fischerhafen ab. Doch dieses Mal sind fast nur Griechen und einige Russen an Bord. Da ist man als Westler schnell mit einem Cordon sanitaire tückischer Distanz umgeben. Vor allem die Mönche, die in der einen

Hand ärmliche Plastiktüten, in der anderen ihre Gebetsschnur halten, zischeln so etwas wie „xenos", Fremder, und wenden sich in demonstrativer Verachtung der näher rückenden Halbinsel zu. Schöner denn je krümmt sich der grüne Bergrücken die Steilwände empor. Auf knapp 2000 Metern funkeln die letzten Schneefelder, bald treibt ein frischer Wind durch die uralten Eichenwälder von Chromitsa und gibt den Blick auf den Gipfel preis. Aghion Oros, die faszinierende, mythische Höhe, der heilige Berg der Orthodoxie, erhebt sich da, scheinbar unberührt von den Zeitläufen. Einige Serben, die im Hafen von Zografou an Land gehen, wurden besonders herzlich verabschiedet. Schon stand ein Jeep bereit, sie auf staubiger Bergpiste hinüber ins serbische Heiligtum, dem Waldkloster Chilandar, zu bringen. „Nichts geschieht in Serbien, was in Chilandar unbemerkt bliebe", so hatten es mir die Mönche beim letzten Besuch vor Jahresfrist kämpferisch zugeraunt. Jetzt ist Ernstfall und alle Schmerzen jahrhundertelanger Raubzüge und Morde leben wieder auf. Die Fähre legt noch in Dochariou und im russischen Panteleimonos an, doch auch hier keine Spur sonst üblicher heiterer Ankunft, eher konspirative Wortfetzen und Zeichensprache, als seien über Nacht die mit ihren serbischen Brüdern solidarischen Athosmönche in den Krieg gezogen.

Meine scheue Hoffnung, in Karyes, dem Verwaltungszentrum der Mönchsrepublik, den mir bekannten Sekretär der Heiligen Synode mit einem Geschenk, das gewiss sein Interesse wecken muss, freundlicher zu stimmen, bleibt unerfüllt. Der ehemalige Gaststudent in Bonn lädt mich nicht einmal in sein Büro. Er lässt durch einen Hausdiener zwar einen Fruchtsaft bringen, sieht sich jedoch außerstande, die erwünschten Kontakte zur „Eremos", zu der als „Wüste" bezeichneten Einsiedlerregion am Athoskap herzustellen. Bleicher und übernächtigter denn je, nimmt er mein noch halbvolles Glas wieder vom Tisch, lässt den ihm gewidmeten Bildband unter seinem langen Gewand verschwinden und wünscht „kalimera", guten Morgen.

Die in Karyes wartenden Mini-Busse und Geländefahrzeuge haben längst die Passagiere der „Axion Estin" aufgeladen und in alle Himmelsrichtungen zu ihren klösterlichen Bestimmungsorten gebracht. So stehe ich allein auf dem staubigen Platz dieses Undorfes, dem Achselzucken einiger alter Mönche ausgesetzt. Schließlich wage ich es noch einmal bei einem hageren Mönch aus Xeropothámou, der mich bereits zuvor mit einer schroffen Handbewegung abgewiesen hat. „Christos anesti", so nahe ich mich, der österlichen Jahreszeit entsprechend, seinem braunen Toyota, bis er sich schließlich erbarmt und mich brummend auffordert, den Rucksack aufzuladen. Dann verschwinden wir mit Allradantrieb im Bergwald.

Meine einzig verbliebene Zuflucht ist die Einsiedelei eines deutschen Athosmönches an der Westküste. Doch steige ich in dieser Wildnis zu früh aus und befinde mich schließlich in einer kleinen Felsenbucht, deren Pfad sich in ein undurchlässiges Macchia-Dickicht verstrickt. Ich gebe mit zerkratzten Armen alle Versuche auf und stelle mich darauf ein, die Nacht im Freien zu verbringen. Die Sonne beginnt schon zu sinken, als mich schließlich ein vor der Küste kreuzender Fischer entdeckt, ein düsterer, bärenstarker Mann. Er entrüstet sich über meine Präsenz an diesem einsamen, verbotenen Ort, nimmt mich aber an

Bord. Auf dem Boden des kleinen, orangefarbenen Boots hockt jedoch noch eine weitere Gestalt, von der man auf Anhieb nicht sagen kann, ob es sich um einen Mönch oder einen Clochard handelt.

Als der sonderbare Passagier die Farben Belgiens auf meinem Rucksack erkennt, kommt Leben in seine Gesichtszüge und er begrüßt mich in tadellosem Französisch: „Bienvenu à bord, chèr Monsieur." Die See geht hoch, aber es wird die schönste Bootsfahrt meines Lebens. Allein kreuzen wir vor der abendlichen Athosküste. Nur noch blauer Himmel, blaues Meer. Wasser spritzt, Gischt schäumt. Die Berge der Chalkidike goldüberflutet vor uns hingegossen. Der Skipper steht mit zugekniffenen Augen backbords, das fromme Faktotum barfuß in der Mitte. Als ich vorne im Bug mit Handbewegungen andeute, wie sehr ich im aufgewühlten Golf die seemännischen Künste meines Retters bewundere, blinzelt der stoische Grieche erstmals mit den Zähnen. Mir fällt Alexis Sorbas ein und für Sekunden lässt der Bär, wie zum Dank für das Übermaß an Ehre, sogar Pinne und Leinen los und streckt im Sirtaki-Rhythmus seine riesigen Arme aus. Der Mönch – als solcher entpuppt er sich nämlich – flüstert mir etwas wie „Glück im Reinzustand" zu und summt mit der rauchigen Stimme Leonard Cohens „...and Jesus was a sailor".

Der da seine subtilen Späße bei mir anzubringen weiß und außer einem speckigen Hanfsack nichts bei sich trägt als das abgenutzte Habit am Leib und ausgebeulte Holzpantinen für den Landgang, ist der im übrigen weltmännische Herr Vladimir Bulgakow aus St. Petersburg, mit dem man – das sollte ich noch merken – den ganzen Kanon abendländischer Literatur und

Philosophie durchmessen kann. Seit seinem Eintritt in ein inzwischen aufgelöstes russisches Kloster heißt er allerdings „Vater Sophrony". Er lässt mich gleich sein Alter schätzen und grinst nur mitleidvoll, als ich höflicherweise auf „Anfang 60" tippe, ihn damit jedoch um fast zehn Jahre älter mache, als er tatsächlich ist. Wenn er sich zur nächtlichen Liturgie „in Schale" schmeiße, werde ich das noch bereuen... Keine Frage, dass ich sein Gast sei, solange ich es wünsche. Seine Hütte sei zwar etwas eng, aber dafür der Ausblick Tag und Nacht ein „Zipfel vom Paradies".

Oberhalb des Rossikons gehen wir von Bord und steigen dann weiter südöstlich in immer dunkler werdenden Hochwald. Sind es zwei oder drei Stunden? Ich weiß nur, dass Sophrony mich antreibt und mitreißt. Werden die Bergpassagen schlimm, legt er, Erschöpfung vortäuschend, gnädige Pausen ein, wartet, bis ich keuchend den Anschluss finde. Dann sprintet er wieder davon; zur Orientierung bleibt mir nur das Geklapper seiner Holzsohlen im Geröll.

Oben, unter uralten Zypressen, die dem heiligen Seraphim von Sarov geweihte Eremitage: das Äußerste, das ich auf dem Heiligen Berg je zu sehen bekam. Ist es eine Höhle mit Bretterverschlag oder eine Hütte über einem Felsspalt? „Wieviele Sterne gibst Du meiner Hostellerie?", ruft er aus, „es sind immer zu wenige, der Nachthimmel ist verschwenderisch". Ringsum dichte Pinien- und Steineichenwälder, ganz tief unten blauschwarze, kämpferische See, fernes Rauschen, oder ist es nur der Wind, der launisch den Berg bestürmt? Jenseits der Baumgrenze karge, steile Wände hinauf in die Gipfelregion. Der Athos entrückt und wolkenverhangen, wie ein Heiligtum.

Sophrony, den ich für meinen älteren Bruder hielt, wird bald mein jüngerer Vater. Ich sei zwar frei, räumt er ein, aber hier oben fühle er sich für mich verantwortlich. „Letzten Winter sind die Wölfe ganz nahe gerückt", mahnt er, „aber die Zonen Gottes sind immer lebensgefährlich, soviele Wölfe gibt es gar nicht auf dem Athos, dass sie mit den nächtlich streunenden Rudeln der Dämonen Schritt halten könnten". Jetzt grinse ich, doch er verweist auf einen neben seinem Gebetspult lehnenden Knüppel. „Damit muss ich mich wehren; all die Versuchungen, die langen Nachtwachen, du hast keine Ahnung."

Sophrony sagt es in einem ungewohnt dramatischen Ton. Über seinem Gesicht kullern Tränen. Er schämt sich ihrer nicht und nennt sie „Taufwasser, Segenstropfen", die sein „Steinherz" aushöhlen. Nie habe er in seinem wilden, traurigen Leben so viel geweint, wie als Einsiedler auf dem Heiligen Berg. Das sei jedoch der beste Beweis, dass „mir der Herr endlich meinen Platz zugewiesen hat". Die „Gabe der Tränen", die das russische Mönchtum seit Jahrhunderten hoch achtet, sei ja nicht nur eine „slawische Spielart männlicher Melancholie", sondern zugleich auch immer „Ausnahmezustand von Glück" oder „handgreifliche Erinnerung an das alte Paradies". Ich erwähne Martin Heideggers Briefe über den „Dank" an den poetischen Athospilger Erhard Kästner. Vater Sophrony kennt Kästner, kennt auch Heidegger und spielt auf dessen heimliche Liebesaffäre mit Hannah Arendt an, die ihn sehr berührt habe: „Solche Konflikte sind mir nicht unbekannt."

Als ich mich über diese Überlegung wundere, betont er, keineswegs moralisieren zu wollen. Er glaube einfach, dass das Böse letztlich einen „spirituellen Ursprung habe". Tief unten in der Seele sei das eine Art von irrationaler Rache. Der Abstieg Christi in die Hölle sei keine fromme Legende, die Erlösung gelte auch „für den allerletzten Winkel des Drecks". Es gelte, zwei an sich widersprüchliche Wirklichkeiten zu vereinigen: den Schmerz und die Herrlichkeit. Das Kreuz als Folterholz und Siegeszeichen. Heideggers glühende Laudatio auf den „Dank" sei ohne die parallele Passionsgeschichte mit der jungen jüdischen Philosophin „nur Zuckerguss". Ich blicke ihn etwas ratlos an und er antwortet: „Im Dank stehen, kann nur der, der gefallen und gefangen war. Gott danken, heißt seine Befreiung feiern. Felix culpa, glückliche Schuld, singt ihr Lateiner doch in der Osternacht. Dank ist eine zutiefst existentielle Erfahrung, keine Formalität."

Vater Sophrony, der als junger Künstler einen Kulturaustausch nutzte, um für immer in Paris zu bleiben, hatte seit frühester Jugend das ebenso unangepasste wie ehrgeizige Ziel verfolgt, „dem Geheimnis" auf die Spur zu kommen. Der Enge und dem giftigen Klima des Spätkommunismus entronnen, suchte er in der Seinestadt den „Zipfel vom Paradies", den er schließlich als Einsiedler auf dem Athos finden sollte. Über Zen, Yoga, Alkohol und Drogen spielte er die Varianten der Freiheit, die Rezepte von Glück durch. Sein Atelier in einer Sackgasse nahe der Place de Clichy, nannte er „mein Labor", seine Ausstellungen fanden internationale Beachtung. Auf der Höhe des Erfolges geriet er in eine leidenschaftliche Affäre mit der Frau eines Politikers. Bevor es zum öffentlichen Eklat kam, ereilte ihn der seelische Zusammenbruch. Verdrängtes, Verschüttetes, Metaphysik brach in ihm auf. Da begab er sich auf den Spuren des großen französischen Pilgers und Literaten Charles Péguy nach Chartres. Sein verzweifeltes Gebet: „Ich habe diesen Kampf verloren, ich gebe die Niederlage zu, nur Du kannst mich noch herausreißen, es wird nicht mein, sondern allein Dein Verdienst sein." Als ich mehr über die Affäre mit der Frau wissen möchte, sagt er nur: „Du weißt genau, dass es letztlich kein Trost ist."

„Was ist es dann aber?", frage ich, und nach einer langen Pause zitiert er noch einmal den verehrten Péguy: „Nur die tragischsten Sünder vermögen die Gnade zu erreichen" und verweist mit pochendem Finger auf eine andere Passage aus dem Werk des Dichters: „Wo ist denn gesagt, dass Gott den Menschen in der Sünde verlässt? Im Gegenteil, er bearbeitet ihn; man könnte fast sagen, dass er ihn dort am wenigsten verlässt."

Die Biografie und Schriften des heiligen Seraphim von Sarov haben ihn schließlich zum Athos geführt, wo er vor allem zu der für ihn lebensrettenden Einsicht gelangte, „der Gnade nicht weiter davonzulaufen". Enttäuschung, demütigende Arbeiten, sogar die politische Vertreibung aus seinem geliebten Kloster haben ihn nicht davon abbringen können, „einfach Gott handeln zu lassen; wir sind nur schwache Zeugen". Demut sei ja auch eine Entscheidung für die Schwäche, doch öffne sie zugleich mit großer Macht „die Pforten des Reiches".

Auf meine Frage, ob er noch male oder Tagebuch führe, antwortet er: „Ich unterstreiche." Dabei zieht er aus dem Hanfsack ein dickes Buch hervor, die *Philokalie*, jene klassische Sammlung asketischer Schriften der Orthodoxie. Mit sicherem Griff schlägt er die dem heiligen Seraphim geweihten Texte auf: „Erwirb den inneren Frieden und zahlreiche Menschen neben dir werden das Heil erlangen". Er drückt mir das Buch in die Hand. Kaum eine Seite, die nicht seine mit roten, grünen und blauen Farbstiften gezeichneten Striche und Hinweise trägt. Origenes, Dostojewski, Johannes Klimakus; sogar Verse von Rimbaud stehen darin. Überall finden sich mit Kritzelschrift eingetragene Fußnoten und Bemerkungen, Tagebuchnotizen und Bibelverweise. Eine chaotische Landschaft lebenslänglichen Lesens. Ein süchtiger Wiederholungstäter im Steinbruch der Weisheit. Als ich ihm eine besonders von seinen Arabesken bis zur Unkenntlichkeit verzierte Seite über den heiligen Isaak den Syrer zeige, warnt er, dass man solche Botschaften nicht, „wie in einem Café von Montmarte goutiert", sondern sich immer wieder „aneignen" müsse, das sei eben „schmerzliche Praxis, Knochenarbeit". Aber umso leuchtender steht da der Satz, der ihn so sehr beschäftigt: „Wer seine Sünden kennt, ist größer als die Engel."

Es sei jetzt Zeit mich hinzulegen, drängt er plötzlich und weist auf einen Platz am Boden unter dem offenen Fenster. Während ich den Schlafsack ausrolle, zieht er sich in seinen Gebetsraum zurück. Gegen drei Uhr höre ich ihn nebenan vor den Ikonen leise murmeln und seine Metanien, das Sichhinwerfen mit ausgebreiteten Armen, üben. Im spärlichen Licht der Kerzen geht sein Schatten auf und nieder. „Freund der Stille sein", so nennt er dieses Wachen. Es habe in seinem Eremitenleben eine zentrale Bedeutung. „Wie ein Süchtiger" brauche er diese Stunden. Da sei auch jene uralte Weissagung, dass Christus um Mitternacht wiederkomme. Jeder Anbruch der Nacht berge deshalb eine eigene Spannung. Er bemühe sich um die Tradition der „neptischen Väter", jener „Schlaflosen und Wachenden", und übe jede Nacht die Stille.

Als ich ihn in der Frühe draußen unter den Bäumen sehe, wird sofort klar, dass diese Nächte keine poetisch-romantischen Exkurse sind. Grau und zerschlagen steht Sophrony da. Dunkle Ringe unter den Augen, strähniges Haar in der zerfurchten Stirn. Immer wieder liest man in der großen Tradition der Wüstenväter, die Nachtwachen der Eremiten gestalteten sich zu regelrechten Kämpfen mit dem Bösen, das in der Einsamkeit, vor allem aber der Nähe Gottes, mit Händen zu greifen sei. „Das ist so. Es sind Nahkämpfe", die da stattfinden, bestätigt Vater Sophrony, Nahkämpfe „mit offenem Messer", fügt er hinzu. Er hat nur bitteren Sarkasmus für das Kokettieren westlicher Performancekünstler und Rockbands mit den Metaphern der „Hölle". Im Namen Satans müsse er dagegen protestieren: „wegen Verharmlosung des Feindes". Statt dessen empfiehlt er eine nähere Betrachtung der *Versuchung des heiligen Antonius* von Hieronymus Bosch. Das Böse sei da, es wechsle nur die Gestalt: „In der Arena siegten die Märtyrer, aber in der Wüste greifen noch schrecklichere Bestien an." Es ist der Maler, der in Vater Sophrony durchkommt: „Die Epigonen nicht, aber Ensor, Dalí oder Max Ernst ahnten alles."

Dann bringt er mich durch das Dickicht auf den Pfad, der zur Ostküste führt. Mannshohe Macchia, Disteln und Dornen – man muss sich den Weg freischlagen. Am Bergrücken endlich befreiende Aussicht auf das Meer und die Klosterfestungen von Pantokratorus, Stavronikita und Iviron. Vor der Lichtküste kreuzt schon ein Holzfrachter. „Wir sind früh ins Schwitzen geraten", lächelt Vater Sophrony. Als wir uns zum Abschied umarmen, spüre ich, wie dünn er ist.

Dann greift er tief in die Tasche seines Habits und holt seine abgegriffene Gebetsschnur hervor. „Nimm das mit, halt dich gut daran fest." Jetzt könnte ich heulen, doch er gibt mir einen Schubs. „Tausend Dank, guter Vater", rufe ich ihm zu, während er sich noch einmal umdreht und unter den Bäumen verschwindet.

Die Säulensteher

Heftigkeiten und Abgründe sind Kennzeichen der frühen syrischen Kirche. Da ist eine Strenge und Kampfbereitschaft, die zu Beginn des 3. Jahrhunderts, nach der Bekehrung König Abgars IX. das ganze byzantinische Reich erfasst. Selbst die syrische Sprache, ein aramäischer Dialekt, ähnlich dem, den Jesus selbst gesprochen hat, setzt sich gegen das weltmännische Griechisch durch und vermag sich selbst nach dem Einbruch des Islam im Jahre 622 bis hinein ins 13. Jahrhundert in den Kirchen zu behaupten. Zwar haben die Konzile von Ephesus und Chalcedon im Streit über die Lehre der göttlichen Naturen zu brutalen Trennungen geführt, bei denen sich Monophysiten im Westen und Nestorianer im Osten unversöhnlich gegenüberstehen. Und doch schöpfen beide Kirchen aus dem gleichen Erbe der frühen syrischen Kirche, in der das apokryphe Thomasevangelium eine zentrale Rolle spielt.

Der Text erzählt die Geschichte des zur Missionierung nach Indien aufgebrochenen Apostels Thomas, des Zweiflers also, der seine Hände in die Wundmale des Auferstandenen gelegt hat. Hier ist bereits im Ansatz eine Spur von Schatten und Unsicherheit. Doch geht es gleich in noch ganz andere Abgründe, die in einem Hintergrund aus „Sex and crime" an das tragische Ende des enthaupteten Johannes des Täufers erinnern. Thomas gelingt es in Indien, nicht nur Mygdonia, eine Verwandte des

Königs, zum Christentum zu bekehren, sondern auch dessen Frau Tatia. Nach deren Taufe verweigern sich beide Frauen ihren Männern, worauf diese im Zorn Thomas umbringen lassen.

Bereits zu Beginn des Textes taucht eine Art verklärter Jesus als Zwillingsbruder von Thomas auf, der zwei junge Männer am Vorabend ihrer Hochzeit davon überzeugt, diese nicht zu vollziehen, sondern sich ganz der verdienstvolleren Ehelosigkeit hinzugeben. Diese Episode hat für die Tradition der syrischen Spiritualität eine zentrale Bedeutung. In den Begriffen „btuluta" und „qaddisuta" zelebriert sie eine asketische Mönchstheologie, die ihre ganze Kraft aus der Jungfräulichkeit und dem Zölibat um des Himmels willen schöpft.

In den syrischen Provinzen des 4. Jahrhundert eröffnet sich nach dem Edikt von Mailand, das 313 im Rahmen der Pax Romana das Christentum als Staatsreligion anerkennt, nicht nur eine Periode des Friedens und der Prosperität, sondern auch eines Glaubenseifers, der in der gesamten Kirchengeschichte als einzigartig da steht. Während in El-Bara und Kermin ein Land aufblüht, wo Wein und Öl fließen und die geschäftigen syrischen Händler ihre Märkte bis ins graue Großbritannien oder tief hinein ins Donautal ausbreiten, entstehen entlang der Transportstraßen zwischen den florierenden Städten Rassafé, Khanasser, Zebed oder Palmyra die Arenen einer neuen Märtyrergeneration. Diese werfen sich nicht mehr in irgendeinem römischen Circus Maximus den Bestien vor die Füße, sondern klettern auf hohe Säulen, um dort oben, Wind und Wetter trotzend, den asketischen Kampf gegen sich selbst zu wagen. Vom alten, grausamen Schauspiel ist allein das verehrte Publikum geblieben: Zu Tausenden strömen die Menschen herbei, Könige und Prominente inklusive, die vor so viel Entsagung und Abtötung in die Knie gehen. Theodoretus Cyrensis, sozusagen der Chefreporter der damaligen Zeit, notiert voller Faszination, der alte Widersacher der menschlichen Rasse sei zwar heimtückisch genug, immer wieder mit neuen Versuchungen zu locken, doch „erfinden die Säuglinge der Demut stets neue Leitern um in den Himmel zu steigen".

Das Phänomen dieser abgemagerten, einsam auf den Säulen stehenden Eremiten war so erschreckend, dass selbst die offizielle Kirche erst einmal durchatmen musste, um sich auf diese neue Mischform von Frömmigkeit und Missionierung einzustellen. Zwar kannte die alte römische Geschichtsschreibung einen gewissen Maenius, der Haus und Hof verkaufte und auf eine Forum-Säule geklettert war, zwar hatte selbst das heidnische Syrien in Hierapolis auf phallusartigen Säulen der Königin Atargatis huldvolle Kletterpartien gewidmet, doch verbreitete die neue Spielart einsamer Asketen hoch oben auf den Stümpfen griechisch-römischer Herrlichkeit erst einmal blankes Entsetzen. Drei mesopotamische Archimandriten trauten beim Anblick Symeons des Großen auf seiner Säule ihren Augen nicht und bemerkten, es gäbe wohl weniger spektakuläre Wege, um Gott zu gefallen. Als Symeon sich jedoch nicht rührte und die Väter gar aufforderte, zu ihm aufzusteigen, wehrten sie gleich ab. Der Erste gab vor zu alt zu sein, der Zweite war durch eine Krankheit kraftlos, den Dritten plagte die Gicht … Als die entsagungsreichen ägyptischen Wüstenväter erstmals von ihrer syrischen

Konkurrenz erfuhren, schickten sie dem Symeon sofort ein Exkommunikationsschreiben nach Antiochien, doch schränkt Theodorus Lector ein, habe sie die tugendhafte Persönlichkeit des heiligen Säulenstehers wieder versöhnt.

Am Qal'at Sim'an, wo Symeon östlich entlang der Handelsstraße von Apameus nach Cyrrhus die Massen faszinierte, entwickelte sich ein neues spirituelles Abenteuer der „Trunkenen Gottes". Das Volk sah in ihnen ein übermenschliches Zeichen der Liebe Gottes und Glaubenstreue. Um die neuen Märtyrer entstand ein das ganze Land bewegender Kult mit stets weiterreichenden Formen der Abtötung und extremer Wagnisse. Das ging soweit, dass Johannes der Stylit seinen Schüler Symoen den Jüngeren mit den Worten ermahnte: „Du brauchst jetzt nur noch ein Schwert, um dich umzubringen."

In Erhab, Toquad, Teleda, Telanissos und Qurzahil sind die dort befindlichen Säulenreste in den siebziger Jahren von Archäologen der christlichen Antike untersucht worden, so dass man sich heute ein recht anschauliches Bild der damaligen Tatorte machen kann. Die Felsenfundamente der Säulen waren folglich von einer sogenannten „Mandra" umgeben. Die griechische Abstammung des Wortes meint damit einen „Stall" oder „Schafshof", im Kontext des Säulenkultes bedeutet dies eine Art Absperrung, um die eifernden Massen auf einer gewissen Distanz zu halten. Hier lebte meist auch ein Diener oder Novize, der so etwas wie eine Hausmeister- oder Pförtnerrolle übernahm und für Ordnung und Sauberkeit sorgte. Später bildeten sich im Rahmen des „Mandra" gar kleine Klöster.

Die Säule selbst, deren Höhe mit der asketischen Form ihres Inhabers anstieg, war im Felsen mittels einer Eisenstange verankert und bestand aus mehreren Blöcken. Symeon der Große etwa, bestieg am Ende seines Lebens eine aus drei Blöcken bestehende Säule, deren Dreifaltigkeitssymbol schließlich eine Höhe von 18 Metern erreichte. Die über die Berge von Taurus fegenden heftigen Winterstürme, die in dieser Region häufigen Erdbeben sowie die Gefahr der Biltzeinschläge setzen dem himmelstürmenden Eifer der Heiligen dann doch ein natürliches Maß. Poetische Passanten bezeichneten die Männer da oben als „Gefährten der Vögel, der Winde und der Wolken". Am Fuße der Säule des heiligen Daniels ritzte ein Verehrer die Inschrift: „Auf halbem Weg zwischen Himmel und Erde steht ein Mann, der die aus allen Richtungen fegenden Winde nicht fürchtet. Sein Name ist Daniel."

Eigentlicher Stand- und Wohnort der Styliten war eine mit Eisenstäben auf der Säule befestigte Plattform, deren Fläche nach den asketischen Ansprüchen ihres Inhabers variierte. Nach den Berechnungen von M. de Vogüé, der im 19. Jahrhundert die zivile und religiöse Architektur Syriens erforscht hat, stand dem heiligen Symeon dem Großen eine Plattform von rund vier Quadratmetern zur Verfügung. Diese Maße sind umstritten, fest steht jedoch, dass es keine einheitliche Regelung für das Leben in der Höhe gab. Der heilige Alypius etwa, ließ zum Schlafen einen Holzfußboden anlegen; der heilige Symeon der Jüngere brauchte mehr Platz, um Besucher empfangen zu können, die mittels einer Leiter zu ihm aufstiegen; der heilige Maron lehnte jeden

Schutz vor Sonne und Wind kategorisch ab; der heilige Jakobus legte lediglich im Winter ein Schafsfell über; Johannes der Stylit benutzte ein Zelt, jedoch ohne jedes Fenster; der heilige Lazarus verfügte zunächst über ein Holzdach, riss es jedoch mit Axthieben wegen des „unnützen Luxus" wieder ab; Johannes Moschos berichtet von einem Styliten in Cilicien, der vom Blitz erschlagen wurde.

Es gibt glaubwürdige Hinweise, dass die christlichen Säulenheiligen in Syrien maßgeblichen Einfluss auf den frühen Islam ausgeübt haben. Der Prophet Mohammed selbst soll beeindruckt gewesen sein von der Vorbildhaftigkeit christlicher Mönche für arabische Nomaden an den Grenzen Syriens. Wohl nur so lassen sich die zahlreichen monastischen Anspielungen in den Koransuren erklären, die etwa das Nachtgebet und die Prostrationen der Betenden rühmen. Der Prophet Jonas, so heißt es in einem anderen zeitgenössischen Text, habe im Bauch des Walfisches über mehr Platz verfügt als die Einsiedler auf ihren Säulen. Das Minarett islamischer Moscheen soll nach dem Vorbild syrischer Säulenfrömmigkeit entstanden sein.

Natürlich konnten die Styliten nicht ganz ohne Schlaf auskommen, aber selbst dabei gab es, je nach Alter und Form des Asketen, feine Unterschiede. Während manche sich mit angezogenen Beinen hinlegten, schliefen andere sitzend. Stehend zu schlafen war die Ausnahme, wobei es der heilige Symeon der Große nach den Worten seines Biografen Antonius immerhin geschafft haben soll, ein Jahr lang auf nur einem Fuß stehend zu verbringen. Der heilige Lazarus verfügte dagegen über einen flachen Schemel, auf dem er nach orientalischer Art, sitzend, die Nieren zur Wand, nachts „etwas schlief". Keine Frage, dass es sich bei diesen Betenden um durchtrainierte Hochleistungssportler handelte, die ihren Körper, trotz aller Verachtung, total beherrschten. Theodoretus Cyrenennsis berichtet von einem Besucher des heiligen Symeon des Großen, der sich die Mühe gemacht hatte, dessen Prostrationen zu zählen, es jedoch vorzog, bei der Zahl 1244 aufzuhören...

Neben den Predigten, dem Apostolat und dem Gespräch mit Besuchern, übten sich einige Styliten in der Kunst des Briefeschreibens, der astronomischen Beobachtung oder gar der Malerei. Andere beschränkten sich auf die Unterweisung ihres Novizen oder geistlichen Gefährten. Kaiser Leo I. suchte regelmäßig solche Begegnungen und kletterte zu den „Narren in Christo" hinauf, die sich in der „Anhäufung von Schmerzen" einander zu überbieten versuchten. Die ständigen Rezitationen der Stundengebete wurden von strengem Fasten begleitet. Das einzige Essen des Tages fand am späten Nachmittag im Anschluss an die Vesper statt. Selbstverständlich wurde auf Fleisch, Eier oder Milch verzichtet. Manche der Säulensteher wurden in Syrien als „Boscoi" bezeichnet, weil sie sich, ähnlich dem Vieh, nur von Gras oder bestenfalls einigen Wurzeln ernährten. Der heilige Symeon der Große sprengte alle Rekorde, als er nur noch eine Mahlzeit wöchentlich zu sich nahm: sonntags bei untergehender Sonne.

Keine Frage, dass Asketen eines solchen Regimes von Krankheiten nicht verschont blieben. Oft war nach solchen Torturen der frühe Tod eine Befreiung. Der heilige Symeon der Jüngere litt unter einem gelähmten Fuß. Zu den Würmern, die sich unter schrecklichem Gestank darauf tummelten, sagte er nur: „Esset, was Gott euch gegeben hat…" Jacques Lacarrière hat sich bemüht, mit den Augen eines Beobachters des 20. Jahrhunderts diesen irren Gefechten gegen die menschliche Natur eine Interpretation abzugewinnnen. „Sie vermitteln das Bild eines leichten Körpers", schreibt er, „luftig, der Schwerkraft entkommen, nähern sie sich dem ersehnten Himmel".

Trotz all dieser Härten hat sich die syrische Bewegung der Säulensteher vom Vorderen Orient über Byzanz und Mesopotamien, nach Ägypten, Palästina und Russland ausgeweitet. Dabei sind gar die Existenzen zweier Säulensteherinnen im Pontus des 11. Jahrhunderts überliefert, obwohl Frauen der Besuch oder die Nähe eines Styliten strengstens untersagt war. Dies geht ebenso aus einem Kanon des Britischen Museums vom ausgehenden 6. Jahrhundert hervor. Der Corpus Juris aus Konstantinopel belegt die Styliten bei Frauenbesuch mit einer Gefängnisstrafe von fünf Jahren.

Kurzum, es handelt sich bei diesem uns nahezu pervers und provozierend erscheinenden Phänomen der Säulensteher um eine nur im Kontext der damaligen Kirchengeschichte und ihres, geografisch betrachtet, orientalischen Milieus zu verstehende geistliche Bewegung. Da, wo sie strategisch oder kirchenpolitisch eingesetzt werden sollte, war sie sehr bald zum Scheitern verurteilt. Vom 5. bis zum 19. Jahrhundert sind etwa 150 Styliten bekannt, wobei die beiden letzten in Georgien und Rumänien gewirkt haben.

Im Abendland selbst ist nur ein, übrigens gescheiterter, Fall eines Säulenstehers bekannt. Der Bischof Gregorius von Tours erwähnt in seiner „Historia Francorum" das Abenteuer des Diakons Wulfraicus, der bei Carignan in den Ardennen dem Beispiel des Symeon von Antiochien folgen wollte. „Diese Torturen wirst du in der Kälte nicht lange aushalten", warnte der Bischof den jungen Eiferer, der daraufhin in sein Kloster zurückkehrte.

Der in der Einsiedelei des als heiligen Walfroy verehrte Säulenkandidat wird bis zum heutigen Tag von Betenden und Pilgern in der Nähe von Margut, jenseits der Trappistenabtei Orval, aufgesucht. Geblieben ist nur die einsame Höhe und ein Ort besonderer Stille im belgisch-französischen Grenzland.

Am Pfad der Wölfe

Camaldoli war für Thomas Merton so etwas wie eine verbotene Liebe. Auf seiner irren Suche nach einer größeren, radikalen Einsamkeit hat er diesen verborgenen Schatz ausgegraben. Auch der Poet, der er immer war, schwärmte fasziniert, vor den wenigen Bildern, die sich ihm boten: tief in den Bergwäldern Umbriens in robusten kleinen Klosterfestungen versteckte Einsiedlerkolonien. Bewohnt von nur einem Dutzend schweigender, bärtiger Männer, von denen jeder, ähnlich den Kartäusern, über ein separates Zellen-Häuschen mit Werkstatt und Garten verfügt. Zu den Tag- und Nachtgebeten versammeln sie sich in der Kirche; aber ihr Offizium wird, mit Ausnahme der Vigil zum Oster- und zum Pfingstfest, nicht gesungen, sondern stehend rezitiert. Merton, in seiner mit Hunderten von Mönchen überbesetzten Abtei erkannte in der schlichten Strenge Camaldolis die Befreiung von all seinen Leiden. Ebenso hartnäckig, wie ihm Abt James Fox mit der wehmütig lächelnden Unbeugsamkeit eines Trappistenschädels diese Träume auszureden versuchte, erfand er immer wieder neue Mittel, seine Sehnsucht anzufachen. Er vertraute sogar dem damaligen Erzbischof von Mailand und späteren Papst Paul VI., Giovanni Baptista Montini, in einem Brief seine Probleme an. Der bat ihn jedoch um Geduld und Gehorsam. Schließlich musste Merton sich den Wunsch aus der Seele reißen.

Mertons poetische Sensibilität hatte allerdings, wie so oft, einen „point vierge", einen zentralen Aspekt des Mönchtums in der Tradition der alten Wüstenväter entdeckt. Das, was er in seinen Wunschvorstellungen in Camaldoli zu wittern glaubte, entsprach einem der Welt fast abhanden gekommenen, aber dennoch real existierenden Eremitentum in einigen entlegenen Gemeinschaften von Kamaldulensern in Italien, Polen und Spanien. Es war genau das, was er als „Kirche der Wildnis" rühmte: Einsiedler mit der Entschlossenheit von Märtyrern, „ohne die das Reich Gottes nicht vollständig wäre", kompromisslos, unerschütterlich, radikal in die unendliche Einsamkeit Gottes tauchend.

Als ich vor Jahren in das Kamaldulenser-Eremo nach Monte Rua kam, habe ich diese Atmosphäre eines solchen „Klimawechsels" sofort zu spüren bekommen. Das Taxi aus Padua musste im Berg oberhalb von Torreglia umkehren, die Pforte ist nur zu Fuß erreichbar. Dann die graue Mauer und ein langer Glockenstrang, man zögert, die Stille zu unterbrechen. Lange muss man im Schatten strenger Heiligenfiguren an der Klosterpforte warten. Plötzlich Schritte auf dem Hofpflaster, das Gerassel von Schlüsseln. Als sich die Türe öffnet, sehe ich zunächst einen langen, rötlich-schwarzen Bart. „Kommen Sie, kommen Sie", sagt der Mönch in deutscher Sprache, „Sie werden schon erwartet". Dann führt er mich in eine geräumige Klosterküche, wo ein alter Bruder Holzscheite im offenen Feuer wendet. Zuerst muss ich essen, der Bruder besteht darauf, tischt am Nachmittag reihum die besten Gerichte dieser „cucina rusticana" auf, schiebt Käse hinzu, schüttet Wein nach, zaubert schließlich eine verstaubte Grappaflasche hervor und pocht darauf, dass dies alles notwendig und auch ratsam sei, eine Henkersmahlzeit sozusagen, eine letzte Wegzehrung vor dem einstweiligen Abschied von der Welt...

Am Abend wird die angekündigte Trennung Wirklichkeit. Ringsum die kleinen, geduckten Häuschen, uraltes Gemäuer, rote Ziegeldächer, deren Spitzen in das Bergland von Euganei weisen. Große, mächtige Stille, langgezogene Schreie der Nachtvögel, in der Ferne am östlichen Horizont die flimmernde Adriaküste. Zur Komplet sehe ich zum ersten Mal die Eremiten. Im Chor stehend die bärtigen Mönche in ihren kurzen Kapuzenmänteln aus weißer Wolle über dem Habit. Vor dem Altartisch knien vier betagte Brüder, die etwas Unzertrennliches haben. Immer sieht man sie zu den Gebetszeiten in dieser wartenden, geduckten Position. Die Rosenkränze in ihren schweren Arbeiterhänden, während die Mönche mit rauhen Stimmen Psalm für Psalm rezitieren. Zunächst ähneln sie treuen Haustieren, die devot zu ihrem Herrn aufschauen. Dann erinnern sie an Maulwürfe, die aus dem Dunkel ihrer Einsamkeit auftauchen und Luft holen. Nach und nach wirken diese gebeugten Uralten jedoch wie eine treue Ehrengarde, unerschütterliche Wächter des einzig Notwendigen.

Die Aprilnächte sind empfindlich kühl hier oben. Als ich in mein Häuschen zurückkehre, hat jemand in dem kleinen Terracotta-Ofen bereits ein Feuer angezündet. Wild prasseln die Flammen in den roten Steinen. Die Zelle ist eremitisch: ein Bett, ein Tisch, ein Fenster zum Garten, das andere hinaus auf die schwarze Kette der Berge. Nebenan eine winzige Hauskapelle mit einem Altar, man könnte die Messe lesen. Jenseits des Flurs, Waschbecken und Toilette, Werkzeug und hoch aufgestapeltes Holz. Alles sauber, gut besorgt. Mehr braucht man nicht. Zu den Essenszeiten stellt ein Bruder, den man kaum zu Gesicht bekommt, ein Henkelgeschirr mit etwas Suppe, Teigwaren, Brot und Früchte aufs Fensterbrett. Auch gibt es Weißwein, man braucht den Krug nur nach draußen zu stellen.

In den Gesprächen mit dem Gastpater und dem Prior wird gleich klar, dass es in solche Reservate wohl nur eine bestimmte Spezies zieht. Der eine, ein Niederländer vom Schlage des geprügelten van Gogh, der andere ein dem Frankfurter Pflasterstrand abhanden gekommener Altachtundsechziger, klein, lebhaft, rund, robust. Es sind ausgesprochen originelle, aber keineswegs schrullige Typen. Ihre Frömmigkeit ist unübersehbar, jedoch sehr männlich, sportlich, als wären sie Gottes Fremdenlegionäre. Ihre Kultur ist beeindruckend; es sind keine Einfaltspinsel: Bauern und Holzfäller vielmehr, an denen Bildung und Stil irritiert. Vor allem aber sind sie liebenswürdig, sehr ehrlich, verständnisvoll. Sie zieren sich nicht, ihr verrücktes Leben zu erzählen und gleich ist man berührt von der Spanne zwischen Boulevard und Einsamkeit, in denen sich ihre Lebensgeschichten entfalten konnten.

Pater Gerlach, der feurige Holländer, hat sich jahrelang und mit der Ausdauer eines Seefahrers um den Eintritt in ein Kartäuserkloster bemüht. Von einem Aufenthalt in der Grande Chartreuse bei Grenoble erzählt er, spricht in nahezu sehnsüchtigen Formulierungen vom Leben in diesem Orden. Doch hatten ihn die Oberen offenbar nicht für geeignet befunden, was ihn nach dem Marathon aller möglichen und unmöglichen Anläufe zutiefst verletzte. Kommt er auf diesen Punkt der Ablehnung zu sprechen, funkelt es wild hinter seinen Brillengläsern und sein Plädoyer in eigener Sache gerät zu einer spirituellen Kanonade, die Auswahl des monastischen Nachwuchses betreffend. Man hat ihm die erste Liebe verweigert, so etwas verzeiht er nicht. Das Eremo von Monte Rua war ihm ein Ort heftiger Zuflucht. Ich mochte diese ehrliche Haut. Seine Aquarelle der Weingärten und Colli Euganei zeugen von einer feinen Sensibilität. In schweren Stunden schrieb er mir noch über Jahre hinweg lange Briefe des Rates und der mitfühlenden Begleitung.

Der Zorn, wäre der Zorn nicht gewesen! Als er wieder einmal mit ihm durchbrannte, packte er eines Nachts seine Zahnbürste und verschwand in eine offenbar bereits ausgesuchte Eremitage in der Nähe von Lucca. Doch nach diesem Abenteuer schwieg er lange und verschickte nur noch zu Weihnachten einen Rundbrief. Dann kam eines Tages die Todesnachricht, Herzinfarkt, mehr wurde nicht mitgeteilt.

Pater Winfried, der Prior, verbindet hessische Daseinsfreude mit dem Sinn für strikte Observanzen. Hier oben, zwischen den Weinstöcken des Veneto und der lateinischen Schwermut der Zypressen, ist er eine völlig überraschende Erscheinung. Während seine Frankfurter Altersgenossen für „Ho-Ho-Ho Chi Minh" und gegen die „Startbahn West" auf die Straße zogen, suchte er ganz andere Orientierungen, einen noch „ferneren Osten". Von einem wohlmeinenden Priester ursprünglich zu den

Trappisten geleitet, verbrachte er einige Jahre in der Abtei Tegelen. Als in den Konzilsstürmen die niederländische Kirche in Turbulenzen geriet und innerhalb der Klausur ein Schwimmbad (!) angelegt wurde, ergriff er die Flucht und bat bei den Kartäusern in Marienau um Aufnahme. Es war eine gute Zeit, doch wurde er zur ewigen Profess nicht zugelassen. Blieben schließlich für seine strengen Ambitionen die Kamaldulenser-Eremiten, die sich nicht nur seiner erbarmten, sondern ihn später auch zum Prior und Ordensgeneral wählten.

Ich habe Pater Winfried sehr ins Herz geschlossen. Er ist ein Mann diskreter, väterlicher Sorge. Noch bevor ich Jahre nach unserer ersten Begegnung im Frühjahr 1999 seinen Rat brauchte, hat er sich bereits nach mir erkundigt. Selbstverständlich war ich in seiner neuen Bleibe, dem umbrischen Eremo San Girolamo, gleich hoch willkommen. Eben erst vom Generalkapitel aus Frascati heimgekehrt, eilte er noch vor der Vesper zum Bahnhof von Fabriano, um mich abzuholen. Kaum älter geworden, steuerte er den kleinen Jeep durch die Dörfer. Zu meiner Bemerkung, es werde immer einsamer, grinste er nur, ich werde mich wohl noch wundern. Dann hält er in der Nähe des Örtchens Pascelupo an und zeigt zur Linken auf den Monte Cucco. Jenseits eines Wildbaches aufstrebender dichter Wald, darüber dramatische Felsen, zerklüftet, abweisend. Er fordert mich auf, seiner Hand zu folgen und ganz oben, neben dem weißen Gischtstreifen eines riesigen Wasserfalls, klebt das Eremo wie ein Adlerhorst. Aus Tibet oder vom Athos kennt man solche Felsenklöster. San Girolamo wirkt kleiner, aber entrückter, verwegener, unheimlicher. Das Yeti, der Schneemensch, oder Graf Dracula könnten da hausen. Wer sich dahin vorwagt, braucht eine spezielle Art von Humor.

Schon für die Auffahrt in dieses Genist bedarf es des Gottvertrauens. Hin und her rüttelt der Allradjeep, die Sturzbäche des sich hier oben nur zögernd zurückziehenden Winters haben in dem Dreckweg tiefe Furchen hinterlassen. Doch immer dann, wenn ich denke, es sei das Ende der Fahnenstange, ab hier gehe es per pedes weiter hinauf, entdeckt mein kontemplativer Chauffeur noch einen schmalen Übergang oder einen rettenden Felsbrocken, über den er die Reifen steuert. Er scheint diese steil ansteigende Geisterbahn auswendig zu kennen, beugt sich schmunzelnd über Abgründe, setzt überraschend zurück, um neue Anläufe zu nehmen. Der Motor heult auf, als schrecke selbst das Gefährt vor dieser Direttissima zurück. Rechts und links im lichter werdenden Wald fallen kleinere und größere Felsbrocken auf, manche haben ganze Schneisen gerissen. Pater Winfried erläutert, das seien die Reste des Erdbebens, das letztes Jahr die gesamte Region erschüttert habe. „Manchmal finde ich so ein Ding morgens im Garten", berichtet er, „doch keine Sorge, das letzte Mal, dass ein Mönch vom Steinschlag tödlich getroffen wurde, das war vor 600 Jahren". In der Tat, ein tröstendes Wort.

Endlich oben angelangt, erweist sich das vermeintliche Nest als eine feste Burg. Streng und kompakt klebt sie am Fels. Mehr als für eine Handvoll Eremiten ist nicht Platz, aber es herrscht eine wohltuende architektonische Ökonomie. Alles ist klein und übersichtlich, aber nichts eng oder gewagt. Die Zellen umfassen einen Flur, der im Winter auch zum Auf- und Abgehen dient, eine Toilette mit Dusche und Waschbecken, sowie den eigentlichen Wohn-, Schlaf- und Gebetsraum. Weiße Wände, Holzfußboden, ein kleiner Ofen, in dem die Flammen züngeln, ein Tisch zum großen Fenster. Gleich berührt die einfache und warme Atmosphäre; drüben hinter den Bergen von Pascelupo, dem „Pfad der Wölfe", geht die Märzsonne unter. Das stürzende Wasser rumort im Tal, noch liegt goldenes Licht auf den dichten Wäldern, die sich bis zur Schneegrenze erstrecken. Es ist eine großartige, einmalige Lage, fast verführerisch. Hier möchte man bleiben.

Später stehe ich im Chor der winzigen Kirche. Neben dem Prior umfasst die Gemeinschaft von San Girolamo zwei weitere Einsiedler: einen ehemaligen italienischen Trappisten und einen alten, spät berufenen Puerto-Ricaner; für viel mehr wäre auch kein Platz. Nach dem Glockenzeichen rezitieren wir die Abendpsalmen auf Italienisch. Es ist so kalt, dass der Hauch des Atems sogleich gefriert; im Weihwasserbecken klebt ein Stück Eis. Das Stundengebet endet mit Fürbitten für die Welt. Selten erschien sie so fern, aber die Anliegen sind sehr konkret: Krieg im nahen Ex-Jugoslawien, innere und äußere Katastrophen, Krankheit und Tod, das Leid scheiternder Menschen.

Pater Winfried stellt mir das Essen nach einem kurzen Klopfzeichen in den Flur. Es ist wieder jenes Henkelgeschirr, schlichter und praktischer geht es nicht. Sonderbar, jetzt allein zu essen. Am Fenster steht schon die Nacht, weit in der Ferne funkeln einige Lichter. Die Zelle erhält eine andere Dimension, wird enger, nur das Feuer leistet Gesellschaft. Schwierig, jetzt Schlaf zu finden. Kurz vor vier geht die Glocke zum ersten Mal. Das

Wasser ist so eisig, dass es schmerzt. Der bärtige Puerto-Ricaner steht aufrecht am Glockenstrang, dann erfolgen drei kurze Schläge zum Angelus und in schneidender Kälte beginnt die Vigil. Das sind unromantische Nächte.

Zu besichtigen gibt es in diesem Felsennest nicht viel. Der Prior führt durch die Keller, wo mächtige Fundamente und Stützmauern aufstreben. Der Orden hat das historische Gebäude auf schwierigen Umwegen von zahlreichen Erben zurückerwerben müssen und von Grund auf renoviert. An der Felswand entlang schlängelt sich ein schmaler Pfad hinauf zum Wasserfall. Es sind scharfe Extreme, an die man hier herantritt. Dann öffnet sich die Türe zur alten Eremitage dessen, den Pater Winfried ständig „den seligen Paul" nennt. Das hört sich süß an, doch da kann man sich täuschen.

„Der selige Paul" hieß ursprünglich Thomas Giustiniani. Als der 34-jähriger Sohn einer berühmten venezianischen Patrizierfamilie 1510 in den ältesten Eremitenorden der westlichen Kirche eintrat, geschah dies nach einer langen, schmerzlichen Suche. Der begabte junge Mann, der bereits im Alter von vier Jahren seinen Vater verloren hatte, fühlte sich zwischen der Liebe für die Bücher und der für die Frauen hin- und hergerissen. Zwar las er begeistert die stoischen Philosophen Seneca und Cicero, doch hatte er auch in seiner Universitätsstadt Padua manche leidenschaftliche Affäre. Giustiniani war ein Renaissance-Mensch, Zeitgenosse Raffaels, Michelangelos und Macchiavellis, nur die ganz außergewöhnlichen Dinge kamen für diese Generation in Frage.

Kurioserweise war es bei dem jungen Venezianer eine besondere Neigung zu Einsamkeit und großen Freundschaften, die schließlich den Ausschlag gab. Zunächst zog er sich in ein altes Familiengut auf der Insel Murano zurück, dann folgte eine Pilgerfahrt ins Heilige Land. Nichts geschah ohne die intime Komplizenschaft seiner Freunde Vincente Quirini und Giovanni Egnazio, ein unzertrennliches Trio, das schließlich auf das Eremo der Kamaldulenser in den Apenninenwäldern oberhalb von Arrezo aufmerksam wurde. Der erste Aufenthalt Giustinianis im Sommer 1510 führte die Entscheidung herbei. Das Kloster war eine sogenannte Laura: eine sich an palästinensischen Traditionen des 4. Jahrhunderts orientierende Einsiedlerkolonie, so wie sie bis heute im Wadi el-Kelt auf der Straße nach Jericho oder in der Mar Saba im Kidrontal noch bestehen. Sieben Eremiten, fünf Konversbrüder und der im Ruch der Heiligkeit stehende Rekluse Michaele Pini lebten hier nach einer auf den heiligen Romuald von Ravenna zurückgehenden und vom heiligen Randolph verfassten Lebensregel aus der Zeit der Jahrtausendwende. Noch bevor Bruno von Köln die Kartäuser gründete und Bernhard von Clairvaux die geniale Zisterzienser-Reform zur Blüte brachte, entstand in Camaldoli ein aus benediktinischen und eremitischen Elementen geprägter neuer Orden, der zahlreiche junge Menschen faszinierte.

Als Giustiniani am Abend des 17. Dezember 1510 in Camaldoli eintrat, wurde dies von den Oberen, die das spirituelle Format des neuen Novizen bereits erkannt hatten, als ein Aufbruch in schwieriger Zeit empfunden. Bereits um Weihnachten erhielt er das Habit und den Klosternamen Paul. Obwohl er als schlichter Konversbruder zu leben gedachte, wurde er zum Mönchspriester bestimmt und studierte erstmals die Werke von Origines, Gregor von Nazianz, Gregor von Nyssa und Bernhard von Clairvaux, dessen Liebesmystik ihn besonders anrührte. Ein alter Bruder führte ihn in die Kunst des Buchbindens ein, alle vierzehn Tag hatte er die Kirche zu fegen und übte sich in seinem Gärtchen in der Rosenzucht. In seiner Zelle – so die Vita – suchte er nichts anderes als „Jesus Christus, den Gekreuzigten" und weinte über all die Jahre, die er nutzlos verbracht hatte. Sein Freund Quirini, dem er detailliert über seine Entdeckungen als Einsiedler berichtete, folgte ihm 1512 zusammen mit seinem Bruder Georg und zwei weiteren Postulanten. Es war für den Orden eine denkwürdige Stunde, denn die beiden venezianischen Patriziersöhne wollten fortan Seite an Seite für eine Reform kämpfen, die dem ursprünglichen eremitischen Ideal von Camaldoli wieder gerecht werden sollte.

Es waren heftige, mitunter burleske Intrigen der Renaissance-Kirche, die auf die beiden Idealisten hereinbrachen. Quirini sollte zum Kardinal erhoben werden, starb aber im Dschungel römischer Dolce Vita. Paul Giustiniani wurde 1519 zum Generaloberen gewählt, aber wohl auch, um ihn noch mehr den Ablenkungen seiner Gegner auszusetzen, die das Eremo im Fichtenwald in eine gut geheizte Kulturabtei verwandeln wollten. Die Dinge eskalierten dermaßen, dass Bruder Paul am 14. September 1520 die gesamte Gemeinschaft von Camaldoli in den Kapitelsaal rufen ließ und seine Demission verkündete. Manche wollten es nicht glauben, andere bemühten sich, ihn umzustimmen, aber bereits in der Nacht folgte eine der erschütterndsten Szenen in der Geschichte des Eremitentums: Klammheimlich öffneten Bruder Paul sowie der ihm lebenslang verbundene Konversbruder Olivo di Cortone die Klosterpforte und verließen den ihnen so ans Herz gewachsenen Ort. In einem Brief an die konsterniert zurückbleibenden Mitbrüder schrieb der abgedankte Prior einige Tage später: „Camaldoli zu verlassen war für mich grausamer, als mich nach meiner Bekehrung von Venedig und meiner Familie zu trennen. Aber dieser Abschied war notwendig, um dem Herrn in Wahrheit dienen zu können."

Dazu blieben ihm noch knappe neun Jahre, Pilgerjahre, die ganz erfüllt waren von der kompromisslosen Suche nach Einsamkeit mit Gott. Diese umbrische Wanderschaft führt ihn abwechselnd in die Berge von Gubbio, wo sich ihm drei hervorragende neue Brüder anschlossen, in das kaum erreichbare San Girolamo bei Pascelupo, dem sofort seine ganze Liebe galt, und schließlich in die Grotten von Massacio, wo die Esel besser untergebracht waren als die Einsiedler. 1522 zählte seine Eremitengruppe bereits 30 Mitglieder. Einem jungen Mann, der zu ihnen stoßen wollte, schrieb Bruder Paul: „Wir essen verschimmeltes Brot und eine Kräutersuppe. Einmal habe ich während vier Tagen nichts als Bohnen zu mir genommen. Wenn es Knoblauch, Schnittlauch oder Früchte gibt, triumphieren wir... Unsere Kleidung ist die ärmste und einfachste, die man finden kann ... nur zwei oder drei Brüder tragen Strümpfe, die anderen verzichten im Sommer wie im Winter darauf."

Am 7. August 1524 hatte Paul Giustiniani während einer stillen Messe in der Einsamkeit von San Girolamo eine Vision, die ihm die Gewissheit vermittelte, ganz von der Freude Gottes überflutet zu sein und von ihr absorbiert zu werden. Diese mystische Erfahrung war so intensiv, dass Paul in seiner Erschütterung gerade noch imstande war, auf einen Papierfetzen das Wort „Feuer" zu kritzeln. Kurze Zeit später kam es zu der lange angestrebten Aussöhnung mit seinen ehemaligen Brüdern in Camaldoli. Tief gerührt überließ man ihm seine alte Zelle, was ihm den Eindruck vermittelte, noch einmal ins Noviziat eingetreten zu sein. Im Noviziat von Camaldoli entdeckte er übrigens zu seiner großen Überraschung seinen Neffen Francesco, dem er eines Tages geschrieben hatte: „Überwinde dich selbst ... wenn du in der Welt bleibst, wirst du als ein dummer und verwöhnter Alter enden, der die Zeit mit seinesgleichen auf den Bänken der Plätze Venedigs verbringt ..." Einem alten Jugendfreund schrieb er in dieser Zeit: „Weißt du, seitdem ich Mönch bin, werde ich von Tag zu Tag glücklicher. Ja, ich glaube tatsächlich das Paradies auf Erden gefunden zu haben, Körper und Geist jubilieren."

Im Rahmen einer Audienz bei dem nach Orvieto geflüchteten Papst Clemens VII., der seinem Orden sämtliche in Frage kommenden Rechte gewährt, infizierte sich Bruder Paul mit der in der Region grassierenden Pest. Dennoch begab er sich nach Rom, wo ihm die Benediktiner der Abtei St. Paul-vor-den-Mauern eine Einsiedelei in herrlicher Lage auf dem Monte Soracte anboten. Oben in den Ruinen von San Sylvestre wurde er von Fieberanfällen heimgesucht. Den Tod vor Augen, verabschiedete er sich von seinen Brüdern mit einem humorvollen Sonnet. Der Zufall wollte es, dass sich gerade der Eremit Gregorius von Bergamo auf dem Weg von Camaldoli nach Rom befand. Als man ihm mitteilte, dass sich auf dem Monte Soracte ein Mitbruder befände, machte er sich sofort auf den Weg. Als er eintraf, hatte Bruder Pauls Agonie schon begonnen. In den Armen des Freundes starb er am 28. Juni 1528 bei Sonnenuntergang.

Ein solch abenteuerliches Leben birgt bis zum heutigen Tag für die Kamaldulenser-Eremiten viel stimulierende Kraft. Pater Winfried ist davon überzeugt, dass diese auch in unsere chaotische Zeit hineinwirkt. Der berühmte Mediävist Dom Jean Leclercq OSB hat anlässlich von Exerzitien im Eremo von Frascati Leben und Werk Giustinianis neu entdeckt. Schon liegt auch eine deutsche Übersetzung vor, auch wird über eine Kanonisierung gesprochen. Eine Neugründung des Ordens in Südamerika bestätigt den Aufwind. Stille und Strenge haben durch die Jahrhunderte hinweg an Faszination nichts eingebüsst. Mehr noch: Sie scheinen über Energien zu verfügen, die „in der Herde, die ohne Hirten ist" noch hilfreich sein können.

Über Stock und Stein bringt mich der deutsche Einsiedler im Jeep zurück zum Bahnhof. Seine flinken Hände am Steuerrad, Beterhände, die anzupacken vermögen. Die Bauern unterwegs winken ihm zu. Er liebt dieses rauhe umbrische Bergland, erzählt die Geschichte alter Kapellen und Klosterhöfe. Selbst im Bahnhof weicht er nicht von meiner Seite. „Darf ich uns einen Cappuccino spendieren", lächelt er und so stehen wir beide am Tresen, während im Lautsprecher der Zug aus Ascona angekündigt wird. Welch guter Mensch, denke ich, als er immer noch winkend am Bahnsteig steht, während der Zug an Fahrt gewinnt und in den Wäldern verschwindet.

Die versteckte Frau

Am Nachmittag des 7. Februar 1990 erfolgte aus einer abgelegenen Zelle des Kamaldulenserinnenklosters Antonius des Großen in Rom ein Hilferuf. Das Signal der Schelle ertönte kurz, fast scheu, aber es wirkte bei der diensttuenden Pförtnerin wie ein Schock. Nie zuvor war sie oder eine ihrer Mitschwestern von dieser Zelle aus gerufen worden. Im Gegenteil: Diesen Ort im äußersten Klausurbezirk, am Ende eines langen, dunklen Ganges, umgab eine Aura des Geheimnisvollen. Manche hielten ihn für „eine Art Grab". Außer der Oberin durfte niemand, nicht einmal der Papst, den Raum betreten. Die Aufgabe, einmal täglich ein Tablett mit einer frugalen Mahlzeit dorthin zu tragen oder wieder abzuholen, wurde nur besonders bewährten Schwestern übertragen. Aber selbst diese bekamen die Bewohnerin der einsamen Zelle nie zu Gesicht. Es erfolgte ein kurzes Anklopfen, dann stellten sie das Tablett auf den Boden vor die Tür. Diese öffnete sich erst, wenn die Schwester wieder verschwunden war. Ansonsten hatte die Zellentür ein von einem schweren Vorhang verdecktes Fensterchen. Unverzichtbare, für die Dinge des Lebens notwendige Mitteilungen fanden hier statt. Doch blieb der Vorhang immer verschlossen und dämpfte matt jene Frauenstimme, die aus dem Inneren klang.

Die Pförtnerin war über den Hilferuf so erschrocken, dass sie es nicht wagte, sich allein in dieses Verlies zu begeben. Sie informierte die Oberin, Mutter Hildegard, die sich mit ihr auf den Weg machte. Diesmal klopften sie nicht an. Als die Oberin die Türe öffnete, lag im Halbdunkel des Raumes Schwester Maria Nazarena von Jesus zusammengesunken auf einer Bettkiste. Die 83-Jährige, die seit 44 Jahren eingeschlossen in diesem Kloster als Reklusin lebte, war am Ende ihrer Kräfte. Kein Wort mehr, nur das Bild totaler Erschöpfung, großen Leidens.

Der sofort alarmierte Arzt erschrak, als er die Zelle betrat und die Schwester erblickte. Als er ihr graues Habit öffnete, um mit einem Stethoskop Puls und Herzschlag zu kontrollieren, wurde ihm gleich klar, dass die Agonie bereits eingesetzt hatte. So sehr er sich auch um Diskretion bemühte, die bräunlich-blauen Wunden, die die Schwester im Hals- und Brustbereich trug, blieben ihm nicht verborgen. Es waren unverkennbare Spuren eines Cilliciums, das aus kilikischen Ziegenhaaren und kleinen Eisenspitzen bestand. Als der Arzt das Untergewand der wie ein Vögelchen abgemagerten Schwester beiseite schob, entdeckte er ein Brustkreuz aus Nägeln. Bestürzt verließ er den Raum.

Obwohl keine Hoffnung mehr besteht, wird eine Sauerstoffflasche in die Zelle gebracht. Schwester Nazarena atmet daraufhin ruhiger. Gegen 19 Uhr verschlechtert sich ihr Zustand zusehends. Mutter Hildegard alarmiert den Ordensoberen, Dom Anselmo Giabbani, der sich zufällig im benachbarten Kloster San Gregorio in Coelio befindet. Seit seiner Ankunft in Rom, im November 1945, war er Nazarenas geistlicher Vater. Tief bewegt betritt er erstmals ihre Zelle. Als die Schwester ihn erkennt, greift sie nach seiner Hand. Dom Anselmo ist erstaunt, welch unheimliche Kraft noch in diesem Händedruck steckt. Sie bittet um seinen Segen.

Als das Ende naht, lässt Mutter Hildegard die Klostergemeinschaft rufen. Dies widerspricht an sich der strengen mittelalterlichen Reklusenregel, die das Betreten der Zelle auch bei Sterbefällen verbietet und selbst den Anblick der Leiche untersagt. Aber, die Kamaldulenserinnen feiern ausgerechnet heute einen besonderen Festtag: die Überführung der Gebeine ihres Gründers, des heiligen Romuald von Val di Castro in die Kirche San Biagio nach Fabriano. So stehen sie eng beieinander in dieser Zelle und auf dem Flur. Viele von ihnen sehen das Antlitz der Reklusin, mit der sie Mauer an Mauer, Tür an Tür über Jahrzehnte hinweg zusammen gelebt haben, zum ersten Mal. Ein Mönch aus der benachbarten Benediktinerabtei San Anselmo spendet der Sterbenden die Letzte Ölung. Dann singen die Schwestern die Vesper des heiligen Romuald. „Du hast geschaut auf die Niedrigkeit deiner Magd", so schallen die hohen Stimmen beim Magnificat. Kurz nach 22 Uhr tritt der Tod ein.

Bereits ein Jahr zuvor hatten die Oberin und der Beichtvater bemerkt, dass es mit Schwester Nazarena allmählich dem Ende zuging. Doch ihren gemeinsamen Wunsch, sie möge für die Nachwelt die wichtigsten Erinnerungen ihres Lebens niederschreiben, hat sie nur sehr zögerlich erfüllt. Er widersprach ihrem Ideal des radikalen Leerwerdens. Spuren wollte sie an sich allein für ihren Gott hinterlassen; er würde sie schon zu deuten wissen. Aber schließlich gebot ihr der klösterliche Gehorsam, die so hartnäckig vorgebrachte Bitte nicht weiter auszuschlagen, wenn auch ihre „Autobiografischen Notizen" an Spärlichkeit kaum zu übertreffen sind. Aber dennoch: Sie bieten einen diskreten Einblick in dieses abenteuerliche Leben und tauchen selbst in dieser streng bemessenen Kürze all die als skandalöse Zumutung empfundenen Opfer, die sie sich auferlegte, in ein anderes, milderes Licht.

So bilden diese „Notizen", die sie sich mühsam aus der Seele riss, und die 33 Briefe, die sie im Laufe der Zeit an Mutter Hildegard und Dom Anselmo richtete, die einzigen schriftlichen Quellen, die Nazarena hinterlassen hat. Mehr gab „das Grab" ihrer Zelle, in der sie sich vier Jahrzehnte versteckte, nicht her.

Julia Crotta wurde am 15. Oktober 1907 in der Universitätsstadt Glanstonburry, im amerikanischen Bundesstaat Connecticut, als siebtes Kind italienischer Einwanderer geboren. Ihre Eltern stammten aus dem Bergland von Piacenza und brachten es bald mit einer Pfirsich- und Tabakplantage zu Wohlstand und Ansehen. Julia, ihre Jüngste, war ein sehr lebhaftes und auf besondere Zuneigung bedachtes Mädchen. In ihren Kindheitserinnerungen fallen gleich zwei recht widersprüchliche Züge auf, ein ausgeprägtes frühes Selbstbewusstsein und ein kurioser Hang zum Schlemmen. Als ihre Mutter ihr eine Entschuldigung abverlangt und sie deshalb vom Abendessen ausschließt, tritt sie in eine Art Hungerstreik, den sie erst beendet, als die gute Frau in Tränen ausbricht. Zur Konfirmation wählt sie als 14-Jährige den Namen „Hoffnung" und bemerkt, dass sie, im Gegensatz zu ihren Freundinnen, bereits entschlossen sei unverheiratet und kinderlos zu bleiben: „Ich war zu etwas anderem berufen."

Auf der Highschool von Rockville hat sie Probleme mit dem „oberflächlichen Zeitvertreib" der Mitschülerinnen. Mit 19 Jahren absolviert sie ihre Matura; sie ist 1,80 Meter groß, schön und eine hervorragende Volleyballspielerin, die an der Yale-Universität der Meisterequipe angehört. Julias besonderes Interesse gilt jedoch der Musik und dem klassischen Tanz, bis zu zehn Stunden täglich übt sie Klavier und Violine. Am Albertus Magnus College belegt sie Französisch, Deutsch, Italienisch, Latein und Griechisch; sie schreibt gar ein Drehbuch für Produzenten in Hollywood, sie ist beliebt und begehrt. Sie hat Freunde.

Während der Osterferien 1934 lässt sich Julia zu Einkehrtagen überreden; es soll ein Schlüsselerlebnis werden: „Eine Nacht wurde für mich wirklich zur ‚nox beatissima', Gott schenkte mir eine unendliche Gnade, die innerhalb eines Augenblicks mein Leben veränderte." Der Lockruf in die Wüste ist so stark, dass sie sich zu aberwitzigen asketischen Bravourstücken hinreißen lässt: während Stunden betet sie in Eiseskälte am offenen Fenster, über die Schüssel mit Obstsalat kippt sie Salz und gesteht selbst, „ein verwirrtes, ungeduldiges Mädchen" gewesen zu sein. Sie weiß nicht, in welche Symbole sie ihre metaphysische Sehnsucht übersetzen soll.

Nach erfolgreichem Abschluss ihres Studiums arbeitet Julia Crotta in einem New Yorker Architekturbüro, doch vertraut sie bald dem Jesuiten Thomas Bradey ihre geheimen Wünsche an, der sie einem Karmelitinnen-Kloster in Newport empfiehlt, wo sie im Herbst 1937 eine enttäuschende Zeit als „Beobachterin" verbringt. Sie möchte in die Einsamkeit der palästinensischen

Wüste, fühlt sich missverstanden und zurückgestoßen. Pater Thomas rät ihr nach Rom zu reisen. Noch im November bricht sie auf, der Abschied von der Familie kann schmerzlicher nicht sein. In der Nacht, bevor sie das Schiff besteigt, bittet sie ihren Vater um seinen Segen, schluchzend umarmt der alte Mann sein sonderbares Kind. Sie werden sich nie wiedersehen.

Die Heilige Stadt am Vorabend des zweiten Weltkrieges wird für die 30-jährige Amerikanerin zunächst zur Hölle. Ihr Versuch, bei den Kamaldulenserinnen auf dem Aventin einzutreten, scheitert ebenso wie die Prüfungszeit im „Karmel der Wiedergutmachung", wo sie zwar 1940 die zeitlichen Gelübde ablegt, jedoch nur Verzweiflung erfährt und nach vier Jahren der Qualen als „Skelett", innerlich und äußerlich am Ende, wieder austritt.

Schließlich schlägt sie sich – total von der Rolle – als Kartoffelschälerin und mit einem Job im Sozialbereich durch, bevor sie sich wieder einigermaßen gefangen hat und im Controlling der „Banca d'Italia" unterkommt. Sie schöpft neue Kraft, wirkt souverän und wird von allen geliebt. Aber die grundlegende Irritation bleibt. Julia Crotta kann sich nicht mit den Verhältnissen arrangieren. Ihr geistlicher Berater, der für den Heiligen Stuhl die kontemplativen Orden betreuende Kapuziner Pater Giovanni, ist fast selbst schon am Rande der Ratlosigkeit, als sich im November 1945 im komplizierten „Fall Crotta" eine völlig unerwartete Chance präsentiert. Mutter Angela vom Kamaldulenserinnen-Kloster Antonius des Großen auf dem Aventin erklärt sich bereit, ihre ehemalige Kandidatin als private Reklusin für die Dauer von drei Jahren innerhalb der Klausur aufzunehmen. Dazu gewährt die vatikanische Religiosenkongregation eine Sondergenehmigung; es entsteht der Entwurf einer „Lebensregel", die selbst Papst Pius XII. anlässlich einer Privataudienz am 21. November 1945 für „etwas zu streng" hält. Julia antwortet, sie hätte es noch strenger bevorzugt; der Heilige Vater lächelt. Dann begibt sie sich in den Petersdom, wo sie sich vor der Confessio des Apostels Petrus hinwirft. „Es war ein Opfer", so notiert sie später, „für die ganze Kirche". Sie pocht wiederholt auf diese Feststellung, denn das „verrückte Leben", das sie führt, trägt keine pathologischen Züge, keine Spuren spektakulärer Flucht eines verwirrten Egos, sondern die absolute Sehnsucht totaler Hingabe, stellvertretend für viele.

Der Aventin gilt in Rom als ein sehr klösterlicher Hügel. Neben den Mutterhäusern der Kamaldulenser, Dominikaner und Zisterzienser befinden sich dort auch die benediktinische Ordenshochschule San Anselmo sowie die Zentrale des Malteserordens. Jenseits der sagenumwobenen Kirche Santa Maria in Cosmedin ebbt der chaotische römische Verkehr plötzlich ab. Hohe Mauern und Gärten mit uraltem Baumbestand prägen das Bild. Vom Park neben der dominikanischen Basilika Santa Sabina bietet sich ein herrlicher Blick auf die Tiberbiegung und das alte Rom. Durch das Schlüsselloch im Portal der Malteser erscheint in präzisem Umriss die Silhouette des Petersdoms. Unten liegen die Gassen des volkstümlichen Trastevere. Der Aventin ist ein zentraler Ort, aber es herrscht kontemplative Stille, die nur zu den Zeiten der großen Stundengebete von wetteifernden Glockenschlägen unterbrochen wird.

Als Julia Crotta am 21. November 1945 im Kloster Antonius des Großen ihre Reklusenzelle bezieht, ist das für die gesamte Gemeinschaft eine zugleich aufwühlende und ernsthafte Stunde. Nie zuvor hatte sich hier eine Kamaldulenserin in diesen extremen Bereich vorgewagt. Der eremitische Orden schreibt dafür ein besonders ergreifendes Ritual vor, das die Beerdigungsliturgie zum Vorbild hat, die „mystica sepultura", die das „Sterben mit Christus" anstrebt: Die Schwestern begleiten die Kandidatin bis in den abgelegenen Teil des Klausurgangs. Die Oberin, die Priorin und der geistliche Vater begeben sich mit ihr zur Zellentüre. „Der Vater segnete mich, segnete die einsame Zelle", berichtet sie, „dann sagte er: ‚Ich lasse dich hier allein mit Jesus, der heiligen Mutter und den heiligen Engeln.' Zusammen mit den beiden Schwestern trat er in den Gang zurück und die Türe wurde geschlossen. Die Freude, die ich empfand, ist unvorstellbar."

Diese Zelle, das Grab der Reklusin, geht auf das Vorbild der heiligen Väter Antonius des Großen und Paul von Theben zurück, die in der ägyptischen Wüste in einer Höhle beziehungsweise Grabkammer lebten. Ihre euphorischen Nachfolger ließen es bald auch zu Exzessen kommen, so dass Ende des 7. Jahrhunderts die Trullanische Synode festlegte, dass Kandidaten sich zunächst in drei Klosterjahren zu bewähren hatten und anschließend die Zelle nie mehr verlassen durften. Eine Zeit hoher Blüte erreichte das Reklusentum im Russland des 13. Jahrhunderts, nachdem es in Gallien bereits zahlreiche Anhänger gefunden hatte. Immer war es jedoch auch Gegenstand heikler Reglementierungen. Im Mittelalter bevorzugten es die

Frauen, statt in Nonnenklöstern, in nebeneinander liegenden Zellen unter einer Meisterin zu leben, so etwa in Limburg und Südbrabant. Bis zum 15. Jahrhundert entstanden mehrere Reklusenregeln, die bisweilen die Struktur und Lage der Zellen, ihre Einrichtung sowie das Weihe- und Einschließungszeremoniell detailliert festlegten.

Julia Crottas „Lebensregel" orientierte sich stark an den Texten des Kamaldulensergründers, des heiligen Romuald, sowie an dem Entwurf des seligen Paul Giustiniani, einem konsequenten Reformer, der im 16. Jahrhundert dem Orden seine eremitische Ausrichtung zurückgab. So war die Zelle der Amerikanerin auf dem Aventin die zugleich abgelegenste und einsamste ihres Klosters. An den kahlen weißen Wänden nur ein Kreuz, so wie bei den ersten Wüstenvätern. Auf einem kleinen Altar die Statue der Gottesmutter als Symbol der „porta coeli". „Ich habe mich in Maria versteckt", schreibt sie später. Als Tisch dient ein Holzbrett, das sie bei Bedarf auf ihre Knie legt. Das Bett besteht aus einer bloßen Holzkiste, auf die ein Kreuz genagelt wurde; an den Seiten offen dient sie zugleich als Schrank. Der Fußboden, der im Winter mit einer Matte überzogen wird, dient als Ort der Kniefälle, Metanien und Prostrationen, des wiederholten Sichhinwerfens vor Gott. In der Nähe des Fensters eine Ecke für die Handarbeit, schließlich in der anderen Ecke Wasserbecken und Toilette. Mutter Hildegard berichtet, dass ihre Reklusin vor dem Klostereintritt zahlreiche Freunde und Bewunderer gekannt habe: „Ihre Liebenswürdigkeit, ihre Offenheit, ihre Schönheit machten sie sehr attraktiv. Sie wusste zu brillieren und Gespräche zu führen... Die spirituelle Intensität faszinierte. Man ahnte das Feuer, das in ihr brannte. Als sie jedoch ihre Zelle betrat, brach sie alle Brücken ab." Sie selbst begründete diese Haltung mit der lapidaren Feststellung: „Die Zelle und der Himmel haben keine Grenzen."

Auch die „Regel", die sie sich auferlegte, zielte auf das Grenzenlose. Julia erhob sich um ein Uhr zum Nachtoffizium, der Vigil folgte bis drei Uhr ein persönliches Gebet. Nach einer Ruhepause stand sie zur Laudes auf und las über den ganzen Tag verteilt die Stundengebete im Rhythmus mit der Schwesterngemeinschaft jenseits der Mauern. Die geistliche Lesung, die „lectio divina", ist von zentraler Bedeutung; stets liegt die Bibel offen vor ihr.

Die Mahlzeiten in der Zelle entsprechen den frugalen Traditionen der Einsiedler von Camaldoli und Fonte Avellana. Die Reklusin isst weder Fleisch, noch Fisch, Eier, Butter, Pizza, Teigwaren oder Süßigkeiten. Während fünf Wochentagen gibt es nur Brot und Wasser. An Sonn- und Festtagen sowie donnerstags, mit Ausnahme der Advents- und Fastenzeit, darf sie Salat, Gemüse, Salz und Früchte zu sich nehmen. Als Habit trägt sie eine Robe aus grauem Tuch und einen kleinen weißen Schleier. Die bloßen Füße stecken in Holzpantinen. Sie schläft ohne Matratze oder Strohsack auf dem Kreuz der Holzkiste und benutzt dazu ein Betttuch aus grobem Leinen und zur Winterszeit Decken nach Bedarf.

Körperlich gearbeitet wird, wie in der Sketis oder Kellia, sechs bis acht Stunden pro Tag. Die ehemalige Yale-Absolventin entwickelt dabei eine besondere Begabung für die Herstellung von vergoldeten Zweigen für die Palmsonntag-Prozessionen in den benachbarten Pfarren. Kein einziges Mal, so gesteht sie in ihren späten Aufzeichnungen, sei sie in Versuchung geraten, ihre Zelle zu verlassen: „In den 43 Jahren habe ich weder Trauer noch Überdruss gespürt, sondern eher eine stets neue Freude, die, wie in der Ewigkeit, ihre Frische nicht verliert."

Doch spricht auch sie von der Wüstenerfahrung der „Dämonen": sie seien ihr nicht erspart geblieben. Es ist der alte geistliche Kampf mit den Urkräften des Bösen. Wie die alten Meister der Nepsis, der spirituellen Nüchternheit, bemerkt sie am Ende ihres Lebens: „Das Reklusenleben ist den Tricks, Irrtümern und Strategien zweier Feinde besonders ausgesetzt: des Satans und des Ichs. Man muss lange und viel leiden, sich zu wehren wissen und ohne jede Hilfe allein im Nebel kämpfen können, um die Gnade zu erlangen. Deshalb führt Gott jene durch obskure und schmerzliche Prüfungen, die er zur Einsamkeit führen will ..."
Weiter heißt es: „Je mehr man das Ich von seinen egoistischen Instinkten befreit, umso mehr nimmt der Heilige Geist von diesem Abgrund Besitz."

Nach diesen Jahren der Prüfung wird Julia Crotta am 15. Dezember 1947 im Kamaldulensrinnenorden aufgenommen, erhält das Habit und den Klosternamen Maria Nazarena von Jesus. Sie hat ihn selbst ausgewählt, Ausdruck ihrer Sehnsucht nach Angleichung an das Geheimnis des verborgenen Jesus in Nazareth. Der Oberin schreibt sie zu diesem Anlass, sie möge ihr helfen, „so im Kloster zu leben, als wäre ich nicht da".

1951 erhält sie die Nachricht vom Tod ihres alten Vaters, der unter dem Verlust seiner Jüngsten so sehr gelitten hat. Der Brief, den sie an ihre Familie richtet, ist voller Mitgefühl und strahlt

Hoffnung und Stärke aus. Am 10. März 1961 stirbt ihre Mutter und zehn Tage später ihre Lieblingsschwester Rosa. Typisch für die Sensibilitäten des strengen Ordens ist die Tatsache, dass die Oberin es nicht wagt, ihr diese Nachricht zu überbringen. Als Nazarena es von ihrem Beichtvater erfährt, bricht sie in Tränen aus und erzittert vor Schluchzen. Dennoch lässt sie es nicht zu, dass ihr Schwager wenige Wochen später an ihr Zellenfenster treten darf.

Diese seltene Gunst gewährte sie – bedrängt vom späteren Kardinal P. Mayer OSB – nur einigen Novizen der benachbarten Kamaldulenser- und Benediktinerklöster San Gregorio und San Anselmo, die in Begleitung des Ordensmannes, ihren spirituellen Rat einholen. Doch macht sie sich hinterher Vorwürfe, „wie eine Kirchenlehrerin" geredet zu haben. Sie sehnt sich danach, „vor mir selbst versteckt zu sein", bittet die jungen Studenten inständig, „sprechen sie nicht mehr von mir".

Als Mutter Hildegard 1959 Nazarena eine neue, etwas komfortablere Zelle mit einer Terrasse und einer moderneren hygienischen Einrichtung zuweist, bleibt dieser Wechsel in ihren Aufzeichnungen unerwähnt. Lediglich einige Monate zuvor äußert sie sich gegenüber Dom Anselmo, dass sie in diesen neuen Wänden „bis zu ihrem Tode" verweilen werde, sie spricht vom „Lärm und den Eitelkeiten dieser Erde des Exils" und beteuert, die Engel nicht zu beneiden, sei es doch ihr „wahrlich beneidenswertes Los, anzubeten ohne zu sehen, ohne getröstet zu werden, ausschließlich auf meine Kosten".

Zu Beginn der sechziger Jahre kommt es zu zwei Ereignissen, die den Ablauf ihrer einsamen Tage jäh unterbrechen. Zunächst erfährt sie von der Absicht, ihr einige Stunden pro Woche die Novizinnen anzuvertrauen. „Allein in der Zelle" sei ihr Platz schreibt sie der Mutter Oberin, „draußen wäre ich unglücklich, unruhig, wie ein Fisch ohne Wasser ... das wäre das Ende meiner Berufung". Ihren geistlichen Vater Dom Anselmo fleht sie an: „Lassen Sie das nicht zu ... Eher möchte ich aus dem Orden austreten ... Gott wird mir einen anderen Ort meiner Wüste zuweisen." Der Kelch geht an ihr vorüber.

Schließlich muss sie dann doch ihre Zelle, wenn auch nur für kurze Zeit verlassen, denn sie erkrankt wegen der Asche, die sie ihrem Brot beigemischt hat, an den Zähnen und muss einen Arzt aufsuchen. Ohne Schwierigkeiten begibt sie sich allein in die aufgewühlte Stadt und lässt sich gar, wegen des Regens, im Auto von einem Herrn heimfahren, mit dem sie spirituelle Gespräche führt. Auch der Aufenthalt in einer Augenklinik verläuft problemlos. Zu dieser Zeit fällt auf, dass Nazarena leise, aber unbeirrbar in ein neues Stadium geistlichen Lebens tritt. Ihre ohnehin anspruchsvolle Askese wird noch strenger. Sie verlängert ihre Fastenzeiten über das von den Eremiten aus Fonte-Avellana praktizierte Maß hinaus, lechzend nach „etwas Tomatensauce". Die von Mutter Hildegard angebotenen, ihrem fortschreitenden Alter gemäßen Möbel, lehnt sie kategorisch mit den Worten ab: „Ich fühle mich wie mit 20. Meine Gesundheit ist robust." Die Zeit der Handarbeit nimmt inzwischen zehn, manchmal zwölf Stunden in Anspruch. Aber, der innere Kreis, in dem sie sich bewegt, wird reiner, größer, intensiver. Manchmal erinnern ihre kurzen Notizen an die abgeklärten Bekenntnisse der rheinischen Mystiker Meister Eckart oder Heinrich Seuse, die so eindringlich vom „Leersein für Gott" berichten. Das Fasten, die Nachtwachen, die Geißelungen sind ihr kein Selbstzweck, „allein die Liebe zählt". Weiter heißt es: „Die Eroberung des eigenen Ichs zählt mehr als die Eroberung der ganzen Welt."

In jener Zeit nach dem Konzil, als in der Kirche auch manche großen und alten Konzepte banalisiert wurden und das Verständnis für die Lebensweise der beschaulichen Gemeinschaften erschreckend abnahm, bekräftigte sie leidenschaftlich das Ideal der kontemplativen Orden: „Es ist ihr Auftrag in der Kirche das Herz zu sein, das ist das wichtigste Organ, das allen Gliedern Leben bewahrt und Leben spendet, sie nährt und stärkt."

Von Blaise Pascal gibt es den Satz, alles Unglück in der Welt begänne damit, dass der Mensch nicht einmal eine Stunde mit sich allein in einem Zimmer sein könnte; der heilige Romuald erfährt die Zelle als das Paradies. Auch für Julia ist der Himmel nur eine Handbreit entfernt; ihr spiritueller Berater, Dom Anselmo, bestärkt sie darin. Dieser sensible Übergang wird jetzt spürbarer, greifbarer. Nazarena schreibt illusionslos, „ohne Jesus, dem Alpha und Omega, ist diese Zelle der leerste und tristeste Ort der Welt, ein obskures Gefängnis". Ganz erfüllt von ihrer Sehnsucht vergleicht sie die Erbärmlichkeit ihrer einsamen Wohnung mit dem geheimnisvollen „Zelt" aus dem Buch Exodus oder mit dem „hortus conclusus", dem nur für den Geliebten reservierten Garten. Mutter Hildegard bemerkt in ihren Memoiren, sie habe das Gefühl „neben einer Heiligen zu leben".

Zugleich ist da eine mit fortschreitendem Alter größer werdende Solidarisierung des Mitfühlens mit den Menschen. Wie schon damals im November 1945 bei ihrer Lebensweihe vor der Statue des „Menschenfischers" im Petersdom, erkennt sie ihr verstecktes Leben als eine besondere Berufung inmitten der heiklen Geschichte der Kirche. Wozu ist die Kirche da? Für die Menschen. In diesem größeren Kontext entwickelt Julia eine Mystik ihres eigenen Für-andere-da-Seins. Da sie ihr eigenes Wesen so unverstellt kennt, ist sie zutiefst solidarisch mit dem gefallenen und gedemütigten Mitbruder. Dies wird auf eine erschütternde Weise manifest, als Papst Paul VI. sich am Aschermittwoch 1966 nach einem Gottesdienst in der benachbarten Dominikanerkirche Santa Sabina an das Sprechgitter ihrer Zellentür begibt. Über das Gespräch wurde nie etwas bekannt, aber zuvor hatte der Papst in einer Ansprache an die Klostergemeinschaft einige Andeutungen gemacht. Vor dem Hintergrund der Not in der Welt und der Krise in der „winterlichen" Kirche beschwor Paul VI. die Schwestern nicht zu vergessen, „dass unzählige Menschen vom Beispiel ihres Lebens abhängen". Eine Weisung des Wüstenvaters Evagrios Ponticos variierend, fügte er hinzu: „Ihr seid Erwählte, jedoch keine Getrennten."

Dreizehn Jahre später, ebenfalls zu Beginn der Fastenzeit 1979, besuchte Papst Johannes Paul II. das Kamaldulenserinnenkloster auf dem Aventin. Auch er begab sich an Nazarenas Zellentür und segnete sie mit der Bitte: „Beten Sie für die Welt und für die Kirche, beten Sie aber auch für mich."

Gabriel

Dass mein Freund, der Einsiedler, Gabriel heißt, habe ich immer als ein wichtiges Zeichen empfunden. Es ist der Name des Engels der Verkündigung, ein Mitwisser des Geheimnisses und sein stiller Bote. An sich eine sehr mädchenhafte Szene und zugleich fast schon intimer Flüsterton über eine geheimnisvolle, alle Muttermythen sprengende Geschichte. Dieser Engel ist ein diskreter, nahezu konspirativer Gesandter. Das, was er zu sagen hat, kommt leise und kurzgefasst. Seine letzten Worte zur Sache: „Für Gott ist nichts unmöglich."

Dass es seit mehr als 30 Jahren in meinem Leben nichts Wesentliches gibt, das mein Freund Gabriel nicht wüsste, nicht geteilt oder nicht mit durchlitten hätte, macht ihn zu einem „Schutzengel" der seltenen Art. Seine geduldige Verfügbarkeit war jedoch stets von einer mahnenden Bitte um Zurückhaltung umgeben. Discretio, so nennen die Benediktinermönche diese mit stiller Hand waltende Präsenz an den schrecklichen Tatorten unserer schwierigen Wege ins Leben. Will man nicht in die Irre gehen, tut man gut daran, sich an diese Spielregel zu halten.

Was ich jedoch sagen darf, ist, dass die bewegte Geschichte unserer Freundschaft für mich tatsächlich mit einem Blick der Liebe begann. Ohne je zuvor von ihm gewusst zu haben, verkörperte dieser junge Novize im herbstlichen Chevetogne so etwas wie eine Lichtgestalt. Viel mehr eigentlich als nur eine Spielart des versunkenen Narziss aus Hermann Hesses schöner Parabel. Eher ein kühner, jugendlicher Garant für den „Frühling der Kirche", der uns im Konzilsjahr 1963 als Verheißung begegnete. Mit einem stillen, älteren Mönch arbeitete er in den Rosenbeeten an der Eingangspforte. Ich wagte ihn anzusprechen und er gab gleich die erhofften, spannenden Antworten. Es war eine Zeit großen Aufbruchs. Statt der üblichen Heiligenviten kam im Kloster zur Tischlesung der römische Korrespondent der Tageszeitung *Le Monde* zu Ehren, und ohne alle Finessen seiner Berichte zu verstehen, empfand ich es als mitreißend, dass diese Lektionen vom spontanen Beifall der ansonsten schweigend speisenden Mönche begleitet wurden. Um in der Mittagspause ein Gespräch mit Frater Gabriel führen zu können, bedurfte es damals noch einer Genehmigung seines Novizenmeisters, die dieser, auch nach mehrmaliger Anfrage, mit den Schmunzelworten „Haben sie sich aber viel zu erzählen!", erteilte.

Auf den Waldwegen von Chevetogne hörte ich zum ersten Mal die Begriffe „christlicher Orient" und „Wüstenväter". Kirchenchinesisch sozusagen, das mir allerdings bei einbrechender Dämmerung in der Vesper vor der im Kerzenschein leuchtenden Ikonenwand langsam in die Seele fiel und eine Ahnung von Tiefe und Trost vermittelte, die man nicht mehr preisgeben möchte.

Was mich sehr bald bei all den Besuchen in diesem dem Engagement für Ökumene und Ostkirche verbundenen Kloster so imponierte, war die hier mit Händen zu greifende Mischung von Mut und Demut. Der visionäre Gründer, Dom Lambert Beaudouin, hatte für seine Ideen jahrzehntelang das französische Exil in Kauf genommen. Er kehrte erst am Ende seines

Lebens, nach einer Intervention seines Freundes, des soeben zum Papst gewählten Johannes XXIII. in seine Gemeinschaft zurück.

Mönche der ersten und zweiten Gründergeneration wie Théodore Belpaire, Olivier Rousseau, Nicolas Egender oder Emmanuel Lanne vermittelten eine Atmosphäre brillanter kirchlicher Avantgarde. Das nur „international" zu nennen, hieße den hier wehenden Geist verkürzen. Nein, hier waltete eine uns bislang unbekannte, vielfach auch unterdrückte, jedenfalls schmerzlich vermisste Präsenz des Katholischen – das Wort katholisch kommt ja von „kat holos", das Ganze umfassend – die sich in dem Kürzel „zwei Riten unter einem Klosterdach" nur andeutungsweise widerspiegelt.

Als sich in der Folgezeit immer mehr Prominente der christlichen Kirchen zu Begegnungen in Chevetogne einfanden, gehörte mein Freund Gabriel nicht zu jenen, deren Name im Vordergrund all der Veröffentlichungen und Vorträge stand, die reihum hier stattfanden und von den herausragenden Kardinälen des ökumenischen Dialogs begleitet wurden. Auch später zählte er nicht zu jenen Protagonisten, die der Gemeinschaft in den Jahren der Krise nach dem Zweiten Vatikanischen Konzil Sorge bereiteten. Brillant promovierte er in Bonn mit einer Arbeit über die Makkabäer zum Doktor der Theologie, wurde in Chevetogne im byzantinischen Ritus zum Priester geweiht, wurde mit der Zuständigkeit für Liturgie und Bibliothek beauftragt und erteilte dem sich allmählich wieder meldenden Klosternachwuchs Vorlesungen, etwa eine „Einführung in die Psalmen". Mir fiel auf, er war in dieser zu Begegnung und Gespräch berufenen Gemeinschaft eher eine stille Kraft, die vorzugsweise nach innen wirkte. Gabriel pflegte persönliche Nähe und Freundschaften; er war weniger dem Ökumene-Tourismus zugetan sondern mehr dem stillen Zuhören und der Begleitung in Lebensfragen. Außerdem bildete er ja in diesem überwiegend frankophil orientierten Kloster eine deutsche Ausnahme, sicherlich ernst genommen, aber auch von spürbarer Zurückhaltung begleitet. Erst wenn das Vertrauen gewonnen war, leuchtete er auf, mehr weise als wissend und bisweilen von einem illusionslosen kölschen Humor getragen. „Dat is ja kriminal", pflegte er öfter zu sagen und fand damit einen sehr menschlichen, all die heiklen Dinge wieder ins rechte Lot rückenden Ausdruck.

Von ihm selbst wusste man nicht allzuviel. Es sei denn, dass er sich in beeindruckender Konsequenz vor allem dem widmete, was er schlicht „die Väter" nannte, dies allerdings mit einem frappierenden Wissen, vor allem in Sachen Kunst und Kultur. Die rheinische Studentenzeit in unmittelbarer Nachbarschaft zum Kreis seiner angesehenen Familie hatte ihm zu Beziehungen verholfen, die ihm auf Vernissagen und Premieren während der Brandt-Ära auch so manchen gesellschaftspolitischen Einblick gewährte.

Seine Zelle im zweiten Stock der Klausur war wie ein Spiegelbild seiner selbst: geordnet, fast streng und doch mit subtilen Hinweisen auf das Terrain seines Herzens. Porträtfotos geschätzter Lebensbegleiter, kleine Ikonen besonderer Verehrung, Geranienrot am Fenster zum Wald hin. Spärliches, gebündeltes Licht über der Landschaft aufgeschlagener Bücher und Notizen; seine Handschrift, die schnörkellose Kalligrafie lange gesuchter Worte. Dies alles auf eng bemessenem Raum und zugleich doch von einer Weite, die wohltat.

Dass mir diese Zelle über Jahre hinweg offen stand, zählt zum Glück meines Lebens. Meist kam ich erschöpft, oft überfallartig, unangemeldet, stürmte nach nächtlichen Eskapaden blindlings über den dunklen Gang an diesen Ort gesammelter Stille. Nie hat er mich abgewiesen oder vertröstet, auch dann nicht, wenn ich ruhelos noch zur selben Stunde wieder in neue Abenteuer aufbrach oder ihn über Monate hinweg mit den stets gleichen Verirrungen belagerte. Seine Briefe aus drei Jahrzehnten dokumentieren diese unaufdringliche, nüchterne Verfügbarkeit, die nie zu moralisieren oder predigen versuchte, sondern stets nachdenklich anregen und vielleicht auf Dauer etwas gewinnen wollte.

Wesentlich war dabei neben seiner großen Glaubwürdigkeit und brüderlichen Sorge seine Überzeugung, dass es bei jedem Menschen einen bestimmten „Punkt des geringeren Widerstandes" gebe und dass es keinen Sinn habe, immer wieder verzweifelt und dann doch enttäuscht gegen die fatale Wand anzurennen und dabei diesen Punkt des geringeren Widerstandes zu ignorieren. Wichtig sei allein, diese tückische, sehr private Urschwäche akzeptieren zu lernen. Nicht im Sinne der Gewährung eines muntern Gastrechtes, eher im Sinne demütigen Duldens. Kein Brief, der nicht auf der Kopfseite das Zeichen des Kreuzes trug oder mit dem Hinweis auf die einzig notwendige Beziehung zum Gott Jesu Christi, dem Gott der Zärtlichkeit und Freund der Menschen, endete.

Worüber er kaum sprach und nur ganz selten schrieb, waren seine eigenen Bezüge zu „geistlichen Vätern", deren spirituelle Urheberschaft er jedoch nie verleugnete und mit Dank und

Hochachtung bedachte. So etwa der inzwischen verstorbene berühmte rumänische Mönch Theophas, der ihm bestimmte Erfahrungen über das Herzensgebet anvertraute, die er in seinem Leben zuvor nie gehört hatte. Er betrachtete solche Konfidenzen immer als „ganz kostbare Sachen", mit denen man sich allerdings „nicht auf die Bühne stellt". Sein eigener geistlicher Vater war der 1999 verstorbene, ehemalige Abt des benachbarten Trappistenklosters St. Rémy in Rochefort, Dom Félicien. Ein total in sich gekehrter, starker Mann. Er sprach dann auch das entscheidende Wort, als für Pater Gabriel die Zeit reif geworden war und er zunächst in Chevetogne vergeblich darum bat, nach 18 Jahren das Kloster verlassen zu dürfen, um in den Bergen der südlichen Schweiz Einsiedler zu werden. Dass man ihn dorthin auf Händen tragen würde, hatte er nie erwartet, dass es jedoch des schmerzlichen Kampfes bedurfte, gehört zu seinen persönlichen Erfahrungen der Erniedrigung, der Heimsuchung und des Sich-leer-Machens. Schon der Weg in die Wüste ist rauh, keine schöne Literatur, sondern knallharte Realität. Gabriel wusste die entsprechenden Weisungen der Väter zu derartigen Herausforderungen zwar auswendig, jetzt sollte er sie am eigenen Leib kennenlernen.

Ich erinnere mich sehr präzise an die ersten Besuche oben im Kastanienwald. Er hatte dort einen jener kleinen Ställe bezogen, in denen die Bergbauern ihr Vieh zusammentreiben. Alles war noch zu richten. Der Wind pfiff durch die Ritzen. Die ersten Winter waren schlimm. Da saß er in dieser engen Zelle, ein Büchertisch und ein Bett, nebenan die kleine Kapelle, wo wir am Stehpult die Psalmen beteten. Einzelheiten über Nachtwachen und andere Übungen kamen nicht zur Sprache. Nie ein Wort der Klage, vielmehr bei ihm, dem Meister im Editieren, keine weißen Schreiberhände mehr, eher eine ungewohnte Seite des Handwerkens und Anpackens. Garten- und Küchenarbeit statt geistiger Dinge. Noch hagerer wurde er, im Laufe der Jahre auch etwas gebeugt. Der lange Bart eisgrau, wüstenväterlich. Über der Stirn das schwarze Kopftuch mit dem kleinen roten Kreuz. „Wenn man dieses Leben liebt", sagt er rückblickend auf die Prüfungen seiner inzwischen 20 Einsiedlerjahre, „kommt einem der Preis gar nicht sonderlich hoch vor".

Aber jenseits der äußerlichen Wandlung, war da auch ein ganz anderer Klimawechsel. Er hat wohl wesentlich mit dem Namen des um 345 geborenen asketischen Theologen und Eremiten Evagrios Pontikos zu tun, der in der Einsamkeit seines Eremo Santa Croce zu seinem Lehrmeister wurde. Im Verlag *Christlicher Osten* in Würzburg, sind zu diesem Thema in den letzten Jahren bedeutende Veröffentlichungen von Pater Gabriel erschienen, die in zahlreiche Sprachen übersetzt wurden und vor allem im Osteuropäischen eine starke Wirkung entfalten konnten. Evagrios war eine der großen Hoffnungen der frühen Kirche. Von Basileios dem Großen zum Lektor geweiht, folgte der hochbegabte junge Mann seinem Lehrer Gregor von Nazianz als Diakon nach Konstantinopel, wo er beim Kampf gegen die Irrlehren eine brillante Rolle spielte. Seine verheißungsvolle Karriere fand allerdings ein abruptes Ende, als er in einer Art Potiphar-Geschichte von der Passion der Frau eines hohen Beamten verfolgt wurde. Er floh nach Jerusalem und entschied sich, nachdem er eine kuriose Krankheit durchgemacht hatte, für das Mönchtum. Das war damals gleichbedeutend mit dem Auszug aus der „bewohnten Welt", also dem Gang in die Wüste. Zunächst verbrachte er zwei Jahre in der Nitrischen Wüste auf einem Berg südöstlich von Alexandria und zog sich schließlich für den Rest seines Lebens 18 Kilometer weiter in die sogenannte „Kellia" zurück, wo er ein halb-eremitisches Leben führte und im Kreise seiner Schüler an Epiphanias, dem orthodoxen Weihnachtsfest des Jahres 399 starb.

Das, was diesen genialen, streitbaren Kopf für unsere heutige Zeit so interessant macht, ist die Tatsache, dass er als „Spätberufener" oder als „Mann mit Erfahrungen" in die Wüste ging und dort bis zu seinem Lebensende von leidenschaftlichen Kämpfen nicht verschont blieb. Radikal um eine erfüllte Existenz als Glaubender ringend, ist er einer der großen Lehrer des Gebetes. Illusionslos mit den Strategien des Widersachers vertraut, gilt er als ein Meister des geistlichen Lebens. Evagrios will den von Lastern aller Art gequälten Menschen wieder „liebesfähig und damit gottfähig machen". Von ihm stammt die berühmte Standortbeschreibung der Eremiten: „Von allen getrennt, mit allen vereint." Dies entspricht präzise der Lebenserfahrung seines späten Interpreten, des Einsiedlers Gabriel.

„Man könnte meinen, und instinktiv habe ich das selbst auch angenommen", so berichtet er, „dass sich ein Mönch eben von der Welt zurückzieht, also Weltflucht begeht. Man könnte meinen, dass ein Eremit, der aus einem Kloster weggeht und einen unbebauten, manchmal ganz wilden Ort aufsucht, sich an den Rand der Gesellschaft und sogar an den Rand der Kirche begibt. Dass man eine Randexistenz wird oder Aussteiger, wie man das heute nennt. Tatsächlich findet man sich jedoch nicht am Rand, sondern im Herzen von Gesellschaft und Kirche wieder. Das mag paradox klingen, aber die Sorgen und Nöte der Menschen sind mir hier in der Einsamkeit viel näher. Man erfährt und empfindet eine sehr große Solidarität mit den Leuten, mit denen man nicht tagtäglich umgeht, die man nicht ständig sieht oder in deren Geschäft man sich nicht einmischt. Wenn man etwas genauer sehen möchte, begibt man sich ja auch einige Schritte auf Distanz. Und das ist in diesem Leben auch der Fall. Man verzichtet darauf direkt einzugreifen, aber man verzichtet nicht darauf zu verstehen. Ich glaube, dass sich viele Dinge in einem zurückgezogenen, kontemplativen Leben sehr viel deutlicher darstellen; im Positiven wie im Negativen."

Wenn ein Eremit vom „Negativen" redet, meint er die Dämonen, gleich ob es sich um einen einfachen Athosmönch handelt oder um einen mit allen Objektionen der Psychoanalyse vertrauten westlichen Intellektuellen. Auch Gabriel spricht von den „Dämonen", und er traut der eigenen spirituellen Erfahrung und dem ebenso ausführlichen wie illusionslosen Zeugnis der Väter mehr als den Plausibilitäten der Projektionstheorien des 19. und 20. Jahrhunderts. Dort, wo der persönliche Besitz und all das Gerangel darum verschwindet, und wo selbst die zwischenmenschlichen Kontakte und die daraus resultierenden Probleme keine Rolle mehr spielen, bleiben nur noch „die Gedanken" – Einfallschneise und Kampffeld des Dämonischen, des großen Widersachers und seiner Einflüsterungen. In der Welt treten die Dämonen „verkleidet" an den anderweitig beschäftigten Menschen heran. In der Eremitage erscheinen die

Dämonen „nackt", einfach so wie sie sind, unverstellt, ohne Vermittler.

Gabriel lächelt etwas über den Aufwand, den die Medien um Okkultismus, Satanismus oder Besessenheit treiben. Die Erfahrung der Väter sei leider eine ganz andere, denn der Dämon trete völlig unspektakulär und allgegenwärtig auf: „Ich habe mich immer gewundert, wenn man die Schriften der alten Väter liest, mit welcher Selbstverständlichkeit und Natürlichkeit sie über diese Dinge reden. Sie erfahren die Dämonen in allen Manifestationen des Bösen und Widergöttlichen. Sie lehren zu erkennen, dass dahinter sozusagen jemand die Drähte zieht. Wenn man alleine lebt, werden diese Dinge klarer. Wer in der Zelle bleibt, den wird die Zelle alles lehren, sagen die Väter. Dann werden die Zellenwände wie Spiegel, in denen das eigene Ich, die eigenen Bestrebungen immer deutlicher werden. Das ist der Sinn dieses Lebens, dass man das Beherrschen lernt und mit Gottes Hilfe, soweit das in diesem Leben möglich ist, befreit wird."

Vater Gabriel nimmt dabei nicht für sich in Anspruch, im Rahmen der Kirche eine Art stellvertretende Auseinandersetzung mit dem nackt hervortretenden Bösen zu führen. „Auf so etwas verschwendet man keine Gedanken", wehrt er ab, „es reicht zu wissen, dass man in seiner Zelle, im Gegensatz zu dem, was man erwarten könnte, nicht an der Peripherie landet, sondern eigentlich im Herzen, wo die wirklichen Probleme, wo die wirklichen Kämpfe ausgetragen werden".

Das Gespräch mit Besuchern oder Menschen, die eine Beichte ablegen möchten und geistliche Weisung suchen, spielt dabei erstaunlicherweise eine sehr wichtige Rolle. Seine Zelle liegt glücklicherweise zu versteckt und abseits im Berghang, als dass er von neugierigen Passanten geplagt würde. Aber diejenigen, die zu den Besuchszeiten am Wochenende den Anstieg in Kauf nehmen und um ein Gespräch bitten, sind willkommen: „Da wird man sehr bescheiden", erzählt er von solchen Begegnungen, „man findet seine eigene sogenannte Gotteserfahrung gar nicht so interessant und mitteilenswert. Was manche Leute, die mitten im Beruf stehen, in der Tiefe ihrer Seele erfahren, ohne dass man es ihnen von außen ansieht, das ist schon sehr erstaunlich. Da legt man die Hand auf den Mund, ja, und wird bescheiden. Die Aufrichtigkeit mit der Leute kommen und beichten! Immer wieder beschämt mich die Demut dieser sogenannten einfachen Gläubigen. Davon können wir uns eine Scheibe abschneiden. Mönche und Priester, alle vorne weg. Ich habe nirgends eine solche Aufrichtigkeit erlebt, wie bei sogenannten einfachen Gläubigen. Das ist für mich eine große Schule gewesen."

Deshalb lehnt er es auch ab, von besonderen „Gotteserlebnissen" zu sprechen. „Es wäre einfach, wenn man sich in seiner Zelle nur auf die Zwiesprache mit Gott konzentrieren könnte, wenn man bereits diesen Zustand erreicht hätte. Das ist aber nicht der Fall. Das merkt man spätestens dann, wenn man die Tür seiner Zelle geschlossen hat. Es kommt alles an die Oberfläche, auch Dinge, derer man sich vorher gar nicht bewusst war. Es gibt eigentlich niemanden mehr, der an irgendetwas schuld wäre, man ist an allem selbst schuld. Man kann sich nicht mehr mit Ausflüchten retten. Wenn man zornig ist, dann ist es nicht irgendjemand anderes, der einen geärgert hat; ganz offensichtlich ist man es selbst."

Aus solchen Erfahrungen die richtigen Schlüsse zu ziehen, dazu bedarf es „manchmal Jahre, Jahre und Jahre". Zunächst gehe es darum, „wirklich zu sich selbst zu kommen und ganz und gar, vollkommen ehrlich zuzugeben, dass da etwas fundamental nicht in Ordnung ist". Gabriel gesteht, dass dies eine „sehr schmerzliche Erfahrung ist". Dies vor allem für jemanden, „der doch auch nach seinem eigenen Urteil ein sehr ordentliches und diszipliniertes Leben geführt hat und dann feststellen muss, da stimmt ganz fundamental etwas nicht. Ja, und dann die Frage, was muss ich machen, um mich davon zu befreien und davon gereinigt zu werden. Und vor allem die nächste Erfahrung, dass man das aus eigener Kraft überhaupt nicht kann; dass man ständig mit dem Kopf gegen diese Grenze des eigenen Ich anrennt – bis zur Verzweiflung. Bis man schließlich so weit ist, bis man wirklich bereit ist, diese Befreiung von dieser oder jener Leidenschaft von Gott als Geschenk anzunehmen."

Auch diese zentrale Erkenntnis rühmt Gabriel bei den Vätern, allen voran bei seinem Lehrmeister Evagrios: Der Zustand der Freiheit von den Leidenschaften entsteht im Zusammenspiel, in der Zusammenarbeit zwischen göttlicher Gnade und menschlichem Eifer. „Wenn man keinen Finger rührt, passiert überhaupt gar nichts. Aber letztlich ist es eine Gnade." Betet man darum? „Ein wirklich christliches Gebet ist nur möglich, wenn man sich dem Licht der Wahrheit vollkommen und bis in den letzten Winkel seiner Seele aussetzt; wenn man sich von allem reinigt, befreit, was eben diese Wahrheit über uns selbst und über unser Verhältnis zu Gott verfälscht. Das ist der Sinn der Sache, das ist der Grund weswegen man all die Jahre in seiner Zelle aushält."

Ziel dieses Betens ist „eine Art Zustand", nicht mehr Aktivität, sondern „etwas, was wie eine Quelle immer läuft, bewusst oder unbewusst, eine ständige Zwiesprache, jedoch ohne Worte". Dabei erwähnt der gebürtige Kölner den rheinischen Mystiker Meister Eckart, der von der „Spitze der Seele" sprach, „die sozusagen an Gott haftet und immer, ganz egal, was mit dem restlichen Menschen geschieht, fest in ihm gegründet ist". Dazu sei die Abgeschiedenheit, das Einsame und die Stille „in jedem Fall eine gewaltige Hilfe". So erzählt er auch gerne jene Geschichte aus dem Leben des heiligen Pfarrers von Ars, dem ein einfacher Bauer auffiel, der Stunden in der leeren Dorfkirche vor dem Allerheiligsten verbrachte und von ihm die Erklärung erhielt: „Er meldet sich bei mir, ich melde mich bei ihm."

Doch solle man sich vor der Illusion hüten, man könne ab einem gewissen Stadium der Übung auf feste Zeiten des Gebets verzichten. Es sei wie beim Delphin, der zwar meist unter dem Wasser lebe, jedoch regelmäßig nach Luft schöpfen müsse. Ganz eindeutig seien die Väter darin - „eine alte Erfahrungstatsache" - dass man im geistlichen Leben nie etwas „definitiv erreicht". Es sei völlig abwegig mit dem Gedanken zu spielen, dass all die Mittel der Askese, wie Gebet, Nachtwache und Fasten, irgendwann einmal überflüssig würden. „Am Ende kommt die Illusion in der subtilsten Form, als Eitelkeit, als eitler Ruhm, wo einem der Versucher einredet, dass man alles nicht mehr braucht. Du bist jetzt ans Ziel gelangt. Du solltest jetzt hinausgehen als Lehrer. Und dann der Hochmut, der darin besteht, dass der Mönch sich alles selbst zuschreibt und den Rest der Menschheit verachtet. Das sind die beiden letzten Versuchungen."

Dazu haben die Wüstenväter eine ganze Lehre über „das Verlassenwerden" entwickelt. Gott zieht seine Hand zurück. Cassian berichtet über die dramatischen Fälle jener großen Kontemplativen, die nach zehn, zwanzig Jahren in der Wüste plötzlich in tiefste Abgründe stürzen und in den Gossen der Großstädte landen. Manche kommen kurz vor dem Tod, einem miserablen Tod, zur Besinnung und kehren zurück, manche auch nicht. Gabriel nennt es „ein Mysterium, das man nur mit Schrecken sehen kann". Man könne nur beten. Selbst Antonius der Große habe gemahnt, bis zum letzten Atemzug mit der Versuchung zu rechnen. Jean Vianney, dem Pfarrer von Ars, auch Padre Pio, sei es nicht anders ergangen: furchtbare Versuchungen bis zuletzt. „Man ist und bleibt zu allem fähig, bis zum Schluss."

Der alte Mönch und das leere Meer

Der Tod kam in Kairo am Abend. Auf den Kuppeln der Moscheen noch eine Spur untergehender Sonne. Für Sekunden Illusionen einer gerade anbrechenden Tausendundeinen Nacht, Goldglanz am Smoghimmel, mildes Licht auf dem erdfarbenen Gebirge des Höllentors. Vorbei an den grauen Schneisen der Totenstadt stürzt die Ringautobahn in urbane Abgründe. Fünfspuriges Chaos im Lärm der Hupen, im schneidenden Gestank ungezählter Motoren. Rasende Transistorenmusik in dumpf pochenden Boxen. Strenge Fingerzeige der Minarette, Allahs sonore Echostimme. Lauer Fahrtwind, die klimpernde, gelbe Gebetsschnur des Taxifahrers, die Einsamkeit des Polizisten auf der anarchischen Kreuzung. Modergeruch, brennender Abfall, Glut auf den Kebabrosten. Zwischen Tomaten- und Melonenhügeln der schlacksige Gang verschleierter Frauen, nur der Augenschlitz im tödlichen Schwarz, ihr plötzliches Untertauchen in dunkle Seitengassen. Auf offenen Lastwagen, Trittbrettern und Stoßstangen das Gegröhle der Halbwüchsigen. Tanz auf dem speienden Vulkan. Feixende Lebensfreude im Abschaum der Fatalität. Der Taxifahrer spuckt seine glühende Zigarette aus. Die Menge auf dem Pulverfass jubiliert.

Dann das alarmierende Geräusch heulender Bremsen. Ihre unaufhaltsame Intensität durchbricht alle Gehörschranken. Sofort ist Ernstfall. Der schwarzweiße Unglückswagen schleudert gegen die Höckerlinie des Mittelstreifens. Für Sekundenbruchteile scheint der rechts und links wogende Verkehr zu erlahmen. Ein dumpfer Aufprall und ein kleiner Junge, zehn- oder zwölfjährig, kurze grüne Hose, braune Beine, barfuß, fliegt in einem erschreckend weiten Bogen gegen einen der heranbrausenden Wagen auf der Gegenfahrbahn. Schreie, Glassplitter. Im Rückspiegel die glühenden Augen meines Chauffeurs. Nur ein Wort, „sora" oder „sera", nichts mehr zu machen. Dann gibt er wieder Gas und wir verschwinden im weit aufgerissenen, gierigen Rachen der Abendstadt am Nil.

Die Jungs im Markus-House hatten mich gewarnt, allein in dieses Labyrinth zu steigen. Aber, ich wollte unbehelligt von Belehrungen mit meinem angelesenen Halbwissen vom koptischen Viertel durch die Gassen flanieren, auf belebter Terrasse die Beine ausstrecken bei einem kühlen Bier. Doch dann Absperrungen, penible Kontrollen. 16-, 17-jährige uniformierte Bürschchen fuchteln unter dem arroganten Blick eines Wachhabenden mit Maschinenpistolen. Das Viertel der Christen gilt als gefährdet. Vielleicht macht das einen Sinn: War es nicht schon häufiger gefährlich, Christ zu sein? Aber es sind kaum noch Menschen auf der Straße zur „El Moallaqa", der „Hängenden Kirche". Zur Linken ein alter griechischer Friedhof, zur Rechten eine Metrostation. Im Museum mit der berühmten Sammlung des Kairoer Krösus Marcus Simaika befindet sich der legendäre Fund aus der Oase Fayoum: Adam und Eva vor und nach dem Sündenfall. Die Schlange züngelt am Ohr der nackten Frau, Adam zeigt anklagend auf „das Weib". Die ursprünglich aus dem 4. Jahrhundert stammende, der allheiligen Mutter „Sitt

Miriam" geweihte Kirche neben dem Museum gilt als eine der schönsten Ägyptens und soll auf den südwestlichen Relikten der Feste Babylon „hängen". Über Treppen und eine Vorhalle betritt man ein fünfschiffiges Heiligtum. Viel Elfenbein und Zedernholz. Ein Priester murmelt vor der Bilderwand Vesperpsalmen. Die Gläubigen, wie überall in koptischen Kirchen, weder Kulisse noch Claqueure, sondern einfach „gläubig".

Bald gerät die Straße zur Gasse, zunächst noch im grellen Neonlicht: das flinke Handwerk der Barbiere. Alte Männer lutschen zeitlos an den Mundstücken der Wasserpfeifen. Kindergeschrei in finsteren Hinterhöfen. Streunende Hunde. Die Beleuchtung hat längst versagt. Unrat und Abwässer im aufgerissenen Pflaster. Höchste Zeit umzukehren. An der Polizeikontrolle blickt der Chef nachdenklich auf die Uhr. „So spät nicht hierher kommen", brummt er unter dem schwarzen Zwirbelschnurrbart, „wir beschützen sie nur".

Als wir am nächsten Tag ins Syrerkloster El-Suriani kommen, lungert die Soldateska erneut hinter den Sandsäcken. Es war wohl unklug sie zu filmen. Schon schreitet der Offizier an die Klosterpforte und verlangt die Papiere, „im Namen des Gesetzes", drohende Entrüstung in seinen Augen. Erst ein Mönch befreit uns aus der misslichen Lage. Seitdem hebt der Wachsoldat jedes Mal die Hand zum Gruß. Als er die Waffen in die Baracke geschafft hat, lädt er gar zu einem Fototermin. Wir knipsen, sie strahlen.

Bevor uns Abuna Mauritius in die Wüste chauffiert, noch eine laue Klosternacht. Lange vor Beginn der Vigil liege ich schon wach. Der Wind gleitet milde durch die offenen Fenster.

Silberglanz der Palmen, Wüstengeruch, das Weite, das Reine, wie Seide. Tritt man in den warmen Bauch der Kirche, hocken da schon die schwarzen Beter. Alles geschieht bar- und leichtfüßig auf Bastmatten, als beginne hier gleich vor den Wänden der Heiligen Pforte ein uraltes, mythisches Ballett. Auch den Fremden begrüßen sie mit kurzer, lässiger Handberührung. Bischof Damian, der uns hierher begleitet, wird mit Kniefällen bedacht, die er jedesmal in Windeseile auffängt: danke, aber bitte nicht so tief. Sie lieben ihn sehr. Der Zeremoniar geht rund und flüstert die Anfangsverse der Psalmen. Mystische Codeworte für lange Runden durch das Ende der Nacht. Die Texte flehen um Schutz vor dem ihre Zellen umschleichenden Feind. Die Dunkelheit sei nicht dunkel, nein, die Nacht strahle wie der Tag. Von tausenden Nächten singen, die nur wie eine einzige Wache seien. Und vom Kommen des sehnsüchtig erwarteten Herrn, alle bereit, ihm entgegen zu stürzen. Dann fallen sie zu Boden, nicht wie Erschossene, eher wie Sprinter, die einen neuen Anlauf nehmen. Weihrauchfässer zirkulieren vor den Bildern der heiligen Väter mit Bärten bis zu den Knien. Dämmert der Morgen herauf, beginnen die Augen zu leuchten. Der Tanz vor dem Allerheiligsten wird schneller, Triangel, Schellen und Zimbel geben den Rhythmus an. Da stehen die Abunas mit offenen Armen: Arsenios, Matta, Besarion, Antonios, alles junge Männer, tolle Typen.

Vor dem Frühstück noch eine Begegnung der besonderen Art. Wir verirren uns in eine kleine Kapelle, wo drei farbige Priester die Liturgie feiern. Es sind hoch gewachsene kongolesische Kopten aus der Provinz Kasai, die sich sichtlich freuen, dass jemand in ihren Gottesdienst kommt. Die Stimmen werden lauter, das

Ritual feierlicher. Sie sind ganz in weißes Ornat gehüllt. Auch auf dem Altartisch befinden sich schneeweiße Decken und Tücher, die sie, wie bei einer Aufbahrung, mit langen schwarzen Händen heben und senken. Dies alles in choreografierten Figuren, fast in Zeitlupenschritten, wie bei einer afrikanischen Beschwörung. Doch dann küssen sie reihum das Kreuz und stellen die Ordnung orthodoxer Regularien wieder her.

Zur Fahrt in die innere Wüste hat Abuna Mauritius den Geländewagen des Klosters vorbereiten lassen. Mauritius führt in St. Bishoi das Sekretariat der päpstlichen Residenz, in dem weiten Areal all der Dependancen eine bessere Adresse. Der aus Australien stammende Mönch ist ein Kerl wie ein Baum. Zu sechs Mann zwängen wir uns in das Fahrzeug. Allradantrieb, Schutzgitter gegen den Steinschlag, riesige Reserveräder und auf dem Dach eine ganze Batterie von Scheinwerfern, so startet unsere Safari zu den Wüstenvätern. Dieses Ungetüm japanischer Herkunft rüttelt und schüttelt uns über die Sandpisten. Es sieht so aus, als zögen wir in einen Krieg, als rückten wir vor gegen die hinter dem monotonen Horizont verborgenen Dämonen. Doch außer Motorenlärm und hochwirbelndem Sand ist nur kilometerweite Ereignislosigkeit.

Am Wegesrand ein kurzer Halt bei den Ruinen des Klosters des heiligen Johannes Kolobos. Amerikanische Forscher haben hier in drei Meter Tiefe die Fundamente des frühchristlichen Heiligtums freigelegt. Säulenstümpfe und Altarsockel sind mit Holzplanken vor den Sandstürmen gesichert. Mauritius steigt in die ehemalige Apsis. Dort führen unter einer Falltüre Treppenreste in ein noch tieferes Verlies. Eine Art Krypta, aus der unsere

Stimmen wie im Geisterchor heraufschallen. An dieser Schwelle wird greifbar, was Abba Johannes, den sie in der ganzen Sketis „den Kurzen" nannten, tatsächlich meinte, als er von seinen Mönchen forderte, „sich in Kälte, Blöße, in Anstrengungen im Grab verschließen, als wärest du schon gestorben, daran denkend, dass der Tod zu jeder Stunde nahe ist".

Später kommen wir ans „leere Meer". Das ist jener dramatische Bereich, den die Väter, die hier in Höhlen gehaust haben, als „innere Wüste" bezeichneten. Es ist ein unheimlich wirkendes riesiges Tal, das Epizentrum uralter Salzseen. Die Dimensionen kann man nur mit angestrengt zugekniffenen Augen wahrnehmen. Manchmal heult der Wind auf, als sei es noch nicht genug des furchtbaren Alleinseins, als rückten Rudel wilder Hunde und Hyänen heran. Es ist ein Wind trostlosen Schluchzens, der Totenklage. Doch, was wissen wir schon? Wir werden ihn noch kennen lernen.

Es ist die Landschaft des Unbehausten und Unbewohnbaren. Der Begriff Anachoreten meint ja nichts anderes, als jene Männer und Frauen, die vom sicheren Land, vom warmen Schutzgürtel der Städte in diese totale Leere ziehen. Das ist der umgekehrte Weg allen Lebens, hinein ins Ausgesetzte. Selbst die auf Godot Wartenden fänden auf dieser Bühne keine Kulisse, die es wert wäre, auch nur zwei, drei Worte irgendeiner Botschaft zu verkünden. Mir kommt die zeitgenössische Kunst in den Sinn. Keine Imagination, keine Installation, kein Konstrukt wäre „Arte Povera" genug, das Hier und Jetzt dieser Verlassenheit zu übertreffen. Keine Philosophie des abgeschafften Himmels, keine Theologie vom endgültigen Verschwinden Gottes könnte der bösen Leere dieses Tales noch ein Argument hinzufügen. Bleibt nur ein alter Mönch am leeren Meer, der seinen Apostelbart in den Wind steckt und sich die Kapuze über die Ohren zieht. Dann sieht man ihn, mit einem Stock über die Sandwellen und Salzkrusten schreiten. Manchmal sind die Lichtspiegelungen so trügerisch, dass sie ihn wegtragen und man glaubt, jetzt hebt er ab, jetzt schwebt er über den Wassern. Fährt er nicht gar in den tiefen, tiefen Himmel auf? Nur eines ist sicher: Verrücktsein oder Glückseligkeit, man traut dem Alten alles zu.

Abuna Makarios lebt seit zwei Jahrzehnten in einer Höhle im inneren Kreis des Wadi-el-Natroun. Der 63-Jährige erinnert sich, dass man ihm als Kind eine Vita des Eremiten Bishoi in die Hand gedrückt hat. Drüben, im 25 Kilometer entfernten Kloster, hat der Heilige sein Leben gefristet. Selbst die Nächte wollte er abschaffen, sich gegen die „Versuchung des Schlafes" erheben … Bereits mit 15 meldete sich Makarios als Kandidat im Kloster, aber er schien zu jung, zu schmächtig, und man schickte ihn zu seinen Eltern zurück. Mit 38, nach einer langen Runde „durch die Welt", über deren Details er sich ausschweigt, kehrte er zurück, mit 39 empfing er die Weihen. Seinem Beichtvater, dem Abt, hat er jedoch keine Ruhe gelassen und immer wieder von seiner Sehnsucht gesprochen. In einer Nacht des Jahres 1980 fragte ihn plötzlich der Vater: „Abuna, willst du in einer Höhle in der Wüste leben?" Er war überglücklich, doch hat er bescheiden zurückgefragt, ob der Papst denn einverstanden sei.

Nichts geschieht in den Wüstenklöstern ohne den Papst. Shenouda III. erteilte ihm einen Studienauftrag über das Leben des heiligen Bishoi und ließ ihn ziehen. Am Rand des leeren

Meeres hat sich Makarios 1981 in der Fastenzeit der Apostel eine Höhle gegraben. Es war eine heikle Zeit, Präsident Sadat schickte den Papst gerade in Verbannung, überall schnüffelten Geheimdienstler, kontrollierte die Armee, aber sie ließen ihn in seinem Loch weiter schuften. Alles war voller Sand, die ganze Höhle musste mit Gips verputzt, Fenster und Türen gezimmert werden. Am 14. November, nach der Einführungsfeier durch Seine Heiligkeit, ist er zu Fuß vom Kloster in die Höhlenzelle gegangen. 25 Kilometer am Ende der Nacht, während die Brüder die Vigil sangen. Sternenhimmel über dem leeren Meer. Windstille, alles Glück nicht nur dieser Welt.

Als wir mit unserem Riesenjeep vorfahren, klettert Mauritius, der australische Chauffeur und Sekretär, zunächst auf den Hügel. „Abuna Makarios, Abuna Makarios", so hören wir ihn rufen. Fast eine Viertelstunde lang steht der Berater des Papstes geduldig vor der Holztüre. Wir neigen schon dazu, nicht weiter die heilige Stille zu stören, als sich ein Schlitz öffnet und ein alter Mann heraustritt. Umarmungen, Handküsse, Fußfälle, viel mehr als nur Ritual. Auch uns, die Fremden, nimmt er in seine Arme und zum ersten Mal sehe ich dieses Gesicht, diese Augen. Es ist eine Landschaft der Güte. Etwas Urväterliches und zugleich Jungenhaftes. Tiefe Freude und ein fast tödlicher Ernst. Das Gespannte schlafloser Nächte und eine männliche Kraft, die sogleich anpacken und die Gäste geziemend empfangen möchte. Er hat die Pranken eines Weltumseglers, doch zittern sie erregt, wenn er vor der Ikone die Kerze anzündet. Seine Stimme kommt tief und fest, doch kann er Gebete flüstern scheu wie ein Kind, das sich nicht aufdrängen möchte.

Vater Makarios hat Augen, mit denen man weinen möchte. Ich habe das gleich am Anfang gespürt und mich zu wehren versucht. Aber, blickt er dich an, beginnt es ganz tief zu rumoren. Mehr noch, du glaubst augenblicklich zu wissen, dass dies schon sehr lange hätte geschehen sollen. Dass du Angestautes und Verweigertes mit dir herumschleppst. Dass es aus Abgründen hochsteigt, die du verachtet und ignoriert hast. Dass die Last deiner Trauer schwer ist wie Gestein, eine tödliche Last also – höchste Zeit, sie kommen und abfließen zu lassen. Noch ein kurzes Zögern und seine Augen haben schon die feuchte Netzhaut des ersten Tropfens voraus. So, als wisse er alles, teile aber auch den Schmerz, der in diesem Augenblick nur noch ein halber, ein erträglicher wird. Wie viele Tränenspuren schon auf seinen bräunlichen Furchen? Wie viele Tränen im Sand dieser Höhle? Wie viele Tränen in den Nächten, in all den Jahren? Vielleicht ist das leere Meer gar nicht so leer.

Abuna Makarios ist ein sehr unromantischer, nüchterner Mönch. Ernest Hemingway kennt er nicht, aber die Story vom alten Mann, der einen Riesenfisch angelt und nur noch dessen Skelett an Land zieht, hält er für eine „anständige Erzählung". Doch warnt er gleich, in seinem leeren Meer seien keine Fische zu fangen, sondern bestenfalls zu „betrachten". Je tiefer umso schöner. Ichthys, das sei ja der griechische Schriftzug für „Jesus Christus, Sohn des lebendigen Gottes, Erlöser". Ihm gelte hier alle Aufmerksamkeit: „Sonst geht man zugrunde."

Zu Beginn seiner Einsiedlerzeit hat er sich mit dem Eifer der Anfänger in den Kampf gestürzt. Mit nur zwei Stunden Schlaf glaubte er auszukommen. Ansonsten nichts als Gebet, Bibelstudium und Sandschaufeln. Je nach dem Sonnenlicht wechselt er seinen Leseplatz. Kommt die Dunkelheit, geht er nach draußen. Den Vorderteil seiner winzigen Höhle nennt er großzügig „Klausur", im anderen Bereich, kaum zwei Meter hoch, schläft er. Der Rest ist Kochstelle, Werkstatt und Lebensmittellager für trockenes Brot, Linsen, Bohnen und Wasser. Ein einziger Mensch vermag sich darin zu bewegen. Aber zu glauben, dass diese Zelle, die ihn „alles lehrt", der Nabel der Welt sei, käme ihm nicht in den Sinn. „Überall auf der Erde ist Platz für Gott, er ist für jeden Menschen überall zu finden. Man kann auch als Einsiedler die Ewigkeit verlieren. Es gibt viele Heilige in der Welt." Dann erzählt er die Geschichte seines Schutzpatrons, des großen Makarios, der als Einsiedler an Gott die Frage richtete, wer in der Gottesliebe so weit fortgeschritten sei wie er, und zur Antwort erhielt: „Es gibt zwei Frauen, die besser sind als du." Als er hinging, sah er zwei Mütter im Kreise ihrer Familien.

Die Fernsehaufnahmen, die für ARD, ORF, ARTE und den Belgischen Rundfunk von ihm gedreht werden, lässt er nur widerwillig über sich ergehen. Der Papst hat sie zwar erlaubt, aber jeden Wetterumschwung, jede technische Panne nutzt er als Hinweis dafür, dass „Gott es nicht wünscht". Auch lässt er sich nicht von Regieanweisungen in seinem Rhythmus stören. „Ich habe die Welt verlassen, warum soll ich ins Fernsehen kommen?" Doch dann sind wieder Gespräche, die ihn fesseln. Der Teufel, der greife hier persönlich an, er selbst habe es jedoch in seinem geistlichen Leben noch nicht so weit gebracht, für diese „Ehre" in Frage zu kommen. Umso mehr rühmt er den heiligen Antonius, Gott habe ihm erlaubt „mit den Dämonen von Angesicht zu Angesicht zu kämpfen". Oder das Weltende, er sieht es schon in Umrissen. Der Spruch des heiligen Makarios, das Ende komme, wenn sich die Bäume und Häuser den Einsiedeleien näherten, gehe bereits in Erfüllung. Doch werde er es selbst nicht mehr erleben, denn nach seinen biblischen Kalenderberechnungen soll im Jahr 2038 die Endzeit anbrechen ...

Je länger wir ihn beobachten und seinen Geschichten zuhören, wird deutlich: Abuna Makarios ist ein franziskanischer Eremit. Überall und fortwährend das Ausgewischte, der letzte Platz, das ganz Einfache. So auch seine sonderbaren Erfahrungen mit Tieren, die in seiner engsten Nachbarschaft hausen. Er erzählt von einem Fuchs, der ihn auf seinen abendlichen Wanderungen durch die Wüste begleitet. Als er nach seiner langen Krankheit seine Zelle endlich wieder verlassen konnte, hat das Tier vor Freude auf allen Vieren vor ihm getanzt, sich streicheln lassen und aus seinen Händen Wasser getrunken. Kurioser sind die Erfahrungen des Einsiedlers mit einer giftigen Schlange, von der er behauptet, „ihre Stimme zu kennen". Beim Vorbereiten des Abendessens habe sie sich hinter dem Wassergefäß versteckt. Regelmäßig höre er „ihre Stimme" und alle Versuche, sie zu entfernen seien gescheitert. Schließlich verkroch sich das Tier in der Nähe seines Nachtlagers zwischen zwei Hanfmatten. Da habe er verstanden, dass sie nur „Geborgenheit sucht, dass sie nicht weichen will, dass sie sanft und treu ist". Im Sommer kommt die Schlange und legt sich in den Schatten seiner Beine. „Manchmal finde ich, dass die Treue der Tiere mehr ist als die Treue der Menschen."

Als es Abend wird, erhebt sich im Westen des leeren Meeres ein Sturm. Zunächst dramatisch fliehende Wolkenfetzen am violetten Himmel. Dahinter eine finstere Front, wie eine aufmarschierende Armee. Die jungen Bäume am Rand der Höhle werden fast zu Boden gedrückt. Die Wäsche, die der Alte am Nachmittag zum Trocknen hängte, reißt von den Drähten; ihr nachzueilen wäre tödlich. Das kleine Fenster und die doppelte Tür am Eingang der Höhle sind dicht verschlossen, aber es rüttelt und zieht daran, dass man sich fürchten muss. Dann kommt die große Finsternis und mit ihr ein Geheul und Gezerre wie aus Höllenschächten. Der Abuna, der eben noch so milde von seinen Tieren erzählte, schweigt. Die Kerze, die er vor den Ikonen angezündet hat, flackert wild. Dann wirft er Decken über unsere Schultern, wir sollen sie über den Kopf ziehen, es ihm gleich machen, in Deckung gehen. Wir hocken, die Beine über Kreuz zu ebener Erde. Durch die Schlitze und Ritzen des Türholzes dringt Sand. Kleine Häufchen wie aus Eieruhren. Manchmal hält das Pfeifen des Sturms für Sekunden inne, doch es sind nur neue Anläufe und wieder klopft und rüttelt es an der Höhlenöffnung, die ein schwerer Knüppel sichert. Der Abuna greift ins Regal und beginnt aus der Bibel zu lesen. Es ist eine abgegriffene, englische Übersetzung. Wie wahnsinnig, während draußen der Sandsturm tobt, beginnt er aus dem „Hohelied" zu rezitieren: „Wohin ist dein Geliebter gegangen, du schönste der Frauen? Wohin wandte sich dein Geliebter? Wir wollen ihn suchen mit dir." Seine Augen beginnen zu leuchten: „Wende dich, wende, Schulamit! Wende dich, wende dich, damit wir dich betrachten." Der Sand schlägt gegen die kleine Scheibe wie bei einem Bombardement.

Makarios blättert in den Psalmen und liest mit tiefer Stimme: „Meine Seele erhebe ich zu dir, mein Herr, du und mein Gott." Draußen ist finstere Nacht und man glaubt ein plünderndes, brandschatzendes Heer ziehe durch das leere Meer, alles niedermachend, was sich ihm in den Weg stellt. Der Alte fordert uns auf, das Kreuzzeichen mit ihm zu schlagen und liest aus dem Lukasevangelium: „Wenn ihr alles getan habt, was euch befohlen wurde, sollt ihr sagen: Wir sind unnütze Sklaven … Wenn euer Glaube auch nur so groß wäre wie ein Senfkorn, würdet ihr zu dem Maulbeerbaum hier sagen: ‚Heb dich samt deiner Wurzeln aus dem Boden, und verpflanze dich ins Meer!', und er würde euch gehorchen."

Makarios lächelt, er möchte uns nicht das Gruseln lehren. Er greift in eine Kiste und zaubert Datteln und Limonade hervor. Jetzt seien wir zusammen mit ihm „Gefangene Christi". Nichts anderes suche er hier, es sei die einzige Rettung: der Herr, nichts anderes als der Herr. So habe er all die Jahre, all die Winter, all die Stürme nicht nur überlebt, nein, er sei, trotz angeschlagener Gesundheit und fortschreitenden Alters, darin erstarkt. „Glück, meine Lieben", flüstert er mit seiner Trauerstimme, „ist überall da, wo wir Jesus Christus entgegen gehen, er sucht uns und wartet auf uns. Lasst eure westlichen Köpfe beiseite, öffnet eure Herzen. Wir sind mitten in einer Liebesgeschichte. Kehrt noch diese Nacht von Emmaus nach Jerusalem zurück … Wende dich, wende dich Schulamit!"

Der nächste Morgen ist von einer großen Stille und Reinheit. Der Abuna hat Stunden im Gebet verbracht und wandert zu den toten Felsen. Es sind mächtige Brocken versteinerten Holzes, hunderttausende Jahre alt. Er hebt mit seinem Stock einen dieser intensiv leuchtenden Stämme, und hervor schießt ein Wüstenskorpion. Grünlich-rötlich, sein Biss wäre tödlich, aber unter den Stockhieben taucht er weg, tief in den Sand. Noch einmal belehrt uns der Alte, dass es den Heiligen in dieser Wüste nie ums „Aushalten" ging. Er wage es nur mit Herzklopfen zu sagen, aber er bemühe sich, in die „Intimität Jesu" zu gelangen. Die Muttergottes, die Heiligen und Engel seien dabei mächtige Helfer, aber schließlich zähle nur eins: der Herr, allein der Herr.

Dann stampft er mit dem Stock gegen den Fels. Und so werden wir ihn in Erinnerung behalten: Die groben Füße in erbärmlichen Sandalen, das geflickte schwarze Gewand flatternd im Wind, die abgenutzte Gebetsschnur fest umklammert, unter den Stirnfurchen seine uns anflehenden Feueraugen, ihn doch in diesem Herzensanliegen zu verstehen: dass er ein unheilbar Verliebter sei und die Wüste in Blüte stehe.

Zum Abschied drücke ich mein Gesicht in seinen Bart. Zu sagen, dass wir uns trennen, macht keinen Sinn. Wir sind ja nicht allein. Natürlich haben wir geweint. Aber der Wind aus dem leeren Meer hat unsere Tränen schnell getrocknet.

In den Wäldern der Ardennen

Als der 19-jährige Lütticher Jacques Winandy 1926 in die luxemburgische Benediktinerabtei Clervaux eintritt, löst dies in seiner Familie große Genugtuung aus. Der Vater, ein erfolgreicher Lebensmittelgroßhändler, ist begeistert; die Mutter und seine sechs Geschwister zollen ihm großen Respekt. Vielleicht auch deshalb, weil der begabte junge Mann nicht nur im Jesuitenkolleg St. Servais eine brillante Matura absolviert hat und auf seine „Schnapsidee", bei der französischen Kriegsmarine anzuheuern, verzichtet.

Die Winandys gelten in der „feurigen Stadt" als engagierte Christen; Jacques' Großmutter hatte das Unternehmen gar auf den Namen der in Verviers verehrten „Vierge Noire", einer schwarzen Madonna, benannt. Während in den Lütticher Vorstädten, bei den Stahlkochern von Cockerill in Ougrée-Bas oder in den Kohlenminen von Wandre und Herstal die Sozialkonflikte brodeln, bleibt Jacques mit seinen exzellenten Latein-, Griechisch- und Mathe-Noten von den Demonstrationen und Straßenkämpfen unbehelligt. Auch zählt er nicht zu jenen anarchischen jungen Poeten und Künstlern, die sich jenseits der Maas, in den dunklen Gassen von Outremeuse, in einem als „Heringsfass" bezeichneten Hinterzimmer ihrer ersten erotischen Abenteuer und ihrer blasphemischen Exkursionen zum Thema „Gott" rühmen. Nur zwei Jahre älter als Jacques Winandy, macht damals der Reporter Georges Simenon in den Lütticher Bistros und Bordellen von sich reden. Während sich der junge Mönch im abgeschiedenen Ardennenkloster der damals noch strikten Observanz mit Nachtoffizium und Selbstgeißelung hingibt, veröffentlicht Simenon seinen ersten bedeutenden Maigret-Roman, *Der Erhängte von St. Pholien.* Keineswegs ein Produkt obsessiver Phantasie, sondern die lapidare Rekonstruktion des Selbstmordes von Joseph Kleine, eines jungen Drogenabhängigen, dessen tragisches Geschick sich bezeichnenderweise am Kirchenportal neben ihrer Orgiengasse abspielt.

Jacques Winandy gehört zur Welt des anderen Maasufers. In einer Buchhandlung ist ihm eine Neuerscheinung über *Das benediktinische Leben* aufgefallen, die er verschlingt. Dann liest er die *Regel des heiligen Benedikt*, absolviert, sozusagen als Schonfrist, letzte Einkehrtage in der Abtei St. André bei Brügge, entscheidet sich dann aber für das strengere und kontemplativere Clervaux, einer Gründung der französischen Kultabtei Solesmes. Von Solesmes strahlt damals der rigorose Geist des Abtes Dom Guéranger aus. Er vor allem hatte den Anstoß zur Renaissance des gregorianischen Chorales gegeben. Die Klarheit und Objektivität dieser frühen Musik erscheint vielen sensiblen Geistern als eine Offenbarung, an der das verhasste 19. Jahrhundert, die schwüle Dekadenz der Romantik, zerbricht. Wenn schon nicht im orgiastischen Milieu Simenons, wenn schon nicht die Kriegsmarine der Franzosen: dann eben das Kloster, allerdings mit der Disziplin der Wüstenväter.

Winandy unterwirft sich der Disziplin des Benediktinerklosters mit äußerster Anstrengung, betrachtet die Weisungen und Regeln als Instrumente, mit denen sich seine Sehnsucht nach dem Geheimnis namens Gott erfüllen soll. Auf der Suche nach dem steilen Weg entdeckt der Novize aus Lüttich einen monastischen Klassiker, das Buch *Die große Kartause durch einen Kartäuser*. Bereits vor seiner Priesterweihe im Jahre 1932 äußert er gegenüber seinen Oberen den Wunsch, den Orden wieder zu verlassen und in die Grande Chartreuse bei Grenoble umzusiedeln. Einige Jahre später widerfährt dem jungen Poeten Thomas Merton im amerikanischen Trappistenkloster Gethsemani im Bundesstaat Kentucky Ähnliches, doch rät dessen Novizenmeister, den Gedanken, den Orden zu verlassen und zu den Kartäusern zu wechseln, um eremitischer zu leben, wie eine „Versuchung" zu betrachten; die Trappisten hätten die „besseren Übungen". Merton gehorchte und erstickte somit einstweilen seinen Lebenswunsch nach größerer Einsamkeit. Jacques Winandys Intentionen werden jedoch in Clervaux wie auch in der Grande Chartreuse ernst genommen. Während die französischen Kartäuser 1938 aus Frankreich vertrieben werden und in Farneta bei Florenz Zuflucht finden, erlaubt man dem jungen Benediktiner hier eine Probezeit zu verbringen, die für alle Beteiligten positiv verläuft. Um die Dinge nicht zu überstürzen, bittet ihn der Generalobere, noch ein Jahr in Ruhe zu warten …

Doch dann kommt alles ganz anders. Der Zweite Weltkrieg bricht aus und hat für die klösterlichen Gemeinschaften in Europa vielfache Zwangsrekrutierungen, Vertreibungen und Bombardierungen zur Folge. Die in der sensiblen deutsch-französischen Grenzregion gelegene Abtei Clervaux wird nicht verschont: Die verbleibenden Mönche suchen in der Nähe von Rochefort und Troisvierges eine Zuflucht, während in den arg zerstörten Klostergebäuden eine Anstalt der Hitlerjugend untergebracht wird. Doch gibt es auch eine interne Krise, nachdem der hoch angesehene und tatkräftige junge Abt mit einer Nonne durchbrennt und exkommuniziert wird. Keine Frage, dass nach diesen dramatischen Ereignissen die für den 8. Oktober 1946 in der Kapelle von Troisvierges anberaumte Abtswahl mit Spannung erwartet wird. Die luxemburgische Regierung interveniert diskret beim Vatikan, um einen ihr genehmen Kandidaten durchzusetzen. Der apostolische Nuntius im Großherzogtum, Monsignore Cento, reist eigens in den Oesling, um den Vorgang zu kontrollieren.

Umso größer ist die Überraschung, als der offizielle Kandidat durchfällt und der damals 41-jährige Jacques Winandy bereits im ersten Wahlgang die erforderliche Mehrheit erhält. Überrascht ist vor allem Winandy selbst, der doch ganz andere Ambitionen hegt und von dem einzigen Wunsch beseelt ist, in der radikalen Einsamkeit der Kartause Gott zu suchen. Winandy gehorchte.

Als der auf Lebenszeit Gewählte nach zehn Jahren die ihm aufgetragene Verantwortung zurückgibt, geschieht dies nicht aus Fahnenflucht, sondern aus der tiefen Einsicht heraus, ein ganz anderes, schlichteres Leben führen zu müssen, als das eines allmächtigen Abtes im Großkloster Clervaux. Dennoch wird die Demission in dieser Zeit vor dem Zweiten Vatikanischen Konzil noch als „Skandal" empfunden. Doch lässt Rom den erschöpften Jacques Winandy nicht fallen; man holt den peinlichen Fall zu den Benediktinern von San Girolamo und beauftragt ihn mit Studien zur Frage der Eremiten und des Lebens „geweihter Jungfrauen" – ein Abstellgleis. Schließlich beginnt Winandy in der schweizerischen Diözese Sion den ersten Versuch eines Lebens als Einsiedler.

Es erreicht ihn ein Schreiben seines Ordensbruders Basilius Schmidt, der ihn bittet, auf der französischen Antilleninsel Martinique an einer monastischen Neugründung mitzuwirken, die erstmals Mönche verschiedener Rassen vereinigen soll. Das ist eine Herausforderung, die ihm liegt, zumal der damalige Prior des Klosters auf Martinique als ein typischer Vertreter der „weißen Aristokratie" große Mühe hat, das Experiment über die Runden zu bringen. Ein Dutzend Mönche aus aller Herren Länder leben hier in heiliger Armut, nicht einmal Fenster gibt es. Pater Winandy macht die wüstenväterliche Erfahrung, dass für ihn nur noch das ganz Einfache und Ausgewischte in Frage kommt: „nichts anderes als Gottes Barmherzigkeit". Auf Martinique lernt er auch den Freund seines Lebens, den kanadischen Mönch Lionel Parré kennen, der ihn auf abenteuerlichen Wegen begleiten wird.

Probleme gibt es zu Beginn der sechziger Jahre, nachdem der Trappist und Bestsellerautor Thomas Merton in einer amerikanischen Zeitschrift voller Begeisterung von der archaischen Kraft der radikalen Mönchsgemeinschaft auf Martinique berichtet hat und sich immer mehr Kandidaten aus den USA dort melden. Unterdessen beauftragt der Abt von Solesmes, dem die Gründung auf Martinique angeschlossen ist, Winandy und Parré mit der Gründung einer Eremitenkolonie in den USA. Ohne eines

Wortes der amerikanischen Sprache mächtig zu sein, begeben sich die beiden ausgerechnet in das puritanische Texas, um einen geeigneten Ort ausfindig zu machen.

Es erscheint ihnen als ein Fingerzeig von oben, dass sie bald auf den Brauereibesitzer Harry John Miller stoßen, der nicht nur über ein enormes Vermögen verfügt, sondern ein Christ ist, wie man ihn im amerikanischen Süden nicht alle Tage zu Gesicht bekommt. In Rom hat Miller eine Österreicherin geheiratet, die ihm acht Kinder schenkt. Er ist schon damals so antirassistisch eingestellt, dass er einen Farbigen zum Trauzeugen bestimmt. Die beiden Mönche fördert er mit einer Spende von 36.000 Dollar und lässt ihnen über ein Beratergremium ein 40-Hektar-Gelände in British-Columbia, jenseits der kanadischen Grenze zuweisen. Der perfekt französischsprachige junge Bischof von Victoria ist begeistert und stellt für die eremitische Neugründung ein Dutzend Kandidaten zur Verfügung. Die geistliche Führung übernimmt Jacques Winandy. Zusammen mit einer schüchternen 20-jährigen Chinesin und einem Trapper büffelt er in Abendkursen Englisch.

Für seine Johannes dem Täufer geweihten Eremiten, die von 1964 bis 1969 auf Vancouver-Island verstreut in dem 40 Hektar großen Waldgelände bei Courtenay leben, verfasst Winandy ein Essay über *Eremitisches Leben*. Es ist eine zugleich bescheidene und grundsätzliche Schrift, die aus mehr als drei Jahrzehnten monastischer Erfahrung in Europa, der Dritten Welt und den USA schöpft. Da sie auch als ein Zeitdokument des eremitischen Aufbruchs in der Kirche gilt, wird sie 1976 in der Reihe *Monastisches Leben* der Trappistenabtei Bellefontaine neu herausgegeben.

Auf knappen 46 Seiten vermittelt sie jedoch auch eine Art Psychogramm ihres Autors, der mitten in den schwierigen Umbrüchen der Konzilsjahre bereit ist, den sicheren Hort geordneten klösterlichen Lebens zu verlassen, um einer tieferen, abenteuerlichen Berufung nachzuspüren. Dabei überrascht immer wieder Jacques Winandys Fähigkeit, die vermeintlichen Gegensätze von Stabilität und Aufbruch zu versöhnen. Es ist die schlichte Theorie einer weltweiten Wanderung auf der Suche nach Gott. Ihm allein gilt seine Treue.

Dabei erweist sich der Autor als ein großer Kenner der Bibel. Wie Abraham, Moses, Elija, Johannes der Täufer oder gar Jesus selbst, zieht es ihn „ad interiora deserti", hinein in die Wüste, einem unwiderstehlichen Lockruf dessen folgend, was er „Gnade" nennt. Er versteht sie als „immense Liebe". Was zählt, ist die „spirituelle Macht des dreimal heiligen Gottes", der sich der Eremit in einer strikten „Flucht vor der Sünde" öffnet. Der Gang in die Wüste, das „Sterben mit Christus", gibt der menschlichen Seele „ihre wahre Natur" zurück und führt sie in Regionen, weit weg vom „trügerischen Charme dieser Welt".

Zu einem Zeitpunkt, als innerhalb der Kirche heftige Debatten um die Berechtigung des Zölibats ausbrechen, berichtet Winandy von einer Bewegung, die zahlreiche Männer und Frauen erfasse und in die Wüste führe. Deren „Hingabe des Herzens" habe mit Leibfeindlichkeit oder irrationaler Angst vor Sex nichts zu tun. Es gehe um ein Symbol, eine Lebensform, die sich dem Gegenstand ihrer Erkenntnis anpasse: Ahnung, Mitwissen der sublimen Tiefe des Geheimnisses Gott. Die Versuche dieser Männer und Frauen seien mit den Anstrengungen der

Heiligen verwandt. „Söhne und Töchter der Auferstehung", so nennt er sie.

Armut und Arbeit spielen dabei nicht nur eine Rolle äußerlicher Legitimation. Wer auf materielle Dinge verzichtet, wer sich der Handarbeit hingibt, schafft Raum für Unabhängigkeit und innere Stille. Winandy verteidigt auch den Einsatz der traditionellen Mittel körperlicher Askese: Sie gehen auf die Apostelzeit zurück und vermitteln eine Gnade, die anders nicht zu finden ist. Winandy glaubt, dass der „fleischliche Mensch" die „apatheia", jenes gelobte Land der Ruhe, der Ausgeglichenheit, der Gelassenheit und des Seelenfriedens anders nicht finden kann. Bei den von Pater Winandy empfohlenen Fastenvorschriften fällt auf, dass er neben den traditionellen Regeln des Verzichtes auf Nahrung bis zum Abend oder gar während 36 Stunden, auf konsequente Abstinenz pocht. Nicht nur Fleisch, sondern auch Fisch, Eier, Milch, Butter, Käse und Tierfette unterliegen seiner strengen Vegetarierdiät, bei der er Vollkornbrot, Vollreis, Gemüse, vor allem Linsen, Nüsse und Früchte empfiehlt. Frittüren, die doch in seiner alten belgischen Heimat als besondere Spezialität gelten, bezeichnet er als „wahres Gift"... Selbst Wein und Bier, die immerhin die abwägende Zustimmung des heiligen Benedikt fanden, stehen auf seinen Verbotslisten, denn seit den Tagen des Täufers gelte in der Wüste „die züchtige Trunkenheit des Geistes". Eine zentrale Bedeutung kommt nach seiner asketischen Erfahrung der Nachtwache zu, deren traditionelle Übung er mit zahlreichen Zitaten aus den Psalmen, den Evangelien und Paulusbriefen belegt. Vorzugsweise soll die Vigil um Mitternacht stattfinden und den Schlaf unterbrechen. Es handele sich um eine Praxis die „Gott besonders gefällt" und die von den Dämonen „mehr als alles andere gefürchtet wird". Die Ziele dieser in der Einsamkeit selbst auferlegten Übungen haben mit Kult um das Ego nichts zu tun; sie dienen der inneren Freiheit und Disponibilität. Der Wüstenvater Evagrios hat dafür ein berühmtes Wort gefunden: „Getrennt von allen, vereint mit allen." Diese kühne Lebensform wird dann ganz von der Lektüre der Bibel, der geistlichen Väter- und Heiligenviten bestimmt und soll in ein Stadium permanenten Gebets führen. Die Weisungen der Wüstenväter oder das von den Hesychasten des Berges Athos empfohlene „Herzensgebet" geleiten dann in jenes ersehnte „verborgene Leben mit Christus".

„In jenen Stunden, wo wir spüren, dass unser Mut sinkt, dass unser Eifer erlahmt, unsere Hoffnung auf Fortschritt verkümmert", so tröstet Jacques Winandy seine Einsiedler, „sollen wir aufs Neue in der Bibel die wunderbaren Seiten göttlicher Weisheit lesen, die sich denen öffnen, die ihrem Ruf folgen. Sie werden den Kern unseres Glaubens bilden, die Gewähr unserer Hoffnung, die Freude unsere Liebe."

Nachdem das gemeinsame Leben in den Wäldern zu scheitern droht, wechselt er in eine noch größere Einsamkeit auf die kleine Pazifikinsel Mayne-Island. Hier wohnen auf 25 Quadratkilometern verstreut nur 180 Einwohner. Winandy haust in einem Wohnwagen und liest sonntags im Haus eines alten Engländers die Messe. Es ist ein großartiger Standort, umgeben von einem nahezu mediterranen Klima im Windschatten von Vancouver. Materielle Engpässe werden durch Übersetzungsarbeiten überwunden. Aber dennoch hält es ihn nicht. Draußen wird die Kirche von einer nie gekannten Krise erschüttert und er empfindet seine Abgeschiedenheit zunehmend als eine unsolidarische Trennung: „Der Heilige Geist zog mich nach Europa zurück."

Oberhalb der alten Abteistadt Malmédy findet er in der Ermitage von Bernister eine neue Bleibe. Am 11. September 1972 zieht er in dem zwischen den Wäldern des Hohen Venns und der Formel 1-Rennstrecke von Spa-Francorchamps gelegenen historischen Bau ein, der bald vollständig restauriert werden kann. Älter geworden, widmet er sich mehr denn je dem Studium der Heiligen Schrift und liest sonntags den Bauern von Bévercé die Messe. Zweimal besucht ihn hier auch der zwischen Christen, Juden und Moslems vermittelnde Spezialist der Heiligen Schrift André Chouraqui, mit dem er für die Publikation der Enzyklopädie *Die Welt der Bibel* zusammenarbeitet. 1992 zieht er sich nach 21 Einsiedlerjahren am Rande des Hochmoors in das Benediktinerinnenkloster Hurtebise bei St. Hubert zurück.

Als ich mich Jahre nach einer ersten Begegnung zur Vorbereitung der Eremitenfilme bei der Pfortenschwester erkundige, ob Pater Winandy noch lebe, antwortet sie spontan: „Er geht gerade hier vorbei." Wenige Tage später sitze ich ihm gegenüber. Ein strahlender Greis, der sich alle Zeit nimmt, mir seinen Lebensweg durch die Einsiedeleien dieser Welt zu erzählen. Es geschieht ausführlich, mit einem Sinn für Details und Humor, der immer wieder Züge von Güte und Demut aufleuchten lässt. Als er sich nach zwei Stunden aus seinem Stuhl erhebt, fällt erst auf, wie alt und gebückt der 93-Jährige ist. Doch er möchte mir noch seine Zelle am äußersten Ende des Ganges, unmittelbar neben der

Kapelle zeigen. Am Stock, Schritt für Schritt, tastet er über die Korridore.

Es ist ein herrlicher Frühlingstag draußen. Noch war Nachtfrost, aber die Sonne leuchtet jetzt in seltener Intensität über den Höhen der belgischen Ardennen. Überall strahlendes grünes Land. „Mehr denn je lebe ich als Eremit", lächelt er, als er auf diese großartige Landschaft hinausblickt, „Gott meint es gut mit mir. Alles hatte seinen Sinn, ich bin sehr glücklich. Sagen sie das den Menschen, allein das zählt: nichts der Barmherzigkeit Gottes vorziehen, sich ihm ganz anvertrauen".

Ein eremitisches Journal von der Liebe

*I*ch muss mich jetzt bemühen, ganz ehrlich und zugleich diskret zu sein. Als in der Frühe das kleine Paket mit den Tagebuchnotizen von Pater M. eintraf, hat es mich zunächst tief gerührt. Allein seine Geste, so viel an ernsthafter, vertraulicher Kommunikation einfach in meine Hände zu legen. Dann begann ich zu lesen und habe die eng beschriebenen Blätter bis zum Abend nicht mehr aus der Hand gelegt: aufgewühlt, erschüttert. Zu sehr trafen seine Erfahrungen eine lebenslange Sehnsucht. Ursprünglich hatte er mir die Kopie seines Vortrages an der Uni angekündigt, doch meint er in seinem handgeschriebenen Begleitbrief, vielleicht könnten mir seine „Notizen aus der Einsamkeit" bei den Eremiten-Recherchen mehr helfen. Er nennt mich, den viel Jüngeren, „lieber Freund", seine Schrift ist von Krankheit und Alter gezeichnet. Zerbrechliche, spitze Federstriche, seinen Namen hat er vergessen oder ausgelassen. Sicherlich auch ein Hinweis für das Ausgewischte dieser Mitteilung.

Pater M. ist inzwischen über 80. Der kleine, schmächtige Mönch ist ein Philosoph und ein Dichter, beglückt und zugleich belastet von der Lebenserfahrung des 20. Jahrhunderts. Sein Kloster in der Normandie war lange Zeit eine blühende Abtei, bevor sie in den Ungewissheiten der Jahre nach dem Konzil in eine irritierende Bedeutungslosigkeit abstürzte. Nur noch ein

Dutzend meist betagter Mönche verlieren sich in den labyrinthischen Gängen der gotischen Gebäude. Doch herrscht keine Stimmung der Resignation, eher leise „résistance". So sehr die atlantischen Winde auch durch die uralten Bäume fegen, sie haben Schlimmeres überstanden.

An sich war es die Erinnerung an den Mönch und Poeten Thomas Merton, die uns zusammenführte. Das Gedicht, die Sprache, dieses ruhelose Suchen nach Worten über das Unsagbare. Ich kam in den Ferien, im August, und empfand es als wohltuend, dass während der Konventmesse die Kirchentüren immer weit offen standen. Das Gezwitscher der Vögel, der Wind in den Zypressen des Friedhofes und in den weiten Weizenfeldern waren mit aufgenommen in die schlichte Choreografie der Eucharistie.

Schließlich rief er mich in den Schatten und begann gleich mit einem Plädoyer gegen „konstruierte Wahrheiten". Nichts sei berauschender „als die Wirklichkeit". Wir verbrachten die Tage gemeinsam auf dem Parkrasen. Er strahlend, die Beine über Kreuz, mit Zetteln, Briefen, Buchpassagen gestikuliernd. Ich, wie vor einer Erscheinung, einem vor der Welt versteckten Meister. Das Glück des Zuhörens. Sicherlich ein Privatissimum der ganz besonderen Art, aufgeladen mit Mystik, dem Eros des Hohen Liedes, der sinnlichen Theologie des Bernhard von Clairvaux: „Glühen ist mehr als Wissen." Wir sprechen über das Urfaszinosum des Erotischen, über die Dimension des Weiblichen. Den aktuellen Bezug lieferten die damals gerade erschienenen Briefe von Luise Rinser an Karl Rahner. Wir waren wie versunken im uralten Dualismus von Körper und Seele. Wichtig für ihn, diese

Dinge endlich frei aussprechen zu können. Ich war eingeladen alle mich irritierenden Fragen zu stellen. Seine Antworten gingen in die Tiefe, und sei es durch ein langes solidarisches Schweigen. Die Verbundenheit dieser Stunden haben wir nicht mehr preisgegeben.

Mein treuer Freund ist dann sehr krank geworden. Doch war uns gleich klar, dass es sich dabei nicht um die üblichen Anfälligkeiten seiner sensiblen Natur handelte, sondern um die Rebellion seines verwundeten Herzens. Er war am Ende mit seiner Kraft. Der besorgte Abt empfahl ihm eine Sabbatzeit, eine lange Atempause fern von allen Bedrängnissen in einem entlegenen Zisterzienserinnen-Kloster. So machte er sich auf den Weg in die Einsamkeit der Berge. In seinem Gepäck, außer einer Ausgabe der Jerusalem-Bibel, nur Bernhards Kommentare zum Hohen Lied, das er für sich deuten wollte. Meist morgens, nach der vom gregorianischen Choral der Schwestern begleiteten Messe, schrieb er seine Eindrücke nieder. Diese abenteuerliche eremitische Erfahrung hat er jetzt in meine Hände gelegt. Ich halte sie für eine intensive Lektion über Gottes Zärtlichkeit für die Menschen.

Samstag, den 2. August 1997
Der Wunsch nach Einsamkeit und Gebet war selten so drängend, obwohl ich mein ganzes Leben hindurch von Gott berufen bin, mit Christus in seiner Kirche zu leben. War er es nicht, dem all mein Elan, meine Sehnsucht, mein ständiges Heimweh nach Glück, Schönheit und Frieden galten? Mein

Entschluss, nur die Heilige Schrift zu lesen, ist durch die beachtliche Bibliothek in meiner Zelle etwas erschüttert worden. Doch habe ich der Versuchung widerstanden und die Bücher gleich wieder an ihren Platz zurückgestellt.

Sonntag, den 3. August
„Horch! Mein Geliebter! Sieh da, er kommt" (Hohes Lied 2,8). Zu Beginn meiner Meditationszeit nach der Messe fühle ich mich so leer und abgelenkt von Gedanken, Schmerzen und verarmter Liebe. Ich bin voller Zorn und versteckter Bitterkeit. Dabei möchte ich erfüllt sein von Zärtlichkeit und verzeihen, so wie Gott mir verziehen hat. Dem Herrn folgen, wie er in der Liebe leben. Maranatha. Ich höre dich kommen.

Sonntag, 16 Uhr
Im 4. Kapitel des Epheserbriefes steht, dass wir uns vom „alten Menschen" befreien müssen. Selbst in meinem Alter ist er noch immer da, dieser durch verfälschende Sehnsucht korrumpierte Mensch. Es gilt immer wieder von neuem zu beginnen; das ist nur möglich durch die Rückkehr zu sich selbst. Ich, tiefer als ich selbst, mehr Intimität als mein Allerintimstes, wie es der heilige Augustinus bezeichnet.
Ich lebe eine heilige Freizeit. Das wichtigste Werk des Menschen: an den glauben, den Gott gesandt hat. Wichtiger als Arbeit und Brotverdienen, eine schockierende Wahrheit. „Seht die Lilien auf dem Felde", sagt Jesus. Dieses Absolute

des Glaubens ist von befreiender Kraft. Komm, mein Geliebter, mein Freund.

Montag, den 4. August
Im Evangelium sucht Jesus einen einsamen Platz. Als er die Menge weggeschickt hat, steigt er auf einen Berg, um zu beten. Dies geschieht, nachdem er vom Tod Johannes des Täufers erfahren hat. Es ist meine Berufung als Mönch und als Einsiedler hier, in der Verborgenheit zu beten. Ich spüre diesen Appell stärker. Mehr Stille, innerlich und äußerlich, mehr Einsamkeit.

Dienstag, den 5. August
„Ja, draußen steht er an der Wand unsres Hauses" (Hohes Lied 2,9). Hier ist schon jener Höhlen-Mythos von Platon, der Schleier über den Dingen, von dem Newman spricht. Ein schöner Schleier, er verbirgt die spirituelle Wirklichkeit. Manchmal habe ich den Eindruck, je länger ich dieser Mauer folge, wird er dicker, undurchsichtiger. Die Jugend errät kaum die andere Seite. Auf Dauer zweifelt man. Aber, es ist nur eine Mauer, ein Schleier. Wenn sie mit der Welt zusammenbricht und der Schleier sich hebt, wird die neue Realität schöner als erwartet sein. Jenseits der Mauer befindet sich jemand.
Der Freund wartet auf mich. Ich werde erwartet. Ich werde zum Haus des Vaters gehen und sagen: „Verzeihe mir, Vater." Und er wird mich in seine Arme nehmen.

Mittwoch, Fest der Verklärung
„Der Geliebte spricht zu mir: Stehe auf, meine Freundin, meine Schöne, so komm doch!" In der Wolke der Verklärung ist eine Stimme vernehmbar: „Das ist mein geliebter Sohn, dem meine ganze Liebe gilt." Zusammen mit den Aposteln zähle ich zu jenen, die sich fürchten. Seit meiner Kindheit kenne ich diese Angst. Diese Angst aller ist auch die Angst Adams: „Ich habe dich im Garten kommen hören; da geriet ich in Furcht, weil ich nackt bin, und versteckte mich" (Gen 3,10). Diese Angst zerstört mich bis zur Obsession. Ich bin hierher gekommen, um mich davon zu befreien, nicht um den Schritt Gottes im Garten zu hören, sondern sein Wort der Liebe und des Verzeihens: „Fürchte dich nicht ... so komm doch, komm zu mir." Dieser Geliebte sehnt sich nach mir, so, wie ein Mann sich nach seiner Frau sehnt, weil sie schön ist. Das erfüllt mich heute abend mit Verwirrung und Freude. Wie hat mich das „Amen" in der Vesper berührt! Kierkegaard sagt, es sei so schwer, dass ein Gebet dieses „Amen" erreicht. Heute abend ist es mir gelungen. Freude und Frieden.

Donnerstag, den 7. August
„Denn vorbei ist der Winter" (Hohes Lied 2,11). Das Winterende gilt für den Geist, nicht für das schwere Fleisch der Sünde. Diesseits der Mauer ist noch immer Winter. Das Leben ist ein langer Winter. Das Samenkorn stirbt in der Erde. Hat Christus nicht sein Leben in der Vision seines Todes verbracht? Wird nicht jedes menschliche Leben in der Per-

spektive des Todes erlebt? Wie Petrus möchten wir diesen Skandal ignorieren und uns schon im Reich glauben. Doch müssen wir physisch und moralisch leiden und, wie Claudel sagt, „mit einem Lächeln auf unserem Kreuz sterben", weil am Ende des Winters die ewige Freude beginnt. Ich schreibe dies, weil ich heute physische Schmerzen empfinde, wie eine Ankündigung des Todes. Aber, wenn Gott sterben wollte, wird der Tod göttlich.

Freitag, den 8. August
„Auf der Flur erscheinen die Blumen; die Zeit zum Singen ist da" (Hohes Lied 2,12). Der heilige Bernhard schildert Tod und Auferstehung Jesu in den Bildern der Natur. Früchte und Blumen dieser Welt, die das Geheimnis transzendent machen. Es gibt eine moralische Schönheit, sein Leben hinzugeben und eine gewisse Lächerlichkeit, sich mit aller Gewalt an Dinge zu klammern, die in jedem Fall der Vergänglichkeit preisgegeben sind. Für mich kommt es darauf an, im Alter, in der Krankheit, den Tod schon vor Augen, das österliche Geheimnis zu erkennen. Wäre das nicht eine Gnade: das bisschen Leben, das mir bleibt, zu verlieren und diese Zeit als eine Saison der Lieder zu verstehen?

Samstag, den 9. August
„Am Feigenbaum reifen die ersten Früchte; die blühenden Reben duften. Steh auf, meine Freundin, meine Schöne, so

komm doch!" (Hohes Lied 2,13). Sonderbar, erneut betont Gott seine Absicht: Komm doch. In der Evangelienperikope vom Epileptiker spricht Jesus in harten Worten vom fehlenden Glauben. Ich bin betroffen, weil ich bereits beschämt zögere, einen Bericht über Wunder anzuhören. Kann ich nicht wenigstens, wie Petrus, ehrlich fragen: „Wohin soll ich denn gehen?" Wer kann denn meinem Leben einen Sinn geben? Wer kennt mich, so wie du, mit all meinen Miseren, meinen Sünden? Wer sagt trotzdem zu meiner Seele „meine Freundin, meine Schöne"?

Hätte ich den Glauben, wäre keine Angst vor mir selbst, vor meiner Schwäche. Ich sähe alles mit anderen Augen: mit denen einer Liebe, die alles versteht, alles entschuldigt, alles verzeiht. Ich würde im Frieden sein, mit mir, mit allen, vor allem mit dir. Ich würde wie der verlorene Sohn zum Vater gehen und sagen: „Vater verzeih mir, denn ich wusste nicht, was ich tat." Und sein Erbarmen würde mich umfangen wie „der Duft blühender Reben".

Montag, den 11. August, Heilige Clara
„Fangt uns die Füchse, die kleinen Füchse! Sie verwüsten die Weinberge, unsere blühenden Reben" (Hohes Lied 2,15). Herzkrise heute morgen, bis Mittag beängstigt im Bett, Atemnot, Unruhe. Dann fiel mir ein spanisches Sprichwort ein: „Möge das Leben vorbeigehen und Gott es für uns regeln." Kein Fatalismus, sondern Glaube und Hoffnung für Gottes gute Vorsehung.

Ich denke auch an die heilige Clara und an den heiligen Franziskus, den ich in meiner Jugend so verehrt habe. Jedes Jahr las ich eine andere Biografie: Felix Timmermans, Joergensen usw. Ursprünglich wollte ich Franziskaner werden. Doch erst in unserer Abtei bin ich ihm wirklich begegnet.
Im Vergleich zu diesen Idealen blicke ich heute zurück auf mein armes Leben. Ich könnte weinen, doch dann spüre ich, dass sein Blick, der mich durchdringt, der Blick Christi ist und mein Herz wieder mit Freude erfüllt.

Dienstag, den 12. August
„Der Geliebte ist mein, und ich bin sein ..." (Hohes Lied 2,16). Welche Kühnheit für einen erschaffenen Geist, sagen zu können, dass Gott ihm gehört! Doch das beruht auch auf Gegenseitigkeit, maßlose, wahnsinnige Gleichsetzung. Das gleiche Abenteuer gilt für Gott und Israel, Christus und die Kirche, das Wort und die Seele. Um in das Reich einzukehren, muss das Kind zuerst verlorenes Schaf werden. Nicht, dass es unbedingt sündigen sollte, aber es muss gerettet werden können. Es ist wichtiger, in diese Traurigkeit zu treten, als es nicht nötig zu haben, wie die anderen 99 Schafe, gerettet zu werden. Um gerettet zu werden, muss man verloren sein. Man muss von einem Retter abhängen. Abhängig sein und glücklich darüber werden, es zu sein.
Man sollte die menschliche Liebe nicht auf das Verhältnis zwischen Mann und Frau beschränken. Gott liebt uns, wie ein Vater sein Kind liebt. Ich danke dir, Herr, für dieses

Mysterium. Ich weiß, dass du mich immer gerettet hast, oft auf wunderbare Weise. Du bist zu Zeitpunkten gekommen, an denen ich sehr weit von dir entfernt war. Du hast mich von mir selbst, vom Schlimmsten in mir befreit. Wenn wir sündigen, bleibt er doch treu. Diese Tage nehmen eine neue Wendung, die zutiefst meiner Berufung als Mönch entspricht: im Dank stehen.

Mittwoch, den 13. August
„Wenn der Tag verweht und die Schatten wachsen, komm du, mein Geliebter ..." (Hohes Lied 2,17). Nachdenken über mein Leben, den Übergang spüren, wo sich Erinnerungen und sehnsüchtiges Warten begegnen. Dann sind die Erinnerungen nicht mehr Vergangenheit, sondern vom Gold einer ewigen Gegenwart geprägt.
Komm du, mein Geliebter. Es ist immer dieselbe Rückkehr zu Gott, den man aus Ungehorsam verlassen hat. Immer dasselbe oft so schwere und dunkle Leben, dessen Umkehr stets begonnen werden muss. Es ist weder die Nacht des Bösen, noch das Licht des Tages, sondern das Halbdunkel des Glaubens, das ständig angefacht werden muss. Komm Herr, ich bin imstande, dich augenblicklich zu vergessen, zu verleugnen.

Donnerstag, Vigil zur Himmelfahrt Mariens
„Des Nachts auf meinem Lager suchte ich ihn, den meine Seele liebt. Ich suchte ihn und fand ihn nicht" (Hohes Lied

3,1). Das Nacht-Thema in der Bibel, bei Jesaja oder im 129. Psalm: „Aus der Tiefe rufe ich, Herr, zu dir ... Meine Seele wartet auf den Herrn mehr als die Wächter aufs Morgenrot." Ich habe diesen Psalm immer geliebt, im Noviziat habe ich ihn auswendig gelernt. Er erinnert mich an die Nachtwachen im Krieg. „Würdest du, Herr, unserer Sünden gedenken, Herr, wer könnte vor dir bestehen?" Der Sünder vor Gott, allein mit seiner Schuld, wir sollten das nicht auf die leichte Schulter nehmen. Es bedarf einiger Zeit der Sammlung, um sagen zu können: Meine Furcht hat sich in Freude gewandelt.
Morgen ist das Fest Mariä Himmelfahrt. Die Sehnsucht nach dem Himmel, das Ende der Prüfung, des Kampfes gegen das Böse, des von der gebärenden Frau besiegten Ungeheuers. Während meiner Theologiestudien glaubte ich nicht an die Definierbarkeit der Himmelfahrt. Als Pius XII. das Dogma verkündete, betete ich im Kreuzgang den Rosenkranz, während die gesamte Gemeinschaft am Rundfunk die Zeremonie verfolgte. Ich war so jung und so „theologisch". Heutzutage wende ich mich in meiner Niedergeschlagenheit ganz persönlich und zärtlich an Maria und bete das Ave in mehreren Sprachen. Im Spanischen beginnt das Gebet mit den Worten „Dios te salve Maria", Gott grüßt dich, Maria! Ich möchte Maria bitten, ihr Kind zu suchen, wo ich doch auch ihres bin.

Freitag, den 15. August, Mariä Himmelfahrt
„Aufstehen will ich, die Stadt durchstreifen, die Gassen und Plätze ... ich suchte ihn und fand ihn nicht" (Hohes Lied 3,2).

Schlechter Tag seit heute früh. Migräne, weil zu lange an meinem Buch gearbeitet, zu spät ins Bett gegangen. Alptraum diese Nacht: die immer wieder aufkommende Angst. Nach der Messe eine neue Krise. Jetzt sitze ich im sonnigen Garten und verstehe diese Flut an Gedanken besser. Die Einsamkeit zwingt mich, mir selbst gegenüber zu treten. Das ist hilfreich, aber schmerzlich.

Der Vers aus dem Hohen Lied. Wie oft haben wir ihn gesucht und nicht gefunden? „Einmal mehr, weißt du wenig über meine Pläne", sagt Gott, „verstehst du denn nicht, dass suchen bereits finden bedeutet, ich bin schon in deinem Wunsch, ich habe ihn doch in dein Herz gesenkt. Ich suche auch dich".

An diesem Himmelfahrtstag muss ich lernen, Gott im Himmel zu suchen, wo Maria und die Engel sind. Nicht im Lärm der Städte, der Gassen und Plätze. Den Himmel des Geistes finden wir in der tiefsten Tiefe von uns selbst, dort müssen wir kämpfen, um den Körper, der unsere Seele mit tausend Gedanken belastet, zum Schweigen zu bringen. Claudel war ergriffen von der „wiederhergestellten Schönheit der durch die Gnade erstrahlenden Frau". In ihren Armen heilen wir. Bruder Christophe, Mönch und Märtyrer aus dem algerischen Atlaskloster in Thibirine, schrieb: „Jesus, ziehe mich in die Freude der gekreuzigten Liebe."

Samstag, den 16. August
„Mich fanden die Wächter bei ihrer Runde durch die Stadt. Habt ihr ihn gesehen, den meine Seele liebt?" (Hohes Lied

3,3). Der heilige Bernhard betont die Ungeduld der Liebe. Im Evangelium ist von Kindschaft die Rede. Wann habe ich sie verloren? Besaß ich sie jemals? Man muss reif, vielleicht sogar zu reif sein, um ein Kind im Sinne des Evangeliums zu werden. Was uns daran hindert: der Stolz des Lebens, unbekümmerte Schuld, Leichtigkeit der Skepsis, allumfassende Vergänglichkeit, der fade Überdruss der Lust, die Last der Genügsamkeit. Die Dummheit zu glauben, alles zu wissen und nur von sich selbst abzuhängen. Geistliche Kindschaft hängt von aller Welt ab, vor allem von Gott. Romano Guardini nannte das „in jeder Begegnung den himmlischen Vater sehen". Darin besteht der Gehorsam der Mönche. Wer wagt das noch, unseren Zeitgenossen offen zu sagen?
Beispiele geistlicher Kindschaft: Gott in den Armen Marias, Gott in den Armen einer jungen Frau. Die heilige Therese von Lisieux war nicht naiv, als sie sich mit einem kleinen Ball verglich, den Gott zum Spielen benutze. In den Augen der Welt ist das Wahnsinn, aber es ist der Wahnsinn der Liebe. Wie viele Kinder werden daran gehindert, Jesus zu begegnen? Durch seriöse, erwachsene, ordentliche Menschen, die aber von der Liebe nichts wissen?

Sonntag, den 17. August
„Kaum war ich an ihnen vorüber, fand ich ihn, den meine Seele liebt. Ich packte ihn, ließ ihn nicht mehr los ..." (Hohes Lied 3,4). Dieser Vers entspricht dem Evangelium vom „Brot des Lebens". Beides betrifft die heftige Liebe zwischen Gott

und der menschlichen Seele. Das hat mich den ganzen Tag beschäftigt. Der Gott der Liebe lässt sich nehmen, lässt sich essen. Darin ist auch etwas vom leidenschaftlichen Besitzen in der menschlichen Liebe und von der Verzweiflung „nicht mehr loszulassen". Das abgrundtiefe Mysterium durch diese „Speise" zutiefst verwandelt zu werden. Nichts mehr als Liebe.

Montag, den 18. August
„Stört die Liebe nicht auf, weckt sie nicht, bis es ihr gefällt" (Hohes Lied 3,5). Dieser Vers wird im Hohen Lied dreimal wiederholt, wie von einem Chor in der griechischen Tragödie oder von einer Stimme aus dem Off im Film. Ist das eine Laudatio auf den Schlaf? Gibt es einen Schlaf der Kontemplativen, etwa Adams, als Gott Eva erschuf? Oder gar Christus am Kreuz, die Kirche gründend? Die Väter beschreiben die Kontemplation als „nüchternen Rausch". Alles Wissen aufgeben, um der Welt zu sterben und nur noch ihn zu kennen. Im „Wechsel" von Claudel äußert sich ein Verehrer mit den Worten, jetzt zu wissen, was die Liebe sei, und erhält von der Frau zur Antwort: „Aber mein armer Herr, es kommt nicht darauf an zu wissen, sondern das Bewusstsein zu verlieren."

Donnerstag, den 21. August
„Schön bist du meine Freundin, ja du bist schön" (Hohes Lied 4,1). Du bist schön, das heißt auch: „Ich liebe dich." Schön-

heit ist eine transzendentale Qualität des Seins. Sie lässt die Schönheit Gottes durchleuchten. Das waren meine Gedanken bei der Kommunion: Du bist schön, sagt Gott, du bist rein, weil ich dir verziehen und dir die österliche Frühe wieder geschenkt habe. Keine Angst mehr. Das Reich ist nahe. Ich werde seine Schönheit schauen.

Samstag, den 23. August
„Alles an dir ist schön, meine Freundin; kein Makel haftet dir an" (Hohes Lied 4,7). Dieses Bild gilt für die Kirche, für die Jungfrau Maria und den von Gott ergriffenen Menschen. „Die Braut des Lammes, die heilige Stadt, rein wie ein Kristall", so heißt es in der Apokalypse. – Kein Makel, bedeutet das, Gott sieht manches nicht, will manches nicht sehen? So, wie der Vater wohl als einziger nicht wusste, dass er einen verlorenen Sohn hatte. Sonne und Abendwind in den Bäumen. Ein Wort Kierkegaards kommt mir in den Sinn, wühlt mich auf: „Einfach stehen bleiben, allein mit seiner Sünde, vor Gott, Gedanken eines unendlichen Glücks."

Mittwoch, den 27. August
„Ein verschlossener Garten ist meine Schwester Braut ..." (Hohes Lied 4,12). Auch mein kleiner Garten hier im Schwesternkloster ist verschlossen. Seit Wochen führe ich in seinen Mauern einen Kampf mit den Gedanken. Je mehr Denker, umso grausamer.

Im Mönchtum wird der biblische Garten Eden bisweilen mit dem „Paradies der Klausur" verglichen. Gemeint ist jene Bekehrung, die Adam und Eva eine Rückkehr zu Gott eröffnet hätte. Meine Freude kann nur darin bestehen, fähig zu sein, bis zu meinem Tod mit Christus zu leiden. Bis er kommt und sagt: „Genug, die Prüfung ist zu Ende, komm." Das wusste ich schon 1946 beim Ablegen der ewigen Gelübde. Nach all den Jahren kann ich das alles einfacher hingeben, mehr als ich jemals ahnte. Heftiger Regen, ich muss den Garten verlassen.

Donnerstag, den 28. August, heiliger Augustinus
„Nordwind, erwache! Südwind, herbei ... Mein Geliebter komme in seinen Garten ..." (Hohes Lied 4,16). Der verschlossene Garten, das ist auch der Ort intimer Suche und Begegnung, der Hingabe, nur noch ein Leib. Diese Mann und Frau erfassende menschliche Liebe war seit Anbeginn der Schöpfung in der Vorstellung Gottes der Auftakt einer perfekten Liebe, die sich am Ende der Zeiten vollendet, wenn Christus und die Kirche nur noch ein Geist sein werden (Eph 5,32).
Nord- und Südwind, das sind heftige, pfingstliche Winde. Ich bete dafür, dass sie über mich hereinbrechen, bis in mein Innerstes vorstoßen, die Sehnsucht nach Gott anfachen, seine Wiederkehr durch das Kommen Christi ankündigen. Konkret bedeutet das: die Stunde meines Todes.
Im Evangelium fragt Nikodemus, wie man geboren werden kann, wenn man alt ist. Und Jesus antwortet dem alten Mann, der ich geworden bin: „Der Wind weht, wo er will ... so ist es

mit jedem, der aus dem Geist geboren ist ... Wer aber die Wahrheit tut, kommt zum Licht" (Joh 3,8.21).

Freitag, den 12. September
„Ich komme in meinen Garten, Schwester Braut ..." (Hohes Lied 5,1). Die Krankheit hat mich zwei Wochen ans Bett gefesselt. Aber meine Einsamkeit, die Suche nach Gott und seinem Frieden sind unbehelligt. Ich sehe jetzt klarer, was mich belastet, es ist mein vergangenes Leben, die fortdauernden affektiven Leiden, die Evasionen sicherlich, die meine Seele wohl am meisten verwirrt haben.
Mehr denn je Stille und Einsamkeit. Morgen wird mich Vater Abt besuchen. Ich werde eine Generalbeichte ablegen.

Samstag, den 13. September
„Horch, mein Geliebter klopft: Wach auf, meine Schwester und Freundin ..." (Hohes Lied 5,2). Die Begegnung mit Vater Abt fand heute morgen in einer Einfachheit statt, wie ich sie mir nicht zu träumen gewagt hätte. Ich öffnete ihm mein Herz, berichtete über mein Leben und über all jene Belastungen, die mich vom „Geliebten" entfernt haben. Der Verrat der Liebe ist mir niemals so ernsthaft und zugleich so verziehen erschienen. Es war, als hätten er und Gott mich in aller Klarheit und Barmherzigkeit verstanden; ich habe mich auch selbst verstanden. Es war eine große Freude, eine unerhoffte Intensität, die ich nicht mehr für möglich gehalten habe.

In unserem Gespräch ging es um die „fundamentale Wahl" und wir waren uns schnell einig, dass sie Geschenk, Gnade ist, dass Gott treu bleibt ... Sonderbar, in wenigen Worten wurde alles gesagt, in einer totalen Ehrlichkeit, nicht einmal die Spur eines Gedankens, etwas zu verbergen.

Dienstag, den 16. September
„Ich stand auf, dem Geliebten zu öffnen" (Hohes Lied 5,5). Bei mir war es so, dass ich Gott nicht geöffnet habe. Das waren bewegende Erfahrungen, aber sie münden in Frieden. Sie haben mich für immer gezeichnet.
Beim Evangelium über den Sohn der Frau aus Naim habe ich spontan an Mutter gedacht, die vor 70 Jahren gestorben ist. Mir fehlen die Worte. Meine Mutter, ich liebe dich, ich sehe dich und bete zu dir. Werde ich dich bald wiedersehen? Alles ist vorbereitet. In Dankbarkeit.

Mittwoch, den 17. September
Nachdenken über die Beichte als Sakrament. Gott schenkt es uns in seiner Kirche. Sein Herz öffnen, ganz ehrlich, ganz wahrhaftig sein. Die Worte des Verzeihens und der Liebe hören. Wo die Sünde war, strömt Gnade. Weit über alle Schuldpsychologie und Moral hinaus, trifft das Wort wie ein zweischneidiges Schwert: „Deine Sünden sind dir vergeben." Alles in einer großen Einfachheit. Es ist getan. Gott in seiner Kraft und seiner Zärtlichkeit.

Samstag, den 20. September
Stille und Ruhe. Auf meinem Bett bete ich, träume ich, denke ich nach. Zurück liegt eine dunkle Vergangenheit. Die Gnade hat mein Herz ergriffen. Ich bin ein freier Mann und im Frieden unter dem lächelnden Blick des Vaters.

Montag, den 22. September
Die Universität von P. bittet um einen Vortrag zum Thema „Der Mensch in der Prüfung des Schweigens Gottes". Ich möchte meine persönliche Erfahrung der letzten Zeit einbeziehen. Stets über mich selbst gebeugt, empfand ich nur Schmerz, ohne die Misere zu durchschauen. Gott ist geduldig. Es braucht Zeit, das zu begreifen. Als er, den ich fern glaubte, zu mir kam, begriff ich, dass er immer schon da war. In schweigsamer Liebe und Güte für mich, mir die Freiheit lassend.

Samstag, den 27. September
„Was hat dein Geliebter den andern voraus ...?" (Hohes Lied 5,9). Es ist ein Unterschied „Freunde zu haben" oder einen Freund. Wenn aber Gott unser Freund ist, wenn er mich Freund nennt?
Nach meinem Geburtstag, der einige Besucher brachte, empfinde ich ein stärkeres Bedürfnis, mein Leben in Stille, Einsamkeit und Gebet zu beschließen. Der heilige Bernhard rät, das Ende unseres Lebens müsse dem Beginn des anderen

gleichen. Was mein Geliebter den andern voraus hat? Der heilige Augustinus weiß eine Antwort: „Jemand in mir ist mehr ich, als ich selbst es bin – intimior intimi meo." Worte werden überflüssig. Gemeinsames Hören in die Stille hinein. Diese Einsamkeit ist keine private Nische, das Leben des Heiligen Geistes keine gedankliche Aktivität. Valéry bezeichnete die Intellektuellen als jene, „die dem Wert geben, das keinen hat". Das ist ein bezeichnendes Geständnis einer hoffnungslosen Suche nach Liebe. Mein Geliebter hat den andern voraus, dass er keine Idee ist, sondern eine Person, die mich über alles liebt. Wie all diese Güte vergelten? In dieser Liebe bleiben, für immer.

Freitag, den 10. Oktober
Viel Müdigkeit in den vergangenen Tagen. Nach der Migräne, in der glücklichen Stunde, wenn der Schmerz nachlässt, fällt mein Blick auf die hohe Birke gegenüber meinem Fenster. Sie wird vom Wind hin- und hergerissen. Wie ein Symbol des Lebens. Ich befreie mich zunehmend von vielen Papieren, Projekten, Erinnerungen. Nur noch dies: auf seine Rückkehr warten.

Allerheiligen, 1. November
„Mein Geliebter ist weiß und rot, ist ausgezeichnet vor Tausenden" (Hohes Lied 5,10). Mein Wunsch an diesem Festtag: noch gesammelter, noch stiller leben. Die Schönheit des

Geliebten lässt die Heiligen erstrahlen. Lichtwellen der Freude. Stille Freude über vergangene, durchfochtene, überstandene Prüfungen. Das ist die Herrlichkeit: das Sein und der Frieden in der Vollendung. Die Heiligen tragen das Siegel Gottes, so wie ein Kunstwerk den Schriftzug des Meisters. Auf den Gesichtern der Heiligen erstrahlt mein Geliebter.

Mittwoch, den 12. November
„Seine Gestalt ist wie der Libanon, erlesen wie Zedern" (Hohes Lied 5,15). Ein Berg, ein Baum, da ist viel Ähnlichkeit der Schöpfung mit dem Schöpfer. So, wie die Zeder in diesem Garten, ein Hauch noblen Selbstbewusstseins. Es gibt eine Art von Konspiration zwischen dem Gläubigen und der Natur. Der Römerbrief sagt es in bewegenden Worten: „Denn die ganze Schöpfung wartet sehnsüchtig auf das Offenbarwerden der Söhne Gottes ... die Freiheit und Herrlichkeit der Kinder Gottes. Denn wir wissen, dass die gesamte Schöpfung bis zum heutigen Tag seufzt und in Geburtswehen liegt" (Röm 8,19-23).
Jeder Künstler, jeder Dichter kennt diesen Schmerz, der dem Gelingen voraus geht. Gedichte sind Vorboten des Gebetes.

Donnerstag, den 20. November
„Wohin ist mein Geliebter gegangen ... Wir wollen ihn suchen ..." (Hohes Lied 6,1). Mit Maria Magdalena suchen wir den Geliebten. Von der Verkündigung bis zur Himmelfahrt rei-

chen die Zeichen seiner realen Präsenz. In der Gnade des Glaubens haben wir die schwankende Gewissheit ihn wiederzusehen, die erst dann voll durchbricht, wenn wir diese Welt verlassen und auch unser Grab leer sein wird.

Der Schmerz all derer, die getrennt und auseinander gerissen wurden, kann in diesem Leben, wo man sich in Liebe verspricht, was man nicht zu halten vermag, nicht geheilt werden. Die Tränen Maria Magdalenas, die Tränen der Muttergottes und all jener Männer und Frauen, die in unserem Tal der Tränen geweint haben, „werden von ihren Augen gewischt werden". Das verborgene Reich ist schon da, allein die Tränen Jesu auf dem Weg nach Jerusalem vermögen die unseren abzuwischen.

Dienstag, den 9. Dezember

„Wende dich, wende dich Schulamit! Wende dich, wende dich, damit wir dich betrachten" (Hohes Lied 7,1). Wochen auf dem Krankenbett, Herzflimmern und doch eine gelassene innere Ruhe. Schulamit, das heißt „die Befriedete", die Wortwurzel von Shalom, Friede. Jene Frau, die wir sahen und die schon beim ersten Anblick unser Herz mit Frieden erfüllte. „Ruhiger Gott, der du alles beruhigst", sagt der heilige Bernhard, „deinen Frieden betrachten, bedeutet den Frieden finden".

In diesem Advent ist Schulamit nicht zu übersehen: Maria, regina pacis, die Königin des Friedens. Wir können einfach zu ihr aufblicken, ohne ein Wort, ohne Gedanken, nur ihr Antlitz des Friedens vor Augen.

Große Stille, nachdem die Schwestern das „Miserere" sangen. Frau der Liebe und der Schönheit, schenke uns einen Hauch deiner himmlischen Leichtigkeit. Kein anderer Wunsch als ein reines Herz. Eiseskälte im Kreuzgang. Nach dem Nachtoffizium fiel der erste Schnee.

Einsiedeln

Diese Glocken haben etwas Alarmierendes. Sie stellen die Dinge wieder klar und geben dem vom Touristenstrom bedrängten Ort seine alte Brisanz zurück: Stätte verborgenen Gebetes, aber auch Tatort klammheimlichen Verbrechens. Aus der Tiefe der Zeiten brechen noch immer Kräfte hervor, die faszinierend und furchterregend zugleich sind. Vom „Finstern Wald" sind nur noch weite Lichtungen geblieben. Die graue Masse der Abteimauern hält den zweifach gezeichneten Ort mit furiosem Barock fest umschlossen. Gestik entrückter Heiligen, seliges Lächeln der Engel. Kerzen flackern in zeitloser Milde vor der schwarzen Madonna. Schlägt es jedoch schwer und dumpf von den Türmen, kehrt augenblicklich das Doppelbödige zurück.

In der Frühe des Allerheiligenfestes fällt auf die goldene Muttergottes im Brunnen vor der Kirche ein Sonnenstrahl. Für Sekunden entzündet sich über ihrem Haupt glühendes Feuer. Die Nacht war klar und kalt, jetzt ist der Himmel tiefblau. Wer zu ihr aufsieht, glaubt die Geheime Offenbarung tritt in Kraft: diese strahlende Jungfrau, zu ihren Füßen das Ungeheuer, in ihren Armen das wehrlose Kind. Ein Heiligtum dramatisch überstandener Todesangst.

Kurze Notate der Predigt von Pater Walbert. Er spricht über „zu retten, was verloren war". Seine Heiligen sind mit den Himmelsstürmern über dem Hochaltar nicht identisch. Er zählt auf: Franz von Assisi mit den Wundmalen gepeinigt, Klaus von der Flües 20-jähriges Fasten, Maximilian Kolbe im KZ-Hungerbunker. „Gott kann nur Demütige brauchen", sagt er. Und weiter: „Sünder werden wir sowieso bleiben, auch von Bekehrung wird keine Rede sein können, deshalb gilt: das Herz öffnen für Gottes Wirken!"

Der Altar ist mit Astern und Chrysanthemen geschmückt, gelb, braun, violett. Weihrauchwolken über den Chorälen, herbstliches Sonnenlicht, als fließe Gold. Gesang, der aus der Stille stammt. Vater Georg, der schmächtige Abt, sitzt gebückt und bescheiden auf dem Bischofsstuhl, vom Chormantel aus Silberbrokat fast erdrückt. Die Lesung berichtet aus der Apokalypse, von jenen, „die aus der großen Bedrängnis kommen, sie haben ihre Gewänder gewaschen im Blut des Lammes". Dann dringt wieder das Novemberlicht durch die Fenster und ein Mönch sagt: „Wer heilig werden möchte, muss durch das Feuer gehen."

Unsere Erfahrung in dieser Kirche: überall ein großer Ernst. Ununterbrochenes, appellierendes Gebet vor der Gnadenkapelle; die Menschen drängen zur Beichte; eine schöne Ausländerin weint in einer Nische; eine Mutter schreibt ihre Sorge ins ausliegende Buch der Fürbitten; französische Pilger ziehen schweigend in die Krypta. Wir sind ein Fernsehteam, Journalisten, Kameramänner, Tontechniker aus Belgien, Deutschland, Österreich, Rumänien und Ungarn. Wie auf Eierschalen schleichen wir durch die Chorgitter und Seitenkapellen, huschen über Flure und Emporen. Immer den hundert schwarzen Mönchen auf der Spur, die, wie es ihre 1500 Jahre alte Regel vorschreibt, dem „officium divinum", dem Gottesdienst, nichts vorziehen und uns gewähren lassen. Bisweilen mit Engelsgeduld und einem Lächeln aus einer anderen Welt. Dann verschwinden sie wieder in ihrer Klausur. Kein Rückzug, nur ein neuer Anlauf.

Zu Allerseelen stehen sie im Halbkreis über der Gruft. Im Keller unter ihren Füßen die schweigende Mehrheit der Toten in Hunderten von Grabnischen. Erst letzte Woche haben sie ihren Bruder Andreas dort hinunter getragen. Es ist kein finsterer Ort, sondern der Hafen ihrer Sehnsucht. „Tod, wo bleibt dein Stachel", lesen sie kämpferisch aus dem ersten Korintherbrief. In der Mitte ein schwarzes Kreuz und vier Kerzen. Es fließt viel Weihwasser, auch das Volk tritt heran. Bis zum Abend hat sich, statt der Tränen, über der Totengruft eine breite Wasserlache gebildet. Viel Segen, viel Hoffnung. Über Einsiedeln ist sternklare Nacht. Noch ein letztes Licht, dann Stille stereo.

Meinrad, ein Mönch aus der Reichenauer Klosterschule, hat sich hier im „Finstern Wald" um das Jahr 835 niedergelassen. Der Diakon, Priester und Lehrer wollte ganz „frei sein" für Gott, hat sich vor den nachrückenden Menschen immer tiefer zurückziehen müssen. 26 Jahre verbringt er in dem abgelegenen Hochtal zwischen dem Vierwaldstätter- und dem Zürichsee. Der Ort ist schwer zugänglich, im Winter bitter kalt. Er hat Anfechtungen, aber auch Visionen. Eine Kapelle, eine Klause, ein Gasthaus entstehen; bis zum heutigen Tag erhalten blieb seine Benediktinerregel. Man glaubt zu wissen, dass er vor allem Cassian gelesen hat, den alten Meister aus der ägyptischen Wüste. Am 21. Januar 861 erscheinen zwei sonderbare Gäste: Peter und Richard, die hier „Schätze" vermuten. Meinrad bewirtet sie nach allen Vorschriften der Regel, gibt jedoch zu verstehen, dass er ihre Absichten durchschaut. Dann erschlagen sie ihn und ergreifen die Flucht. Zwei Raben verfolgen die Täter bis nach Zürich, wo sie gefasst, verurteilt und hingerichtet werden.

Am Abend muss ich an die drei Toten denken. Züricher und Mainzer Künstler gestalten auf den Stufen vor dem Chorgitter eine Mozart-Messe. Oben auf den schmalen Wandelgängen zwischen den Emporen vernehme ich das Geflüster des tausendköpfigen Publikums. Dann tritt der Dirigent ans Pult und das Orchester setzt ein. Musik wie Stromstöße, vibrierender Ernst der Streicher, die nüchterne Leidenschaft der Solistinnen. Ringsum an den Wänden, auf den Säulen, den Altären scheinen sich die Engel und Heiligen zu lösen, auf- und abzuschweben, im oberen Chor winden sich die Cherubim, Himmelswolken fluten, Adam und Eva flüchten ins Paradies zurück, das Osterlamm strahlt im Glanz der Erlösung.

Doch es hebt sich kein Stein über dem Eingang zur Gruft, kein Rumoren in den Totennischen. Nur Vater Abt steht versunken lächelnd zwischen den Barockengeln, die nach dem Finale wieder ihre himmelfahrende Konsternation annehmen. Es erfolgt kein Beifall. In langen schwarzen Kleidern verschwinden die Violonistinnen hinter einer Seitentür. Wieder das gesammelte Geflüster der Menge, und Einsiedeln kehrt zurück in die dunkle Zweideutigkeit eines heiligen Tatorts.

Pater Martin ist 1981 in die Abtei eingetreten. Als er sich erstmals seiner Mutter anvertraut, antwortet sie: „Dann werde ich dich nie besuchen kommen." Gleich zu Beginn stellte sich ihm die Frage, ob es das große Einsiedeln oder eine eremitische Kartause, etwa La Valsainte, sein solle. Obwohl er sich längst entschieden hat, ist etwas von diesem Zwiespalt geblieben. Doch lernte er inzwischen, dass es nicht darauf ankommt, „sich aus der Welt zurückzuziehen, sondern die Stimme Gottes zu hören". Eines der größten Hindernisse dazu waren zu allen Zeiten die Ansprüche des Eigenwillens. Er verweist auf die römischen Studienjahre des heiligen Benedikts, der im Strudel dieser Stadt gespürt habe, dass er sich da völlig selbst verliert. Sich zurückziehen, sich selbst zu stellen, wieder zu sich selbst zu finden, das bezeichne der erste Benedikt-Biograf, der heilige Gregor als „habitavit secum – er war bei sich selbst daheim". Nur wer dies schaffe, könne auch in Gemeinschaft leben: „Wer nicht allein sein kann, der hüte sich vor Gemeinschaft."

Auf das Totenritual angesprochen sagt der Pater: „Das Einüben in den Tod ist eine sehr realistische Lebensperspektive. Nichts im Leben ist so sicher wie der Tod. Jeden Tag im Bewusstsein des Todes leben führt dazu, dass wir dankbarer leben können. Wer nicht sterben kann, der kann auch nicht richtig leben." Die Lektüre der Benediktinerregel, die bei ihm den lebensverändernden Funken auslöste, ist während 20 Klosterjahren hindurch eine stets wichtige Erfahrung geblieben. „Unsere Regel ist nüchtern", meint er, „aber sie ist durch die Erfahrung Benedikts gedeckt sowie durch die Erfahrung von Generationen vor ihm". Im Gegensatz zu den Verirrungen unserer Zeit, gelte allerdings die wesentliche Priorität, dass Gott die Fäden der Geschichte nach wie vor in der Hand halte, „es kommt also nicht so sehr darauf an, was der Mensch macht, sondern auf die übergroße Liebe Gottes, die er zu uns Menschen hat. Das ist das Entscheidende".

Das, was er bei Benedikt als „nepsis", Nüchternheit schätzt, findet er auch bei den Wüstenvätern: „Das Faszinierende dabei ist, dass sie sich nichts vormachen und sie anderen und Gott nichts vormachen, sondern versuchen, diese Transparenz vor sich selbst und vor Gott zu leben." Der heilige Franz habe in seiner umbrischen Sprache für diese Ehrlichkeit ein schönes Wort geprägt: „casta", so wie das Wasser, keusch, durchsichtig, rein.

Pater Martin, der in der Abtei für die Betreuung der Schüler und die theologische Bildung zuständig ist, möchte die Versuchungen, die in der heutigen Zeit auf junge Menschen einbrechen, nicht verharmlost wissen: „In jedem Menschen gibt es einen Punkt, einen Kern, in dem er zutiefst daheim ist. Dort ist er der Mensch, der er ist, und dort ist der Ort, wo Gott ihn anspricht und der Geist in uns betet. All das, was uns von diesem Kern abbringt, bringt uns vom wahren Leben ab. Jeder Mensch erfährt auf seine Weise Widerstände, sich diesem Kern seiner Person zu stellen. Das, was die Wüstenväter als ‚Dämon' bezeichnen, ist das, was uns hindert, diesen Weg der Gottsuche, der Selbstsuche zu gehen."

Kurioserweise kehre all das, von dem man meine, es sei den Menschen dieses Jahrhunderts nicht mehr zuzumuten, durch die Hintertüren der Gesellschaft wieder zurück. In der Kirche habe man sich weitgehend von den Engeln verabschiedet, doch bei „New Age" und in der Esoterik wimmle es nur so von Engeln. Dies gelte auch für den kirchlich entmythologisierten und archivarisch abgelegten „Satan", der im Neuheidentum gerade kultisch Urständ feiere. „Manchmal muss man sich fragen, ob man nicht zu wenig von den Dingen spricht, die die Menschen wirklich erfahren." Deshalb hält er auch seine eigene Sehnsucht nach dem Einsiedlerleben nicht für einen sonderbaren Einzelfall, denn es gehe um „den tiefen Wunsch, zum Kern meiner Person vorzustoßen und mich von Gott ansprechen zu lassen. Das Leben ist faszinierend schön, es ist hart, aber großartig. Jede Begegnung mit einem Einsiedler, mit einem Menschen, der in die tiefste Tiefe seines Lebens hinabzusteigen versucht, wird etwas von dieser Faszination auslösen, gerade bei jungen Menschen, die nicht allem nachlaufen, nicht allen Erwartungen entsprechen, sondern ihr eigenes Leben, ihre eigene Berufung leben wollen."

Am Samstagabend führt uns Pater Martin mit einigen Schülern, die das Wochenende im Internat verbringen, zusammen. Ein Wohnraum mit Dachschräge; Goldfischbecken und Fernsehschirm funkeln grell, Chipstüten und Coladosen. Sympathische Burschen, die uns später zu einer Abenteuertour durch die Klosterspeicher einladen. Über schmale Treppen geht es hinauf in die Türme. Erfolgen die Uhrschläge, zuckt man zusammen. Tief unten die Lichter des Städtchens, wo schon Goethe gastierte, dann wieder Finsternis, man muss Hand in Hand gehen, sich plötzlich ducken unter schwerem Gebälk. Jemand erinnert an Umberto Ecos *Name der Rose*: das verbotene Lachen, Gift und

Laster, das brennende Skriptorium. Pater Martin bemerkt, der heilige Benedikt warne lediglich vor dem überheblichen, schallenden Lachen, das mit der tiefen Freude nichts gemeinsam habe.

Auch ist der Barocksaal der Stiftsbibliothek kein Ort heimlich versteckter, verbotener Schriften über das Lachen. In über tausend Klosterjahren sind hier wahre Schätze der Weisheit und des Wissens zusammengetragen worden: illuminierte Handschriften, Messbücher, Graduale, Inkunabeln und Frühdrucke. Kostbarstes Zeugnis dieser großen Kultur ist der *Codex 121* aus dem Jahre 1151, der Gesänge Notkers von St. Gallen enthält. Nicht nur für die Gregorianikforschung ein Dokument subtiler Schönheit: mitternachtsblau- und goldverzierte Initialen der Weihnachstvigil, Zierseiten mit Minium und Silber.

Dieser Büchersaal im Nordtrakt der Abtei ist ein hohes, zweischiffiges Juwel abendländischer Architektur. Schlanke ionische Säulen tragen das Oval wie mit leichten Händen. Oben schlängelt sich hinter einem Régencegitter eine Galerie von Konkaven und Konvexen. Durch die Fensternische fällt Licht auf die goldbeschrifteten Kalbs- und Schweinslederrücken der Bände: Scholastische Theologie aus der Klosterdruckerei des Jahres 1687, die Schriften der Wüstenväter, Stundenbücher aus der Schreibschule der Gründerzeit, Antiphonare, Graduale, Prozessionale.

Nach dem Nachtessen nehmen wir noch einmal mit dem Fernsehteam alle Aufnahmen des Tages ab. Das sind kritische Sitzungen am Rande der Müdigkeit. Doch dann blitzen auch wieder

Szenen von starker Intensität ins Blickfeld. Ein alter erblindeter Bruder, der sich mit der Hand an den weiten Klausurgängen entlang tastet. Abt Georg, von dem es heißt, er sei ein strenger Kirchenrechtler, der jedoch den Dreharbeiten viel Sympathie entgegen bringt und auf unser Bedauern, ihm soviel Unruhe ins Haus zu bringen, schmunzelnd antwortet: „Ich glaube, wir werden es überleben." Der Gärtner, Bruder Suso, inmitten der Pracht seiner Gewächshäuser. Bruder Clemens, der akribische Buchbinder. Oder Pater Ottmar, eigens für unser Team abgestellt, acht Tage das blanke Chaos unklösterlicher Gesellen vor seinen gnädigen Augen.

Wichtig für uns ist, dass dem uralten Einsiedeln zum 2000-jährigen Jubiläum der Weltkirche wieder ein Einsiedler angegliedert ist: Pater Gabriel, vier Autostunden südlich, in den Kastanienwäldern jenseits des Gotthards. So pendeln wir mit Mann und Material zwischen der Abtei Unserer Lieben Frau von Einsiedeln und dem Eremo Santa Croce im Ticino. Das ist spannend: Über die Anfänge im „Finstern Wald" und das anbrechende neue Jahrtausend hinweg gilt immer noch das Ideal der Wüste. Während des Nachtoffiziums zum Fest des heiligen Meinrad am 21. Januar heißt es in einem Text von Cassian, diese Mönche und Einsiedler seien „Männer des Auszugs". Es genüge ihnen nicht, sich mitten in der Gesellschaft dem Bösen zu stellen, sondern den offenen Kampf zu suchen „und die unmittelbare Auseinandersetzung mit den Dämonen".

Jenseits der Pferdeställe, tritt man hinaus in die Wiesen. Das elegante Getrippel der Tiere. Unter sieben hohen Bäumen erhebt sich eine Statue des heiligen Benedikts, „patriarcham monachorum". Der Bart, der Stab in einer Landschaft des Monumentalen: Berge und Abteigebirge. Geht man weiter Richtung Sihlsee, wird es bald einsamer, Meinrad kehrt zurück. Blaue Ufer und Schneegipfel im Herbstlicht. Unterwegs auf dem Seepfad erstauntes Nachdenken, dass sie diese Balance zu halten vermögen zwischen den kargen, mörderischen Anfängen und dem Ballast jahrtausendeschwerer Kultur. Staunen auch über die noch immer präsente Suche nach dem ganz Einsamen. Und diese ständige Gefahr, aufgefressen zu werden von Umdrängung, Behausung, Markt und Menge.

In der Kapelle eines ländlichen Friedhofs trete ich an einen Katafalk und starre entsetzt in das Gesicht eines darin aufgebahrten Krebstoten. Trauerfrauen bringen frische Blumen. Pater Walbert, der Prediger aus der Frühmesse von Allerheiligen, taucht auf. Er zieht mich von dem Sarg weg ins Freie. Ein drahtiger, alter Mann, hellwach seine Augen. Ich danke ihm für die Worte, die zu Herzen gingen, weise erschrocken auf den Toten, stelle die Fragen, die mich auf dem Spaziergang begleitet haben. Er glaubt zu wissen, dass es Tod und Leben, Chaos und Pax zu allen Zeiten gab, immer ganz dicht beieinander, schlimmer vielleicht heute als jemals zuvor. Der alte Mönch kennt bittere Beispiele, scheut sich nicht hohe Namen zu nennen. „All das überwinden wir durch den, der uns geliebt hat", zitiert er aus dem Römerbrief. Dann winkt er zum Abschied. Noch lange steht er mit erhobener Hand zwischen den Gräbern.

Sterne über Sélignac

War es ein Fehler, im tiefen Winter nach Sélignac zu reisen? Auf der Autobahn in die Ardennen blieb nur noch eine einspurige Schneise. An den Steigungen standen die Schneepflüge wie Panzer aus dem letzten Krieg. Halbstündlich mahnten die regionalen Sender und Wetterdienste zur Vorsicht. Dann kamen aus dem Westen neue, schwarze Schneewolken. Zwischen Metz und Nancy wurde die Lage besser, die Bourgogne war schneefrei, wenn auch klirrender Frost die Gassen von Tournus leer fegte. Fast hätte mich der Küster in St. Philibert, dem romanischen Fabeltier, eingeschlossen. Das war einmal mein Traum, unterwegs nach Taizé, eine einsame Nacht unter dem Altrosa der Bögen zu verbringen, zu erwachen bei den ersten Tönen der Orgel ... Doch heute ergreife ich die Flucht, bitte die blonde Kellnerin in der Auberge „Les Terrasses" bald einzugießen, nachzugießen, aufzutischen. Nicht genug kann es sein vom Roten aus Mâcon. Dieser schreckliche Februarabend muss zu schweben, zu tanzen beginnen. Sehne mich nach Betörungen, Einflüsterungen. Eiszeit der Herzen. Vereinsamung. Winterliche Welt.

Ich muss gestehen, dass ich an der Kartause von Sélignac gescheitert bin. Die Niederlage war vorgezeichnet und vollzog sich mit unerbittlicher Härte. Alles, innerlich und äußerlich, sprach gegen dieses Abenteuer. Kummer und Überdruss, scheiternde Evasionen, zerbrechende Freundschaften, berufliche Sorgen, politische Pressionen, Verirrungen, Illusionen, das Eis und die Kälte in mir, viel zuviel Wein und selbst die Kellnerin vermochte kaum zu lächeln am Rand dieser Nacht. All das unleserliche Gekritzel, die fremden Namen und Wortfetzen auf der Papiertischdecke, die leeren Gläser. Ich fürchte, sie hielt ihren letzten Kunden für einen obskuren Säufer.

Dom Etienne hat das mit der „Niederlage" nicht so stehen lassen. Postwendend erhielt ich einen jener kurzen, intensiven Briefe, die ohne viel Aufhebens die Dinge klar stellen und eine Impression unerhofften, väterlichen Zuspruchs hinterlassen. Niederlage? Nein, davon könne keine Rede sein, mahnte er in seiner kernigen Kleinschrift. Ein Kartäuserkloster sei weder eine Fitnessinsel, noch eine Heilanstalt für weltlichen Seelenschmerz. Er kenne Männer, die hier Jahre durchgehalten hätten, bevor sie über Nacht für immer verschwanden. Doch weigere er sich, selbst die tragischeren Abschiede und Trennungen als Niederlage zu deuten. Was wüssten wir denn schon vom „Untergrund des Verlorenseins" und von den tiefen Absichten des „guten Hirten"? Als ich den Brief weglegte, war ich sehr traurig, einem Menschen, der so zu sprechen vermag, keine Chance gelassen zu haben.

Unterwegs in den Hühnerwiesen der Bresse musste ich an die erste Reise denken. Im Hügelland von Simandre-sur-Suran fiel mir ein, was meine Frau vor Monaten beim Anblick der Mauern von Sélignac gesagt hatte: „Via Mala". Wir waren nur gekommen, das von Kardinal Suenens gewidmete Buch über das Leben König Baudouins abzugeben, eine Art Geste guten Willens, die jedoch an der Klosterpforte kühl zurückgewiesen wurde. Die Glocke hallte durch den Hof, lange regte sich nichts, bis sich endlich in der grauen Türe ein Schlitz öffnete und uns zwei große, braune Augen entgegenstarrten. Nein, wir dürften nicht eintreten. Nein, Dom Etienne sei nicht zu sprechen. Nein, er könne ihn auch nicht kurz hierher rufen. Vielleicht, so ließ die Stimme hinter der Türe wissen, würden wir später eine Antwort erhalten. Dann schloss sich der Schlitz wieder – ringsum nur hohe, graue Mauern, die lebensferne Büßerarchitektur des 19. Jahrhunderts.

Doch der tote König und der Kardinal waren gute Vermittler. Als ich diesmal vorfahre, scheint das Augenpaar gleich im Bilde. Bald öffnet sich das große Tor, ich möge meinen Wagen unter dem Dachvorsprung im Innenhof abstellen. Trotz der Eiseskälte trägt der Bruder nur eine dünne Schürze über dem Habit. Er ist hager, höflich, aber kurz angebunden, sein Gesicht gleicht dem eines Legionärs. Später nenne ich ihn undankbar „das Verbrechergesicht". „Sie werden eine Kartäuserzelle erhalten", sagt er und trägt meinen Koffer in die Zelle Nr. 16 im ersten Geschoss des Bruderhauses, wo die einfachen Konversen leben. Steintreppen, karge, weiße Wände. Die Kälte erschreckend. Ein Bruder Marc hat bis letzte Woche diese Zelle bewohnt. Er wäre nach drei Jahren Noviziat gerne geblieben, aber sein Körper hat sich nicht an diese Kartäusernächte gewöhnt, diese jahraus, jahrein unterbrochenen Nächte. Die ständige Müdigkeit hat ihn umgehauen.

Meine Zelle besteht aus Bettschrank, Tisch, Stuhl, Esstischchen, Betschemel und Bullerofen, von dem ein hohes Kaminrohr zur Decke führt. Nebenan ein großer Raum mit Waschbecken, Holzvorrat, Sägemehl, Schaufel und Besen. Dann schlägt die Glocke. Kein Zeichen, keine Einladung, vielmehr ein unausweichlicher Appell, der vibrierend durch die dicken Mauern geht, nichts auslässt, keinen vergisst. Der Bruder schlägt gleich ein tiefes Kreuz und beginnt das Angelus-Gebet.

Das Mittagessen muss ich mir in der Küche in einer Ecke des Innenhofs abholen. Als wir eben vorbeigehen, sehe ich die Schatten zweier Brüder, die über der Ofenglut hantieren. Kapuzen und Bärte, die sich flugs abwenden. In der Nische über der Glut befindet sich mein Geschirr, „Fr. Marc" steht darauf zu lesen. Die Brotration schneidet man selbst; wer Wein mag, nimmt ein Viertel Roten. Das Menü am Fensterbrett in der Zelle: Milchsuppe, Kartoffeln mit Porreegemüse, Eierkuchen, Äpfel. Reste darf man für den Abend aufbewahren. An den hohen Doppelfenstern die graue Stille des Wintertages, an der Kirchwand gegenüber meine einzigen Nachbarn: St. Bruno und die Jungfrau Maria, die von den Kartäusern als ihre „einzigartige Mutter" hochverehrte Himmelskönigin.

Das Ritual des Essens entfaltet in der Kargheit der Zelle eine besondere Brisanz. Ich spüre bald, dass ich mich darauf heimlich freue, es kaum erwarten kann, in das Küchenverlies hinabzusteigen, die nie sichtbaren Brüder hinter der Schwungtüre an den Kesseln und Töpfen zu hören, Brot zu schneiden, den Wein nicht zu vergessen, das Gestell hinauf in Nr. 16 zu tragen. Unterwegs Gerüche von Gemüsesuppe oder gebratenen Eiern. Auf dem Brett das Fläschchen mit dem funkelnden Landwein. Ganz langsames Kauen, Schmecken, Trinken. Die leise Enttäuschung, wenn alles vorbei ist und ich nebenan am kalten Becken das Geschirr zu spülen beginne.

Aber, in der Strenge einsamer Tage und Nächte sind das sinnliche Irrlichter, denen man gleichwohl entgegen fiebert. Später werde ich stehenden Fußes die Flucht ergreifen und nach Tournus zurückkehren, nur weil man mir am Sonntag den erhofften Zugang zum einzigen gemeinsamen Mahl im Refektorium verweigert. Ich hatte mir eine Spur schweigsamer Gastlichkeit erhofft, das Geklicke der Messer, Gabeln und Gläser, Gesichter, vielleicht ein Lächeln. Aber, ich blieb ausgeschlossen. Solcher Kleinigkeiten bedurfte es, den angestauten Schmerz nicht weiter zurückzuhalten, zu fliehen.

Die Winternachmittage in der Kartause sind von einer sonderbaren Kürze. Der Glockenturm zerhackt sie wie Brennholz in kleine Teile, von der jedes sein Recht fordert. Jede Viertelstunde schlägt an und signalisiert den Beginn des kleinen Marienoffiziums „de beata", das jeder Mönch allein in der Zelle rezitiert. Das sind einsame, lautlose Ouvertüren der eigentlichen Stundengebete. Die Vesper, ursprünglich die Zeit „des Kerzenanzündens", findet bereits um 15 Uhr statt. Danach bricht schon das Licht, vor allem an Nebeltagen, die im Februar in Sélignac kein Ende nehmen. Rings um das Kloster mit seinen Einsiedlerhäuschen am großen Kreuzgang: Felsen, Tannen, Schnee. Manchmal fühle ich mich im Nebel wie in einem Loch, wie in einer Falle, doch dann muss ich mich belehren lassen, Nebeltage seien wie die Seelen der Kartäuser, verborgen in einem langen, illusionslosen Kampf. An solchen Tagen beginnt kurz nach vier Uhr nachmittags schon die Nacht.

Die Zeit ist „ver-rückt", buchstäblich auf den Kopf gestellt. Gegen 19 Uhr legen sie sich zum Schlafen. Um viertel vor elf beginnt in der Zelle die Marienmette. Um halb zwölf läutet es zur Matutin in der Kirche, dem zweistündigen Nachtoffizium. Um 6 Uhr in der Frühe ist zweites Aufstehen, um viertel nach sieben Messfeier. Auch werden stille Messen gelesen. Bald wechseln Studium, Arbeit und Stundengebete einander ab. Dreimal erfolgt der Angelus. Auch beten sie das Totenoffizium. Wie viele Glockenschläge am Tag, zur Nacht? Der Mönch, der Eremit, im Räderwerk organisierter Stille. Zeit, sickernd, stürzend wie in der Eieruhr. Es sei denn, sie schaffen im Nebel Durchbrüche, hinaus aus der Zeit, aus dem Nebel der Welt. Wie viele Glockenschläge, bis solch ein Leben die Ränder des Lichts erspürt?

Vor der Dämmerung kommt der Prior zu Besuch. Ich sehe ihn ohne Mantel über den Hof gehen, sein entschlossener Schritt nähert sich über die Steingänge. Klack, klack. Ein kurzes Klopfen, seine feste Hand. Der Prior ist Spanier, sein Französisch erfinderisch. Er will mir nur sagen, dass er mir alle Freiheit lassen möchte. Dann macht er einige Vorschläge für das Nachtoffizium, weist den Weg über den Hof zur Kirche, vorbei an den Brüdern, dem braunen Rudel der Armen, in den Mönchschor. Dies mittels des geheimnisvollen Sonderschlüssels, den er mir anvertraut und der in den Sperrbezirken des Verschwiegenen fast alle Türen öffnet. Viele Fältchen um seine Augen, wenn er lächelt, auch rote Ringe, Asketenrot, als weine er viel.

Der kleine Kartäuserofen steht auf dünnen Beinen fast zu ebener Erde. Ein bisschen Papier, zwei Handvoll Sägemehl und darüber die Holzscheite. Öffnet man den Kaminzug, schlagen die Flammen vehement gegen die Gusswände. Wie ein Trommeln. Durch die Schlitze und Ritzen flackert es lichterloh über den Holzboden. „Bruder Feuer", so empfand es Franziskus. Im Reich der Kälte ist das eine solidarische Nähe. Die blubbernde Glut macht die Zellenwüste plötzlich häuslicher.

In meinem Buchgepäck außer einer Taschenausgabe der Bibel nur zwei ältere Bände: Guardinis *Der Herr* und van der Meer de Walcherens *Das weiße Paradies*, Bücher aus meiner Notration, zerlesen, voll von Unterstreichungen und Anmerkungen. Es sind zwei Titel der dreißiger Jahre, nicht ohne Pathos, sicherlich auch unaufgeklärt, unkritisch, mit kaum verschlüsselten romantischen Notausgängen. Aber von Männern ernsthafter Suche, von Schmerzerfahrenen niedergeschrieben. Keine wissenschaftliche Prätention, sondern scheue Annäherung, aufgeladen mit irrer Hoffnung auf Überbrückung der Welten, auf Intimität mit dem Ewigen. Die wichtigsten Passagen sind ungemachte Zeilen, Einfälle von oben, Geschenke nach langem Ringen, unbeabsichtigte Übergänge von Reflexion und Gebet. Wenn man den Zeitkontext abschminkt, bleiben starke Zeichen gegen die Indifferenz vor dem österlichen Kreuz.

„Was in Christus geschieht, ist vom Rang der Schöpfung", schreibt Guardini, es gelte zu wissen, „dass drüben nicht einfach ein Ziel steht, eine Aufgabe, sondern Er, der Lebendige ... Er ist im Kommen auf mich zu und fordert, dass ich Ihm entgegengehe ... Nicht nur mit dem Verstande, sondern mit der Sehnsucht des Herzens ..."

Es gebe einen „Durst nach dem Absoluten" notiert van der Meer auf dem Weg in die Kartause von La Valsainte, der immer dann mit heftiger Sehnsucht aufbreche, wenn sich die Geschichte zu wenden beginne, wenn „die Unordnung unerträglich wird und die alte Welt in einer verzweifelten Extravaganz zu verschwinden beginnt". Wenige Jahre bevor die ersten mit Menschen beladenen Güterzüge nach Auschwitz rollen, warnt er aus der Stille einer Kartäuserzelle: „Bald werden die Barbaren kommen ..."

Für den Freund Jacques Maritains und Léon Bloys ist der Eremit in diesem Zeitbruch eine Gestalt zeitloser Dramatik: Gott in der Einsamkeit der Wüste zugleich als Geliebten und Gekreuzigten ertastend, erkennend: „Seine Seele hat den Blick dessen gekreuzt, der sich aus Liebe zerreißen ließ." Guardinis Deutung dazu: „... jenes Du, das dein tiefstes Ich meint, ist Er."

Van der Meer gibt den sich aufdrängenden Fragen kühne Antworten. Die Kartausen bezeichnete er als „höchste Festungen der Menschheit gegen die Kräfte des Bösen". Uns Menschen draußen gilt seine Kritik, die der Ordnung, dem Frieden, der Sehnsucht nach Gott „diesen Blick auf das Chaos vorziehen". Auf dem Friedhof notiert er knapp: „Wir sind die Toten, sie die Lebenden."

Das total Weltabgewandte kommt im Kürzel des Wappenspruchs des Kartäuserordens zum Ausdruck: „Stat crux dum volvitur orbis" – das Kreuz steht fest, während sich die Welt dreht. So hat man es neun Jahrhunderte lang streng gehalten und darauf Wert gelegt, „nie reformiert, weil nie deformiert" worden zu sein. So würdigten es auch bis in unsere Tage die Päpste. Leo XIII., der eine Sozialenzyklika schrieb und dennoch die Kartäuser gegen den Vorwurf der „passiven Tugenden" verteidigte.

Pius XI., der daran erinnerte, dass die römischen Päpste den Orden als „guten Baum" rühmen, den „Gottes Rechte ins Ackerfeld der streitenden Kirche gepflanzt hat". Paul VI., der die eremitische Berufung mit einem Wort des heiligen Augustinus unterstrich: „Ihr seid besser, weil ihr vor dem Tod das zu sein anfangt, was die gewöhnlichen Menschen nach der Auferstehung sein werden." Oder Johannes Paul II., der 1984 zum 900-jährigen Jubiläum die Kartäuser ermutigte, auf „göttlichem Wachposten auszuharren" und keine Gefälligkeitskompromisse mit der Welt einzugehen: „Es kommt nicht daruf an, was ihr tut, sondern auf das, was ihr seid." Die Nähe des Ordensgründers, des heiligen Bruno von Köln, zum Nachfolger des Petrus, kommt auch im Petersdom markant zum Ausdruck: die monumentale Statue des heiligen Eremiten befindet sich unmittelbar rechts neben dem Hauptaltar der Confessio. Ein Blick der Blässe und Strenge in dieser Symphonie barocken Jubels.

Bruno stammte aus dem alten kölnischen Geschlecht derer von Hartenfaust, ein Name, der zu denken gibt. Eine entschlossene Hand war in der laxen Kirche des 11. Jahrhunderts auch vonnöten. Es war die Zeit des Investiturstreits und heftiger kirchenpolitischer Ränke, die den gebildeten Kanonikus bald an die Domschule nach Reims führten, wo er mit Schriftkommentaren zu den Psalmen und den Paulusbriefen Beachtung erregte. Sein bedeutendster Schüler war Odo von Chatillon, der spätere Papst Urban II. Abgestoßen von den Intrigen um die Bischofsnachfolge in Reims begibt er sich in das strenge Reformkloster des Robert von Molesme, der ihm und seinen Gefährten Lambert und Peter die Errichtung einer Einsiedlerkolonie im Wald von

Sèche-Fontaine erlaubt. Man nannte sie „die neuen Eremiten". Bischof Hugo von Grenoble überließ ihnen bald das einsame Felsengebiet der Chartreuse, das dem später gegründeten Orden seinen Namen gab. Van der Meer vermutet, dass sich neben den Dämonen auch die Kräfte der Natur gegen die strengen Eindringlinge gerichtet hätten, denn dort, wo Bischof Hugo in einer Vision sieben aufleuchtende Sterne als Standort der Eremitagen zu entdecken glaubte, ging 1132 eine schwere Lawine herunter, die Tod und Zerstörung brachte. Bruno selbst hatte bereits 1090 den der heiligen Maria von Casalibus geweihten Ort verlassen, um seinen ehemaligen Schüler, Papst Urban, auf Synoden zu beraten.

Ich finde in der Nacht keinen Schlaf. Zu früh erlischt die Lampe, dann kriecht die Kälte heran, ich wehre mich mit allen verfügbaren Decken, doch sind es die „Gedanken", die mich hartnäckig daran hindern, endlich Ruhe zu finden. Tückische und zugleich lächerliche Gedanken: das Gefühl des Eingeschlossenseins, die Furcht, der kleine Kartäuserofen werde giftigen Qualm freisetzen, die Furcht, den „Exzitator" beim Wecken nicht zu hören, die Furcht vor dem bösen Erwachen. Blanke Ängste schließlich aus der Dunkelkammer des Unterbewussten: Probleme und Sorgen, denen ich nicht gewachsen bin, die Erfahrung des Scheiterns, Abstürze, Trennungen, viel Trauer, das Empfinden, große Schuld auf mich geladen zu haben. In den kleinen Einsiedlerhäuschen am großen Kreuzgang beten die Mönche schon die Marienmette. Das geht mir durch den Kopf: eine souveräne Frau als Zuflucht im „Tal der Tränen". Dann dringen dumpfe Glockenschläge und Schritte in das Niemandsland meines Halbschlafs, immer näher, zunächst ein kurzes, trockenes Klopfen, dann eine tiefe Männerstimme, ich antworte erschrocken, springe aus der Bettengruft ans Wasserbecken. Schwache Lichter auf den Gängen, man wagt kaum aufzutreten. Die Kälte draußen ist schneidend – das Thermometer sank auf minus 22 Grad –, aber sie belebt. Ich bin hellwach, als ich die große Tür zum Mönchschor öffne und rechts, neben dem Prior, meinen Platz finde.

Es ist kurz vor Mitternacht und ein Moment großer Spannung. Jetzt betreten die Mönche die Kirche. Sie kommen einzeln, treten vor den Altar, verbeugen sich und reichen einander abwechselnd den auf- und abbaumelnden Glockenstrang. Jeder zieht mit einer Hand eine Weile daran und gibt ihn wie in einer Seilschaft weiter. Alles geschieht entschlossenen, fast sportlichen Schrittes.

Zum ersten Mal sehe ich die Gesichter unter den spitzen, weißen Kapuzen. Bisweilen die Spur eines Lächelns. Drahtig, athletisch, hohle blasse Wangen, dann wieder kindliche Sanftmut. Mit zwei, drei geübten Handgriffen rücken sie die großen Antiphonare ins rechte, spärliche Licht. Die alten Bücher haben Eisenverschlüsse, wie zum Bewahren von Schätzen. Das Wort, das Wort. Halbdunkel, Halbschatten, da ist eine große Vertrautheit mit der Nacht.

Furcht und Ängste sind längst verschwunden. Statt dessen erhöhte Wachsamkeit, gelassene Konzentration auf die Übersetzung, die mir der Prior zuschiebt, bevor er mit einem harten Klopfen das Nachtoffizium eröffnet. Nur die Kälte ist geblieben, doch sie gehört existentiell zum Ritual dieser extremen Stunden.

Sie nistet tief im schmucklosen Gemäuer dieser Kirche, sie ist aufgeladen mit reinigender Kraft.

Als der Gesang anhebt, wirkt das wie ein Schock, nicht wie ein Zusammenzucken oder Erschrecken, sondern wie ungläubiges Staunen. 20 Männerstimmen, die um dringende Hilfe und gnädigen Beistand flehen. Gregorianischer Choral aus unvordenklichen Zeiten, den sie, ohne instrumentalen Anstoß, leise und langsam singen. Aus der tiefen Stille tretend, gelingt es ihnen im fliegenden Wechsel die Stille mit anderen Mitteln fortzusetzen. Nie zuvor erschien es mir so fühlbar, dass der gregorianische Gesang nicht nur Hymne an die Stille ist, sondern in ihr wurzelt, in sie zurückfließt. So, wie die Wüstenväter das Schweigen als „die Sprache der Engel und der zukünftigen Zeit" betrachteten, offenbart diese Nacht eine mysteriöse Verwandtschaft zwischen Gesang und Stille, sie wird nicht nur hörbar, es ist schlimmer, sie überflutet, ergreift Besitz von den Landschaften der Seele.

Diese Kirche ist nicht schön, und doch scheint sie in dieser verrückten Stunde ein kongenialer Ort zu sein, dem „einzig Notwendigen" allen Platz, alle Zeit zu widmen. Das Chorgestühl, in dem man abwechselnd steht, sitzt oder lehnt, hat hohe Seitenwangen. Man kann sich darin zurückziehen, zurückfallen lassen. Der Nachbar verschwindet, nur noch Schatten, Silhouetten. Die Aufteilung in drei Nokturnen mit mehreren Psalmen, vier Lesungen und Responsorien unterliegt einer strengen Regie, doch sie erfolgt freihändig, auswendig, manchmal möchte man meinen, traum-, nein, seiltänzerisch. Nichts, das den Fluss ihres Ablaufs stören oder aufhalten könnte. Selbst die Fehler oder Versprecher sind darin angenommen und werden, je nach Gravität der Abweichung, mit der „venia", einem Kuss des Chorpultes oder des Fußbodens, liebevoll aufgefangen. Eine besondere Haltung der Hingabe bedeutet die „Prostration", ein Sich-Hinwerfen, Sich-Hinstrecken, Im-Boden-Versinken, das in der Enge zwischen der Rückwand des Chores und der Bücherablage in einer sonderbaren seitlichen Krümmung geschieht. Ich muss mich erst zurecht finden, doch dann liegen wir alle, wie die Lemminge, flach auf den blank getretenen, kalten Holzplanken. Lange, wie mir scheint. Nichts geschieht hier für die Galerie.

Psalmen, Hymnen und Lesungen folgen der saisonalen Dramaturgie des Kirchenjahres. Dann fallen Worte, die wie Axthiebe die Stille durchschneiden. In den Tagen vor Anbruch der großen Fastenzeit gedenken sie des heiligen Einsiedlers Petrus Damianus, der kleinen Bernadette Soubirous aus Lourdes oder des Sonntags Quinquagesima. Das Licht fällt gebündelt auf die gelblichen Seiten des Lektionars. Heute Nacht Paulus im Korintherbrief: „Jetzt sehen wir wie durch einen Spiegel, rätselhaft, dann aber von Angesicht zu Angesicht." Der strenge Prokurator steht am Pult, „das Verbrechergesicht", noch düsterer, unrasiert, in diesem „clair-obscur", aber, wie sehr tue ich ihm Unrecht, seine Stimme ist männlich, glaubwürdig, als rezitiere er Vertraulichkeiten aus einem intimen Tagebuch: „Jetzt erkenne ich nur stückweise; dann aber werde ich ganz erkennen, so wie ich selbst erkannt bin."

Als der Prior mit geballter Faust wieder auf das Pult klopft, staune ich, dass die zwei Stunden schon vorüber sind. Die Dunkelheit draußen ist jetzt vertrauter, fortgeschrittener, man hat mit ihr gewacht. Im Innenhof empfinde ich erstmals eine tiefe Dankbarkeit. Keine größere Nacht in meinem Leben, ich will nicht mehr sagen. Auf der Wand des Innenhofes die überlebensgroßen Kapuzenköpfe der beiden Brüder hinter mir. Nie habe ich sie, die das große Zellengebäude mit mir teilen, zu Gesicht bekommen. Doch werde ich sie immer so in Erinnerung behalten: zwei Schatten nach dem Nachtoffizium der Kartäuser. Sterne über Sélignac. Kosmisches Einverständnis. Eiseskälte, inzwischen minus 25 Grad. Ihr schweres Schuhwerk auf den Steingängen. Gänsehaut, wie nach einer Vision.

Das Wecken, kurz vor sechs, ist grausam, die Kälte erschreckender denn je, draußen noch immer tiefste Nacht, Schreie von Raubvögeln weit oben in den unsichtbaren Schneefelsen. In der Kirche beginnt nach der Laudes die Eucharistie. Gleich fällt auf, dass sie sich ihre uralten Ritustraditionen bewahrt haben, die das Spärliche, Ausgewischte mit der Langsamkeit verbinden. Es zählt nur die dramatische Intensität der sakralen Handlung, des heiligen Spiels. Die in Kreuzesform weit ausgebreiteten Arme des Priesters beim Hochgebet. Das mysteriöse Zusammenspiel von Kampf und Kontemplation. Mose, der Einsame auf dem Berg, lies die Arme nicht sinken, während Josua in der Ebene, bei wechselndem Kriegsglück, mit den Amalekitern kämpfte. Abendmahl und Abschiedsszene, Brotbrechen, Weintrinken, Danksagen im Schatten tödlichen Verrats. Mehr als eine Stunde dauert an diesem Wochentag die Messe, aber hier ist nichts beiläufig, nichts Routine. Nur heiliger Ernst, dem sich niemand entziehen kann.

Einige Tage später verlasse ich die Kartause von Sélignac, stürze hinaus, haue ab. Gescheitert beim Versuch, meine kleinlichen Abgründe an diesem Abgrund zu messen.

Hin und wieder nehme ich Dom Etiennes Brief und lese, immer noch fasziniert, seine Zeilen der Ermutigung. Es ist schon Jahre her. Wir haben uns nicht mehr geschrieben. Aber, es gibt Zeiten, an denen ich zum nächtlichen Himmel aufblicke, und mir die Sterne von Sélignac ganz nahe sind.